Michael Frese   Felix C. Brodbeck

Computer in Büro und Verwaltung

Psychologisches Wissen für die Praxis

Mit 28 Abbildungen und 6 Tabellen

Springer-Verlag Berlin Heidelberg New York
London Paris Tokyo

Professor Dr. MICHAEL FRESE
Dipl.-Psych. FELIX C. BRODBECK

Ludwig-Maximilians-Universität München
Institut für Psychologie
Leopoldstraße 13, D-8000 München 40

ISBN-13: 978-3-540-50774-1   e-ISBN-13: 978-3-642-74433-4
DOI: 10.1007/978-3-642-74433-4

CIP-Titelaufnahme der Deutschen Bibliothek
Frese, Michael Computer in Buro und Verwaltung. Psychologisches Wissen fur die Praxis / Michael
Frese , Felix C Brodbeck – Berlin ; Heidelberg , New York , London ; Paris ; Tokyo · Springer,
1989

NE. Brodbeck, Felix C : WG· 11,17,20;28   DBN 89.053062 1   89 02.28   8441   wn

2126/3145-543210 – Gedruckt auf saurefreiem Papier

Unseren Eltern gewidmet:

M. und F. Frese

B. und W. Brodbeck

Vorwort

Im Jahre 2000 wird die Mehrzahl aller Angestellten am Computer arbeiten. Wir leben in einem sehr interessanten Zeitalter, in dem sich zum einen (wie schon nach der Erfindung der Dampfmaschine) eine erstaunlich rasante technische Entwicklung in den Betrieben vollzieht, in dem zum zweiten viele Ängste im Zusammenhang mit neuen Techniken entstehen, und in dem zum dritten der wissenschaftliche Einfluß auf diese Entwicklung zunehmend dominant wird.

Es wurde die These vertreten, daß mit der zunehmenden Verwissenschaftlichung aller Lebensbereiche auch die Kenntnis von wissenschaftlichen Ergebnissen wichtiger geworden ist. Dieses Buch möchte dem Leser arbeitswissenschaftliche Erkenntnisse nahebringen. Wir erhoffen uns davon sowohl eine Verbesserung der Technik, in unserem Fall also der Softwareprodukte, als auch der organisationalen Einbettung von technischen Systemen. Ersteres impliziert, daß psychologische Tatsachen des Denkens, Fühlens und Handelns zur Kenntnis genommen werden müssen, letzteres bedeutet, daß nicht nur die Art, wie neue Techniken eingeführt werden, sondern auch das Training, die Stressprobleme und die sozialen Interaktionen als Fragestellungen begriffen werden, die alle zusammen organisationale Lösungen herausfordern. Nur dann werden Computer effizient verwendet, wird die Akzeptanz erhöht und nur dann werden menschengerechte Lösungen entwickelt.

Noch ein Wort zum Gebrauch von geschlechtsbestimmten Begriffen. In diesem Buch heißt es im Regelfall "er" und "der Angestellte". Dies soll nicht als Abwertung des weiblichen Geschlechts verstanden werden. Wir halten es nur für schlechten deutschen Stil, "er/sie" und "der/die Angestellte" zu schreiben.

Jedes Buch ist das Resultat der Bemühungen einer größeren Anzahl von Personen, als auf dem Deckblatt stehen. Auch uns haben eine Reihe von Personen geholfen. Besonderer Dank gilt Frau Kneffel, die nicht nur die Abbildungen und Tabellen gemacht hat, sondern die auch die Bibliographie erstellte, uns immer wieder auf Unstimmigkeiten hinwies und die auch in letzter Minute noch da war, um zu helfen (freilich nicht ohne darauf hinzuweisen, daß wir das Training für sie nicht ganz nach unseren Vorschlägen durchgeführt hätten!). Frau Thrul hat dieses Buch Korrektur gelesen - eine nicht ganz einfache Aufgabe angesichts unserer Tendenz doch immer wieder die falschen Tasten zu drücken.

Ohne die Mithilfe von Kollegen und Studenten, wäre dieses Buch sicher nicht zustandegekommen. Die Kollegen im Projekt FAUST (Fehler-Analyse zur Untersuchung von Software und Training, Projektmitglieder: F. Brodbeck, M. Frese (Projektleitung), H. Peters, J. Prümper, D. Zapf) haben uns nicht nur insofern unterstützt, als sie uns, manchmal stillschweigend, von bestimmten Aufgaben freigestellt haben. Sie haben darüber hinaus, besonders D. Zapf und H. Peters, unser Manuskript gelesen und kritisiert. N Semmer von der Universität Bern hat ebenfalls durch seine Kritik eine frühere Abgabe dieses Buches an den Verlag verhindert und damit zur Verbesserung des Inhalts beigetragen. Dennoch legen wir Wert auf die Feststellung, daß die Fehler dieses Buches unsere eigenen Fehler sind.

Wir sind in der glücklichen Lage, auf die Arbeiten einer Reihe von sehr guten Studenten zurückgreifen zu können. Studenten werden in Büchern viel zu selten namentlich erwähnt, und so soll es hier einmal geschehen (auch wenn viele dieser Studenten inzwischen ihre Examen gemacht haben und im Bereich der Mensch-Computer Interaktion arbeiten): K. Albrecht, A. Altmann, D. Braune, T. Heinbokel, J. Lang, C. Mooser, P. v.Papstein, R. Peyerl, S. Pfeffer, J. Prümper, K. Scherübl, E. Schleiffenbaum, H Schulte-Göcking, P. Thiemann, R. Wendel.

Dem Bundesministerium für Forschung und Technologie, Projektträger Humanisierung des Arbeitslebens ist Dank zu sagen. Durch seine Förderung des Projektes FAUST (Projekt Nr. 01HK806 7) hat es die Entstehung dieses Buches unterstützt. Dieses Buch ist zwar kein direktes Projektergebnis, aber nur durch die Projektarbeit wurde es möglich, praxisnahe Beispiele darzustellen und die Probleme der Praxis besser aufzugreifen. Aber auch darüberhinaus sind überall inhaltliche Ergebnisse der Projektarbeit eingeflossen. Natürlich werden hier nur unsere Meinungen und nicht die des Ministeriums wiedergegeben.

Last, but not least, gilt unserer Dank den Mitarbeitern der verschiedensten Firmen. Durch Diskussionen, Interviews und langfristige Zusammenarbeit wurde unser Wissen um die Praxisprobleme erhöht, und sie haben uns immer wieder angespornt, bei der Sache zu bleiben.

München, im Oktober 1988

Inhaltsverzeichnis

Einleitung

Kaum ein Thema erhitzt die Gemüter stärker als die Frage nach dem Sinn und Nutzen moderner Technologien und Techniken. Wenn auch die Diskussion darüber vorbei zu sein scheint, ob man Computer anwenden oder nicht anwenden sollte, so hat sich doch die Debatte nur auf neue Fragen verlagert: Welche Systeme sollten ausgewählt werden, wie sollten sie eingeführt werden, welche Qualifikationen sind dafür notwendig, und wie kann man Arbeitsplätze qualifizierter gestalten, wie kann man die Chancen der neuen Techniken wahrnehmen und die potentiellen Probleme reduzieren, und wie sollten die neuen Techniken im einzelnen gestaltet sein. Solche Fragen stellen sich nicht nur Techniker und Arbeits- und Organisationspsychologen, sondern zunehmend auch Betriebswirte, Trainer, Manager, Betriebsräte.

Dieses Buch soll zur Beantwortung dieser Fragen beitragen. Die Problembereiche und die Kosten von Software und den organisationalen Rahmenbedingungen (manchmal etwas salopp "Orgware" genannt) nehmen heute einen größeren Stellenwert ein als je zuvor. In Abb. 1 ist dieser Zusammenhang verdeutlicht. Dabei ist es notwendig, die Erforschung und praxisorientierte Gestaltung der organisationalen Bedingungen und der Software-Ergonomie integrativ miteinander zu verbinden.

Dieses Buch soll eine Marktlücke schließen helfen. Wir haben ein einführendes, praxisorientiertes, integratives Buch im Bereich der Mensch-Computer Interaktion vermißt. Wir hatten Schwierigkeiten, die entsprechende Lektüre für Vorlesungen oder Seminare bereitzustellen. Oft wurden wir auch von Betriebspraktikern - seien es Ingenieure, Betriebswirte, Entscheidungsträger in den Betrieben oder Arbeits- und Organisationspsychologen - nach einem praxisorientiertem Buch zu Fragen der Einführung von neuen Techniken und der Software-Ergonomie gefragt. Auch hier mußten wir unterschiedliche Artikel in verschiedenen Werken, die z.T. auch noch schwer zu beschaffen waren, vorschlagen. Es gibt zwar eine Reihe von guten Büchern auf dem Markt, auch im deutschsprachigen Raum; die meisten davon sind aber entweder als Sammelbände angelegt, und deshalb meistens speziellen Problemen gewidmet. Oder aber sie decken ohne integrativen Anspruch nur einzelne Bereiche ab.

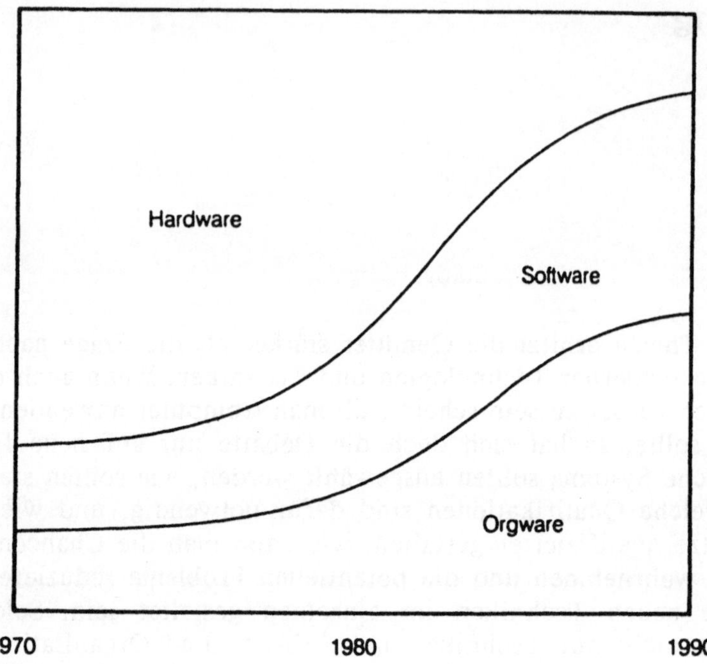

Abb. 1: *Kosten und Stellenwert der verschiedenen Bereiche (nach Björn-Andersen & Kjaergaard, 1987, S.239)*

Mit diesem Buch wollen wir nun den Versuch unternehmen, innerhalb eines integrativen und praxisorientierten Ansatzes die wesentlichen Bereiche der Mensch-Computer Interaktion darzustellen. Dieser Ansatz umfaßt die organisationalen Bedingungen und Folgen des Technikeinsatzes, die Entwicklung von guten Schulungsstrategien, einen Überblick über software-ergonomische Fragestellungen, Probleme von Stress und Belastungen und schließlich die potentiellen Folgen moderner Kommunikationstechniken.

Dieses Buch soll Betriebspraktiker ansprechen, die (mit-)entscheiden müssen, wann, wie und welche neue Techniken im Büro und in der Verwaltung eingeführt werden sollen, wie die Schulung aussehen soll und welchen Gefahren man von vornherein vorbeugen sollte. Dabei sollte der Leser über den Zaun einer sehr engen technozentrischen Herangehensweise blicken und einen Überblick über die deutschsprachige und angelsächsische Forschung erhalten.

Darüber hinaus hat dieses Buch auch einen gewissen Lehrbuchcharakter; wir haben es mit Blick auf die Verwendung in Vorlesungen und Seminaren über neue Techniken geschrieben. Solche Lehrveranstaltungen mögen z.B. Betriebswirten, Informatikern und Psychologen offenstehen.

Die Psychologie hat in der Zwischenzeit so etwas wie eine Schlüsselrolle in der Mensch-Computer Interaktion eingenommen (wie üblich, etwas stärker in den U.S.A. als in den deutschsprachigen Ländern). Sie ist im Sinne der Arbeits- und Ingenieurpsychologie nahe genug "dran" an der Informatik, um deren wesentliche Gesichtspunkte aufzugreifen. Sie untersucht zum anderen als Humanwissenschaft Wahrnehmen, Denken, Fühlen und Handeln, deren Gesetzmäßigkeiten wesentliche Voraussetzungen für die Gestaltung der Mensch-Computer Interaktion sind. Sie ist zum dritten als Sozialwissenschaft in der Lage, auch die soziale Dimension miteinzubeziehen. Darüberhinaus hat die Psychologie immer einen Schwerpunkt im Bereich der Evaluation gehabt (z.T. auch aufgrund der im allgemeinen guten methodischen Ausbildung der Diplompsychologen). Schließlich muß sich die Arbeitspsychologie zunehmend mehr als Gestaltungswissenschaft begreifen, die aktiv bei der Softwareentwicklung mitarbeitet. Ein Beispiel ist hier die Funktion, die der Psychologe für die sinnvolle Verwendung von Rapid Prototyping Techniken hat (vgl. Kapitel 4).

Eine Schlüsselrolle kommt der Psychologie aber auch deshalb zu, weil mit zunehmender Technisierung das menschliche Moment im Arbeitsprozeß immer wichtiger wird. Dies klingt zunächst paradox. Wenn aber die technische Ausstattung den unterschiedlichen Industriebetrieben in ähnlicher Weise Flexibilität und effiziente Produktion erlaubt, dann entscheidet über das Wohl und Wehe des Betriebes der menschliche Faktor: Wie stark sind die Mitarbeiter motiviert und motivierbar, wie stark machen sie sich die Produktion zur eigenen Sache, wie gut sind sie qualifiziert, usw.? Neben dieser stärker ökonomisch orientierten Aufgabe ist es notwendig, mit psychologischen Methoden die humane Seite der Organisations- und Arbeitsgestaltung zu überprüfen und auf die Einhaltung von Kriterien zur menschengerechten Gestaltung hinzuweisen und hinzuwirken.

Um dieser Rolle der Psychologie gerecht zu werden, sollte dieses Buch sowohl eine Integration der Literatur als auch Praxisorientierung vermitteln. Damit waren wir gezwungen, eine gewisse Gratwanderung zu unternehmen. Wir wollten weder ein rein wissenschaftliches Theoriegebäude aufstellen oder einen wissenschaftlichen Literaturbericht schreiben, noch rein praktizistische Erfahrungen weitergeben. Hingegen sollten wichtige Ergebnisse der wissenschaftlichen Literatur mit Praxiserfahrungen verknüpft werden. Eine solche Gratwanderung ist nicht immer einfach. Inwiefern uns diese Gratwanderung zwischen theoretischen Höhenflügen und den Abgründen praktizistischer Banalität gelungen ist, möge der geneigte Leser beurteilen.

Sowohl die Darstellungsform wie auch der Inhalt des Buches sind Resultate unserer Vorgehensweise.

Zur Darstellungsform: Wichtige Theorien und empirische Untersuchungen wurden jeweils kurz in Kästen dargestellt. Aus jedem Kapitel läßt sich weiterführende Literatur entnehmen, die dem Leser das Erarbeiten von speziellen Fragestellungen exploratisch ermöglichen soll. Am Schluß der praxisorientierten Kapitel (und damit nicht bei Kapitel 1 und 6) stehen

Prinzipienlisten, die dem Leser als Erinnerungshilfe dienen können, wenn Entscheidungen anstehen. Wir haben uns bemüht, durch Beispiele, die wir aufgrund von vielfältigen Diskussionen mit Betriebspraktikern und Beobachtungen vor Ort gewonnen haben, die jeweiligen Problembereiche zu verdeutlichen.

Zum Inhalt: Auf Basis der Diskussionen erschienen uns die folgenden Problembereiche am wichtigsten:

-   Die Fragen des Organisationsumfelds und der psychologischen Kriterien werden propädeutisch in Kapitel 1 behandelt. Organisationspsychologische Voraussetzungen, wie z.B. Taylorismus vs. soziotechnisches System, das Konzept des technologischen Determinismus, aber auch die in der Arbeitspsychologie entwickelten Kriterien einer menschengerechten Arbeit stehen hier im Vordergrund.

-   Die Prozesse bei der Einführung von neuen Techniken im Betrieb, die Probleme, die aufgrund der Einführung neu entstehen und die Möglichkeiten, wie man diesen Problemen begegnen kann, bilden den Gegenstand von Kapitel 2.

-   Ein notwendiger Bereich der Einführung, nämlich die Qualifizierung und die Schulung wird in Kapitel 3 beschrieben. Hier geht es z.B. um die Fragen, welche Trainingsformen am besten zur Qualifizierung beitragen, und wie der Transfer von der Trainingssituation auf den Betriebsalltag erreicht werden kann.

-   Im Kapitel 4 wird abgehandelt, nach welchen software-ergonomischen Kriterien die Systeme beurteilt werden sollen, um deren Brauchbarkeit im Betrieb festzustellen.

-   Ein spezielles Thema, nämlich Stress und Belastung (sowie von Ressourcen) wird in Kapitel 5 diskutiert. Welches Konzept von Stress am Arbeitsplatz erlaubt die Differenzierung von (negativem) Stress und (positiver) Herausforderung, und wie sind die mit neuen Techniken zusammenhängenden Stressfaktoren hier einzuschätzen?

-   Schließlich wird in Kapitel 6 auf einen Themenbereich eingegangen, der erst in der Zukunft seine Wirkung entfalten wird: Welche sozialen Folgen lassen sich aufgrund von neuen Kommunikationstechniken erwarten?

Diese verschiedenen Kapitel werden zusammengehalten durch einige theoretische und praktische Klammern:

1) Wir versuchen in jedem Kapitel sowohl die breiteren Themen (z.B. organisationale Fragen) als auch die engeren Themen (z.B. wie soll ein Training oder eine spezifische Software gestaltet sein?) zusammen zu be-

handeln. Mit diesem Ansatz wollen wir die allzu starke Arbeitsteilung in der Psychologie der Mensch-Computer Interaktion überwinden, nach der einige sich nur mit eingeschränkten Themenbereichen der Software-Ergonomie beschäftigen, andere nur die organisationalen Prozesse untersuchen.

2) Eine wesentliche theoretische Klammer, die in verschiedenen Kapiteln auftaucht, ist die Frage nach den Ressourcen. Damit sind z.B. folgende Möglichkeiten gemeint: die Bedingungen der Einführung, des Trainings, der Softwaregestaltung und die Anpassung der Software an die eigenen Arbeitsaufgaben sowie Stressoren kontrollieren und beeinflussen zu können. Die Möglichkeit, seine eigenen Handlungen und die Bedingungen beeinflussen zu können, ist mit Sicherheit einer der zentralen Aspekte der Psychologie und ein besonders schwieriger Punkt im Management neuer Techniken.

3) Damit ist eng verknüpft der Aspekt "Exploration", also das selbständige Kennenlernen des Systems und damit die ständige Weiterentwicklung der Kompetenz am Arbeitsplatz. Nur dann werden die vielfältigen Möglichkeiten moderner Bürosoftware ausgenutzt und flexibel eingesetzt, wenn die Organisation, das Training und die Software selbständiges Explorieren unterstützt und die Stressbedingungen und die sozialen Bezüge ein solches Explorieren nicht verhindern.

4) Mit Explorieren hängt wiederum das Fehlerproblem zusammen. In den letzten Jahren hat sich bei uns zunehmend der Eindruck verdichtet, daß die Computerrevolution das Fehlerproblem verändert hat. Zum einen erlauben computergestützte Bürosysteme bis zu einem gewissen Grad eine höhere Toleranz gegenüber (entdeckten) Fehlern als frühere Formen der Arbeit - man denke nur daran, daß Tippfehler auf einer Textverarbeitungsmaschine kein Problem mehr darstellen, während sie früher noch Generationen von Sekretärinnen zur Verzweiflung brachten. Zum anderen hat sich die Komplexität der Systeme erhöht, und deshalb entstehen auch mehr Fehler. Die Frage, wie man mit diesen Fehlern umgeht, durchzieht mehrere Kapitel. Zunächst beschäftigen sie uns in den Grundlagen: Soll man per Technisierung die Fehlerrate verringern, oder soll man menschliche Fehler erlauben und vor allem deren negative Auswirkungen verringern? Sodann diskutieren wir das Fehlerproblem in Kapitel 3 in Zusammenhang mit Training. Schließlich beschäftigt es uns wieder bei der Frage, wie die Software zu optimieren ist (Kapitel 4).

5) Der Computer sollte als Werkzeug verstanden werden. Dies beinhaltet mehrere Aspekte: Zum einen wird damit dem Computer etwas Dämonisches genommen, das ihm anzuhaften scheint (vgl. Turkle, 1984). Denn ein Werkzeug ist völlig in der Hand des Benutzers - der Computer ist dann kein Zauberlehrling (Volpert, 1985), der sein eigenes Unwesen unabhängig von dessen Schöpfer treibt. Zum zweiten stellt ein solcher Gesichtspunkt betriebspraktische Fragestellungen in den Vordergrund: Wie muß das Com-

putersystem gestaltet sein, welche Qualifikationen müssen ausgebildet werden, damit das System sinnvoll zur Aufgabenerfüllung im Betrieb eingesetzt werden kann? Zum dritten beinhaltet ein solcher Gesichtspunkt eine gewisse anthropozentrische und weniger eine technozentrische Perspektive. Nullmeier & Rödiger haben diese Varianten nach Hajnozcky bildlich dargestellt (vgl. Abb. 2).

6) Die Wichtigkeit von sozialen Bezügen in der Arbeit wird verschiedentlich betont. Dies ist ein wesentlicher Gesichtspunkt bei den Einführungsprozessen von neuen Techniken (Kapitel 2). Aber auch im Training ist dieser Gesichtspunkt wichtig, und er spielt eine große Rolle für die Überlegenheit von lokalen Experten (also Personen, die am Arbeitsplatz mit den Benutzern zusammenarbeiten) gegenüber anderen Hilfen (z.B. computergestützten Hilfesystemen; vgl. Kapitel 3). Schließlich wird dieser Gesichtspunkt noch einmal explizit aufgegriffen in der Diskussion der neuen Kommunikationstechniken (Kapitel 6).

In jedem Kapitel wird deutlich, daß die neuen Techniken Gefahren, aber auch ungeheure Chancen bieten. Möge dieses Buch dazu beitragen, die Chancen wahrzunehmen, die die Einführung von neuen Techniken bietet, menschengerechte Arbeitsgestaltung anzubieten und gleichwohl effizientes Arbeiten zu ermöglichen.

Abb. 2: *Anthropozentrische Perspektive und technozentrische Perspektive der Mensch-Computer Interaktion (Nullmeier & Rödiger, 1988, S. 166)*

Kapitel 1

Organisationsumfeld und neue Techniken

In diesem Kapitel werden die Grundlagen für unsere Diskussion der Mensch-Computer Interaktion im Betrieb gelegt. Computer werden in einem konkreten (organisationalen) Umfeld eingesetzt. Deshalb gehen wir zunächst der Frage nach, wie die Technik und die Organisation aufeinander Einfluß nehmen und welche allgemeinen Modelle der organisationalen Einbindung von neuen Techniken existieren. Die organisationale Einbindung der neuen Technik erfolgt am Arbeitsplatz. In einem nächsten Schritt werden deshalb Kriterien für Arbeitsgestaltung diskutiert. Dabei gibt es betriebswirtschaftliche und arbeitspsychologische Kriterien. Diese können in einem Spannungsverhältnis stehen, müssen es aber nicht.

1.1 Das Umfeld Organisation

Computer werden innerhalb von Organisationen eingesetzt. Das jeweilige organisationale Umfeld bestimmt, wie die Computer eingesetzt werden, welche Systeme angeschafft werden und wie sich die neuen Techniken auswirken.

Man kann oft auch die gegenteilige Vorstellung hören: Die Technologie (z.B. das Computersystem) bestimmt die Art und Struktur der Organisation. Zum Beispiel determiniert der Computereinsatz per se, ob eher zentrale oder dezentrale Führungsstrukturen in einer Organisation herrschen; oder die Technik bestimmt, ob eine hohe oder eine niedrige Qualifikation der Mitarbeiter erforderlich ist. Diese Überlegung wird auch als *technologischer Determinismus* bezeichnet. Sie scheint sowohl bei manchen Kritikern der Computerentwicklung als auch bei manchen Technikern im Vordergrund zu stehen. Ihren ersten Ausdruck erhielt sie in den Untersuchungen von Blauner (1964), der argumentierte, daß es eine kurvilineare Beziehung zwischen Technologie und Qualifikation gibt (siehe Abb. 1.1).

Sowohl die alte Technik des Handwerkers als auch die neue Technik der Prozeßkontrolle (z.B. Meßwarten) sollten hohe Qualifikationen hervorbringen, während die halbautomatische Fertigung mit ihren Fließbändern nur Arbeiten mit niedrigen Anforderungen an Wissen und Qualifikation er-

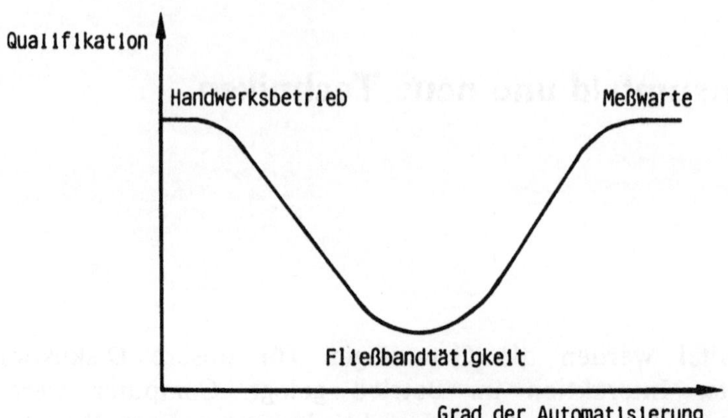

Abb. 1.1: *Beziehung zwischen Technologie und Qualifikation (vgl. Blauner, 1964)*

laubten. Wesentlich für diese Anschauung des technologischen Determinismus ist die These, daß die technologische Entwicklung quasi automatisch die entsprechenden Veränderungen mit sich bringt.

Inzwischen sind sich die Wissenschaftler einig, daß diese Auffassung eines technologischen Determinismus falsch ist (Boddy & Buchanan, 1982, Frese & Zapf, 1987a, Kieser & Kubicek, 1983, Kling, 1980, Ulich & Troy, 1986, usw.). Alle empirischen Untersuchungen deuten darauf hin, daß auch nach Einführung von Computern im Prinzip die unterschiedlichsten Arten von Organisationen entstehen können. So kann es z.B. zu einer hohen Zentralisierung, aber auch zu einer Dezentralisierung nach der Einführung von Computern kommen (Spinas, 1984). Oder es können Tätigkeiten zusammengefaßt werden, so daß neue bedeutungsvolle und qualifizierte Arbeitsplätze entstehen (Gottschall, Mickler & Neubert, 1985). Es gibt aber manchmal auch den Trend, daß die Arbeit entleert wird und eine neue starke Arbeitsteilung eingeführt wird, so daß jeder nur noch ein kleines Rädchen in der neu entwickelten Maschinerie ist (Buchanan & Boddy, 1982). Offensichtlich liegt die Frage, welche Organisationsstrukturen existieren, an den organisatorischen Entscheidungen in den Betrieben und nicht an technologischen Bedingungen.

Es muß allerdings darauf hingewiesen werden, daß die meisten Betriebe keine *explizite* Entscheidung für eine bestimmte Organisationsstruktur herbeiführen. Zumeist werden existierende Organisationsstrukturen fortgeschrieben. Es kommt allerdings aufgrund unterschiedlicher Machtinteressen der Abteilungen zu Veränderungen von organisationalen Parametern. Es wäre nützlich, wenn sich in Betrieben eine explizite Überlegung durchsetzen würde, welche Organisationsstruktur man im Zuge der Einführung von neuen Techniken zu stärken wünscht und welche nicht. Die der Technik innewohnende Chance zur expliziten Organisationsgestaltung und damit

8

auch zur Verbesserung der Arbeitsbedingungen könnte dann besser wahrgenommen werden.

Sehr deutlich haben Kern & Schumann (1984) unterschiedliche Organisationsstrategien bei der Anwendung von neuen Techniken beschrieben. Sie unterscheiden zwei unterschiedliche Strategien der Anwendung von neueren Techniken im Bereich des Werkzeugmaschinenbaus: das "empirisch-unideologische" und das "technokratisch-bornierte" Produktionskonzept. Wer sich am *technokratisch-bornierten Produktionskonzept* orientiert, benutzt eine Strategie der weitgehenden Ersetzung der menschlichen Arbeit durch Technik. D.h. qualifizierte Arbeit wird zurückgedrängt, eine Fabrik ohne Menschen wird angestrebt oder, solange dies noch nicht möglich ist, zumindest auf einer strikten Trennung zwischen Planung und Programmierung auf der einen und unqualifizierter Anlerntätigkeit auf der anderen Seite bestanden. Diese Idee basiert auf dem tayloristischen Grundgedanken, wonach die Qualifikationen und der Handlungsspielraum der Arbeiter minimiert werden sollten und damit einhergehend oft auch die Möglichkeit der gegenseitigen sozialen Unterstützung und der Sinnbezug zur Arbeit verringert werden (siehe Kasten 1.1).

Hingegen baut das *empirisch-unideologische Produktionskonzept* auf dem bestehenden Stamm von qualifizierten Fachkräften auf. So wird z.B. bei modernen computergesteuerten numerisch kontrollierten (CNC-)Maschinen nicht das Ziel der menschenlosen Fabrik angestrebt, sondern das Facharbeiterwissen wird eingesetzt. Die Programmierung erfolgt dann direkt durch die Facharbeiter (Stichwort: Werkstattprogrammierung). Hier werden die Qualifikationen der Arbeitenden explizit berücksichtigt.

Es ist offenkundig, daß diese unterschiedlichen Strategien gravierende Auswirkungen z.B. auf die Stressbedingungen und Qualifikationen der Arbeitenden haben. Das "technokratisch bornierte" Konzept beinhaltet, daß man, soweit es geht, automatisiert und die noch nicht automatisierbaren Bereiche als Resttätigkeiten dem Menschen überläßt. Ein typisches Beispiel für solche Resttätigkeiten sind z.B. Einlegen von Bolzen am Beginn einer Roboterstraße oder die Arbeit der Datentypisten. Kern & Schumann argumentieren, daß das "empirisch-unideologische" Produktionskonzept eine bessere Durchsetzungswahrscheinlichkeit hat, weil es langfristig produktiver ist und weil die Arbeitenden (und die Betriebsräte) diesem Konzept weniger Widerstand entgegensetzen.

Im Büro gibt es entsprechende organisationale Vorgehensweisen. Ein Beispiel für das eher taylorisierte Konzept ist die Einführung von zentralen Schreibdiensten (Weltz & Lullies, 1983). Es wurden besonders in den 70er Jahren zentrale Schreibdienste eingerichtet, um die damals noch sehr teure Textverarbeitung optimal zu nutzen. Zum Teil gab es auch recht unverständliche Motive für die Einführung der zentralen Textverarbeitung. Weltz & Lullies (1983) berichten von einem Betrieb, in dem eine überdimensionierte Druckanlage gekauft worden war, die nun nicht ausgelastet werden konnte. Um diesen Drucker auszulasten, wurde nun die zentrale Textverarbeitung eingeführt.

Mit der zentralen Textverarbeitung meinte man auch ein hohes Rationalisierungspotential entdeckt zu haben. Und in der Tat wurden mit geeigneten Meßmethoden Rationalisierungserfolge verzeichnet. Nahm man z.B. die Anzahl der Anschläge als Meßeinheit, wurden in den zentralen Schreibdiensten natürlich höhere Anschlagszahlen gemessen, weil die anderen Sekretariatstätigkeiten wegfielen und die Beschäftigten durch die Vorgesetzten genauer kontrolliert werden konnten. Allerdings erhöhte sich dadurch auch der Leistungsdruck auf die Schreibkräfte bei gleichzeitiger Bedeutungsentleerung der Arbeit und Dequalifizierung; außerdem wurde weniger Eigeninitiative entfaltet. Weltz und Lullies (1983, S. 164) beschreiben eindringlich die Nachteile:

"Die Schreibkräfte reagierten auf die restriktiven und schlechten Arbeitsbedingungen mit Verhaltensweisen, die nun ihrerseits die Leistungsfähigkeit des Schreibdienstes reduzierten:

- *Mechanisches Abschreiben, ohne mitzudenken, Diktatfehler auszugleichen, über mögliche Fehler im vorgegebenen Text nachzudenken;*

- *Leistungsbegrenzung, d.h. Beschränkung des eigenen Arbeitsvolumens auf das vorgegebene Soll, auch in besonderen Notsituationen;*

- *geringe Hilfsbereitschaft, Kolleginnen bei der Arbeit zu helfen;*

- *Erhaltung eines gewissen Stapels von Rückständen, um sich vor Zuweisung zusätzlicher Arbeiten zu schützen.*

Paradoxerweise führten nun solche Reaktionsweisen nicht zu einem Überdenken des gewählten arbeitsorganisatorischen Ansatzes, sondern wurden gerade als Beweis für dessen Richtigkeit gewertet, vor allem auch für die Notwendigkeit verstärkter Restriktionen: Leistungserfassung, Sollvorgaben, verstärkte Kontrollen und Aufsicht, etwa bezüglich der Einhaltung von Pausen, Prämienentlohnung. Durch all dies sollte die erwünschte Leistung erzwungen werden. Aber das Ergebnis war voraussehbar: Weitere Demotivierung, Fluktuation, erhöhter Krankenstand, Verschlechterung der Arbeitsqualität - der Negativkreislauf war perfekt!"

Das Resultat war also, daß die Schreibkräfte stärker belastet wurden, daß die Arbeitsqualität sank, daß sich die Laufzeit der Schriftstücke stark erhöhte und sich damit generell das Gesamtsystem verschlechterte (Picot & Reichwald, 1984). Zentrale Textverarbeitung funktionierte offensichtlich nur dort gut, wo man *gegen* die offiziellen Bestimmungen wieder Mischarbeit und einen festen Bezug zwischen Schreibkraft und Sachbearbeiter einführte (Weltz & Lullies, 1983).

Kasten 1.1: Taylorismus

Taylor hat um die Jahrhundertwende ein System der "Wissenschaftlichen
Betriebsführung" entwickelt (Taylor, 1913). Ausgangspunkt seiner Überlegungen war, wie man das "loafing" der Arbeiter, also die Leistungszurückhaltung, reduzieren kann. Er analysierte dabei die Betriebspolitik als
Ausfluß des Machtkampfes zwischen den Arbeitern und dem Management.
Die Arbeiter würden den Machtkampf gewinnen, solange sie die einzigen
sind, die die Arbeit wirklich kennen und beherrschen. Deshalb könnten sie
gegenüber dem Vorgesetzten immer "bluffen" und Arbeit vortäuschen, wo
eigentlich gar nicht gearbeitet wurde.

Zur Überwindung dieser Widerstände der Arbeiter schlug Taylor sein System der "Wissenschaftlichen Betriebsführung" vor. Sein System basiert auf
drei Prinzipien: Erstens, durch ein wissenschaftliches Arbeitsstudium und
durch genaue Anleitung, wie eine Arbeit auszuführen ist, kann die Macht
der Arbeiter verringert werden und es werden gleichzeitig Rationa-
lisierungspotentiale freigesetzt. Eine Voraussetzung dafür ist natürlich, daß
das Management das gesamte für die Arbeitsausführung notwendige Wissen
kennenlernen mußte. Um dieses zu erreichen, entwickelte er Bewegungs-
und Zeitstudien. Mit deren Hilfe analysierte er die notwendige Arbeit im
einzelnen und gab dann dem Arbeiter im einzelnen vor, wie er zu arbeiten
habe. Dies erfolgte nach dem "one-best-way"-Prinzip, die Arbeit sollte also
auf die wissenschaftlich eruierte beste Art und Weise ausgeführt werden.

Sein zweites Ziel war eine hohe Arbeitsteilung; eine solche Arbeitsteilung
wird durch das wissenschaftliche Arbeitsstudium begünstigt, weil ja nun
nicht mehr der einzelne Arbeiter den gesamten Arbeitsablauf kennen
mußte, sondern er sollte nur noch seinen Anteil nach einem vorgefertigten
Schema ausführen.

Drittens soll als Motivation Geld eingesetzt werden. Deshalb führte Taylor
Akkordarbeit (bzw. Prämienlohn) ein.

Ein historisches Beispiel für die Einführung von Taylorismus im Büro gibt
Murolo (1987). Aus dieser Beschreibung wird deutlich, wie die Kombination aus genauen Arbeitsstudien, Verstärkung der Arbeitsteilung, Lehre
eines besten Arbeitsweges und Prämienlohn zu Produktivitätssteigerungen
führte, aber auch welche Widerstände und welche Rigidisierung sich aufgrund des eingeführten Taylor Systems entwickelte. Taylorisierung im Büro
funktionierte nur in den Bereichen der routinisierten Tätigkeiten, die meist
von Frauen besetzt wurden. Bei den Sachbearbeitern scheiterte die Einführung des Taylor Systems am Widerstand der Vorgesetzten.

Fortsetzung
Kasten 1.1: Taylorismus

Die Kritik am Taylorismus richtet sich vor allem gegen die Einschränkung des Handlungsspielraums, der Reduktion der Qualifikationsanforderungen in der Arbeit und der starken Arbeitsteilung (vgl. Kasten 1.2 zum soziotechnischen Systemansatz). Übertragen auf die Technikdebatte beinhaltet Taylorismus, daß neue Techniken im Sinne einer weitgehenden Arbeitsteilung und einer Dequalifizierung eingesetzt werden. Man kann ja nur dann wirklich die einzelnen Arbeitsschritte vorgeben, wenn es sich um die einfachsten Arbeitsvollzüge handelt. Komplexere Vollzüge sind der genauen Aufsicht des Vorgesetzten entzogen (und es kann damit wieder zur Leistungszurückhaltung bei den Beschäftigten kommen). Es wäre also im Sinne von Taylor, wenn das Computersystem zur Steuerung der Arbeitsvollzüge eingesetzt würde.

Im Bürobereich lassen sich auch entsprechende Beispiele für empirisch-unideologische Vorgehensweisen finden, bei denen neue Techniken im Sinne des soziotechnischen Systems (siehe Kasten 1.2) zu neuen Mischtätigkeiten kombiniert werden (vgl. z.B. auch Ulich, 1981a). Deutliche Höherqualifizierungen und Verbesserungen der Arbeitssituation kann man bei Sachbearbeitertätigkeiten in der Versicherungsbranche verzeichnen (Gottschall, Mickler & Neubert, 1985). Hier wurde die Einführung der Computertechnik mit einer organisationalen Umstrukturierung verbunden, bei der alle anfallenden Arbeiten von einem Sachbearbeiter ausgeführt werden, z.B. die Auskunft über andere Versicherungssparten, die komplette Bearbeitung von Versicherungsfällen, usw. Persönliche Kundenberatung und auch schwierige Entscheidungen sind nicht mehr arbeitsteilig organisiert, sondern verbleiben bei einem Sachbearbeiter. Dies hat eine Erhöhung der Qualifikationen zur Folge, führt aber auch zu einer Verstärkung der Leistungsanforderungen. Auch die Störungen durch häufige Telefonate u.ä. erhöhen sich. Insgesamt dürften diese Arbeitsplätzen aber nach Einführung der neuen Techniken besser sein als vorher.

Kasten 1.2: Der soziotechnische Systemansatz

Der soziotechnische Ansatz wurde in den letzten 30 Jahren als Alternative zum Taylorismus (siehe Kasten 1.1) am Tavistock Institute entwickelt (Emery & Trist, 1969, Emery & Thorsrud, 1982, vgl. auch Alioth, 1980 und Pava, 1983, Sydow, 1987). Dabei steht der Systemgedanke im Vordergrund. Dementsprechend kann man ein technisches und ein soziales Subsystem unterscheiden; diese darf man aber nicht völlig getrennt voneinander be-

trachten, sondern sie sind in einem komplexen System - eben dem soziotechnischen System - miteinander verbunden. Darüberhinaus ist dieses
System ein offenes System, d.h. es wird durch die Umgebungsbedingungen
beeinflußt. Dies ist zunächst ein trivialer Gedanke, denn jeder Betrieb
interagiert natürlich mit seiner Umgebung. Der Ansatz beinhaltet aber
auch, daß das System nur dann adäquat funktioniert, wenn es sich den
verändernden Umweltgegebenheiten auch flexibel anpassen kann. Diese
Flexibilität muß nun durch die Arbeitsgestaltung unterstützt werden.

Der soziotechnische Ansatz kann schwer durch einen Kanon von Aussagen
repräsentiert werden; dazu ist er noch zu ungenau formuliert. Er läßt sich
aber durch die folgenden Aspekte charakterisieren:

1) Man darf weder die technische Seite zugunsten der sozialen Seite ver-
nachlässigen, noch die soziale zugunsten der technischen. Nur beide gemeinsam können optimiert werden, d.h. die sozialen und technischen Teilbereiche müssen sinnvoll miteinander verknüpft sein. Daraus folgt, daß z.B.
eine reine Optimierung der Computerstruktur nicht sinnvoll ist, solange die
Konsequenzen auf die soziale Struktur nicht mitbedacht werden.

2) Veränderungen in der Außenwelt führen aufgrund des offenen Systems
zu Unregelmäßigkeiten innerhalb der Abteilungen. Diese Unregelmäßigkeiten können am besten durch Selbstregulation aufgefangen werden. "Vor
Ort" kann man am besten flexibel und aufgabenadäquat reagieren. Wird die
Selbstregulation von Teilsystemen zugunsten einer rigiden Struktur zu stark
eingeschränkt, führen Systemschwankungen nur zu Stress und Frustration.

3) Die Selbstregulation erfolgt durch die Arbeitsgruppen. Die einzelnen
Arbeitsgruppen sollten gemeinsame Aufgaben selbständig lösen. Dabei soll
innerhalb der Arbeitsgruppen jeder die unterschiedlichsten Tätigkeiten
ausführen können, um so eine maximale Flexibilität zu gewährleisten. Eine
allgemeine Erhöhung der Qualifikation der Arbeitenden ist dafür von
grundlegender Bedeutung.

4) Die unterschiedlichen Abteilungen müssen in ihrer dynamischen Interaktion miteinander betrachtet werden; wenn man Teile eines Systems optimiert, kann dies langfristig auch dann zu negativen Effekten auf das Gesamtsystem führen, wenn die Teiloptimierung gelungen ist (mancher zentrale Schreibdienst ist hierfür ein gutes Beispiel).

5) Die Vorgesetzten sollten im wesentlichen die Funktion haben, die Verbindungen der Subsysteme zu optimieren. Sie haben also weniger die Aufgabe, in ein Subsystem hineinzuregieren und damit deren Selbstregulation
zu verringern. Die Funktion der Vorgesetzten verändert sich damit: Statt die

Arbeitsgruppen zu steuern, sollen sie die Arbeitsgruppen unterstützen (etwa durch Außenkontakte, als Ideengeber, durch Training).

6) Bei einer komplexen Arbeit gibt es keinen tayloristischen "one-best-way", sondern viele gute Wege; ab einer bestimmten Komplexität der Aufgabe führen viele Wege zum Ziel. Jeder Arbeitende entwickelt dabei die ihm gemäße Strategie (Triebe, 1977). Dies ist wiederum ein Bestandteil der Selbstregulation.

7) Es dürfen nicht nur kurzfristige, sondern es müssen auch langfristige Effekte betrachtet werden (vgl. Landy et al., 1987). Dies bedeutet z.B., daß eine Rigidisierung der Arbeitsteilung zwar kurzfristig durchaus funktional sein kann, aber langfristig negative Folgen hat. Aus diesen Überlegungen ergibt sich die Ablehnung des Taylor Systems: Nach dem soziotechnischen Ansatz führt der Ansatz von Taylor bestenfalls zur Optimierung solcher Teilsysteme, deren Output man leicht messen kann und bei denen eine strikte Arbeitsteilung machtpolitisch durchsetzbar ist. Das Taylor System optimiert die technische Seite getrennt und vernachlässigt die soziale Seite. Dies führt zu einer Rigidisierung des Gesamtsystems. Beim Taylor System handelt sich also um den Versuch, ein leicht kontrollierbares, geschlossenes System herzustellen, das langfristig allerdings an den sich wandelnden Umweltanforderungen des offenen Systems scheitern muß.

Die Verwendung der Technik ist nach dem soziotechnischen Systemansatz abhängig von der Organisation und dem konkret Machbaren im Betrieb. Damit ist Forschung zu den "Technologiefolgen" im strikten Sinn immer Forschung zur "Organisation der Anwendung von Technologien". Dennoch lassen sich einige allgemeine empirische Tendenzen darüber feststellen, wie die Einführung neuer Techniken in den meisten Betrieben organisatorisch bewerkstelligt wird:

1) Neue Techniken werden in den meisten Fällen in der Art eines evolutionären Prozesses eingeführt, d.h. zu jedem einzelnen Zeitpunkt finden nur geringe Veränderungen statt (Pomfrett, Olphert & Eason, 1985). Zum Beispiel gehen meist einige Abteilungen voran und probieren bestimmte Computersysteme aus. Erst nachdem diese Abteilungen eine Vorreiterfunktion gespielt haben, ziehen andere Abteilungen nach. Nur recht selten werden in einer Firma auf einen Schlag mehr als 1000 Computer sowie die entsprechende Software eingeführt (uns sind allerdings auch solche Fälle durchaus bekannt, besonders im Bereich der Banken - der Planungsaufwand ist dort natürlich sehr hoch).

2) Insgesamt sind die Veränderungen, die aufgrund der neuen Techniken
entstehen, geringer, als man das zunächst vermuten würde (Agervold, 1987,
De Brabander et al., 1981, Frese & Zapf, 1987, Kling, 1980). Zum einen
gibt es nur geringe Veränderungen, weil aufgrund des evolutionären Ein-
führungsprozesses der Betrieb nicht völlig umorganisiert wird. Zum zweiten
werden aber, zumindest im deutschsprachigen Bereich, die zur Verfügung
stehenden Mitarbeiter eingesetzt (d.h. es werden nur wenig zusätzliche, für
diese Arbeit qualifizierte Mitarbeiter eingestellt, und es werden zumeist
keine Mitarbeiter entlassen). Die Mitarbeiter müssen dann entsprechend
umgeschult und qualifiziert werden. Das bedeutet, daß diejenigen, die
schon vorher sehr qualifiziert arbeiteten, auch weiterhin qualifizierte
Tätigkeiten erhalten (jetzt aber am Computer), während die Unqualifizier-
ten entsprechend unqualifizierte Tätigkeiten ausführen. Letzteres sind
oftmals Resttätigkeiten, also Tätigkeiten, die noch nicht der neuen Technik
übertragen wurden, wie z.B. manuelle Dateneingabe oder Umkodierung.

3) Es gibt durchaus auch Tendenzen zu einer verstärkten Taylorisierung
(vgl. Kasten 1.1) bei der Einführung von neuen Techniken - auch auf der
Angestelltenebene (Buchanan & Boddy, 1982, Ellis, 1984, Hoos, 1960, 1983,
Iacono & Kling, 1987, Mowshowitz, 1976, Rödiger, 1985, Sauter et al.,
1983, Schardt & Knepel, 1981, Sydow et al., 1981). Solche Tendenzen lassen
sich zum Teil sogar bei der Einführung von Computern im Managementbe-
reich feststellen (Björn-Andersen, Eason & Robey, 1986). Aber es gibt eben
auch die Gegentendenzen. In einer differenzierten Analyse unterscheiden
Gottschall, Mickler & Neubert (1985) Massensachbearbeitung, routinisierte
Zuarbeit mit Anteilen von Sachbearbeitertätigkeiten und routinisierte Sachbearbeitung. Besonders bei der letzteren kommt es z.B. im Versicherungs-
bereich zu einer Aufgabenerweiterung und Aufgabenbereicherung, indem
eine Sachbearbeiterin im Zuge der Einführung von elektronischer Datenverarbeitung die Betreuung des Kunden in allen Branchen des Versiche-
rungsunternehmens übernimmt (statt wie zuvor auf einzelne Bestandteile
beschränkt zu sein). Das heißt, es lassen sich unterschiedliche Organisationsformen im Zuge der Einführung von neuen Techniken finden. Gottschall et al. führen aus, daß in solchen Organisationen, die sich schrum-
pfenden Marktanteilen bei schlechter Ertragslage gegenübersehen, der einfache Rationalisierungseffekt angestrebt wird. Da dieser Rationalisierungseffekt kurzfristig wirken muß (also z.B. nicht mit einer längeren Qualifi-
zierungsphase verbunden ist), wird die bestehende Organisationsform
beibehalten und die Arbeit tendenziell entleert oder zumindest nicht angereichert. Bei Firmen hingegen, die die Qualität der Serviceleistungen verbessern wollen, werden im Zuge der Verwendung der elektronischen Datenverarbeitung eher höher qualifizierte Arbeitsplätze eingerichtet.

4) Jede Umstrukturierung einer Firma und deshalb auch die Einführung
von neuen Techniken hat Implikationen für die Machtstruktur in einer
Firma (Kling, 1980), da der Informationsfluß verändert und neue Infor-

mationskanäle entwickelt werden und da die Wichtigkeit von bestimmten
Abteilungen und Bereichen je nach Entscheidung steigt oder sinkt (vgl.
Kasten 1.3).

Jede Unternehmensentscheidung besteht zumindest aus den folgenden drei
Komponenten: Zum einen wird der Bezug zu den allgemeinen Unterneh-
menszielen hergestellt. Zum zweiten werden auch Ziele von Abteilungen
und Bereichen verfolgt, die dem Unternehmensziel nicht notwendigerweise
entsprechen müssen, die aber in die Entscheidung eingehen. Zum dritten ist
jeder Unternehmensbereich darauf aus, seine jeweilige Macht und seinen
Einfluß zu erhöhen. Da Manager von ihren Aufgaben her im wesentlichen
auch Machttechniker sind und sein müssen (z.B. in der Frage, wie Mitarbeiter motiviert und "geführt" werden), würde es erstaunen, wenn solche
Überlegungen der Machterhaltung und -erweiterung bei Einführung von
neuen Techniken nicht auch eine Rolle spielten.

Bei der Einführung von neuen Techniken sind Machtfragen also stets zu
beachten. Die Entscheidung für oder gegen ein System hat Implikationen
für die Machtstruktur im Betrieb. So beinhaltet die Einführung von dezentralen Systemen (mit Personalcomputern) oft einen gewissen Machtver-
lust für die zentrale DV-Abteilung. Der Aufbau von dezentralen Service-
zentren oder die Einführung von lokalen Experten, die Errichtung einer
Techniktrainingsabteilung neben der Abteilung, die für Computer zuständig
ist, die Überführung der DV-Abteilung in einen anderen Unternehmensbereich, usw. - alle diese Entscheidungen haben neben dem Sachaspekt
immer auch den Machtaspekt.

5) Zentralisierung vs. Dezentralisierung sind ebenfalls Machtfragen. Bei
der Einführung von großen Mainframes (Großcomputern) in den 60er
Jahren wurde oftmals gleichzeitig zentralisiert (Spinas, 1984); diese Tendenz
dreht sich bei der Einführung von Personalcomputern zur Zeit wieder um
(Reichwald, 1983). Mit der zunehmenden Verwendung von großen zentra-
len Datenbanken und Unterstützungssystemen für Spezialisten (z.B. bei den
Banken und bei den Versicherungen) kann es in Zukunft wieder zu einer
Zentralisierung kommen. Aber auch diese Bemerkungen sollten nicht als
Bestätigung für den technologischen Determinismus verstanden werden. Es
gibt auch hier alle möglichen Varianten. Zum Beispiel kann die Informa-
tionsbank zentralisiert sein, es müssen aber nicht notwendigerweise die
Datenverarbeitungsschritte (z.B. der Informationsabruf oder die Ordnungs-
systeme) zentralisiert ausgeführt werden. Darüberhinaus kann der Zugang
zu den Informationen unterschiedlich gesteuert werden (so daß z.B. nur die
höheren Vorgesetzten bestimmte Informationen einsehen dürfen) oder er
wird nicht zentralisiert. Die allgemeine Verbreitung von Informationen
kann im wesentlichen zentralisiert erfolgen oder durch Vernetzung auch
dezentrale Momente zulassen. Hier gibt es also wieder eine Reihe von Mög-

lichkeiten, die konkrete Verwendung von Datenbanken und Netzen organisatorisch unterschiedlich zu strukturieren.

Kasten 1.3: Fallbeispiel zur Machtverschiebung

In einer Firma zerstritten sich zwei Vorstände über die Einführung von neuen Techniken. Der eine war zuständig für die Technik, der andere für die Verwaltung. Es gab bereits ein Computersystem im Verwaltungsbereich, aber der technische Bereich wollte sein eigenes Computersystem aufbauen. Der technische Vorstand argumentierte, daß man sonst den Eigenheiten der technischen Daten nicht gerecht werden würde. Nachdem der Vorstand eine Unternehmensberatung zu Hilfe geholt hatte, schlug diese vor, das kaufmännische Computerzentrum zu erweitern (so daß auch die technischen Daten darauf bearbeitet werden konnten). Die Argumentation des Unternehmensberaters war, daß eine spätere Integration der kaufmännischen und technischen Daten nur dann möglich sei, wenn man keine zwei unterschiedlichen Systeme aufbauen würde. Um den Streit zu verringern, wurde zusätzlich vorgeschlagen, das Computerzentrum aus dem kaufmännischen Bereich auszugliedern und dem Vorstandsvorsitzenden zu unterstellen. Dies hatte verschiedene Implikationen: Zum einen wurde keine neue Abteilung Datenverarbeitung innerhalb des technischen Bereichs aufgebaut. Dies "zerstörte" das "Lebenswerk" des für diese Abteilung vorgesehenen Abteilungsleiters. Zum zweiten wurde der kaufmännische Bereich entmachtet, da er nun nicht mehr die Datenverarbeitung "unter sich" hatte und der Vorstandsvorsitzende hatte einen Machtgewinn, der aus dem Streit der beiden Vorstände resultierte.

6) In den letzten Jahren scheint die allgemeine Einstellung gegenüber Computern auch in der Bundesrepublik Deutschland positiver geworden zu sein. Andererseits kommt es immer noch zu Befürchtungen im Zusammenhang mit dem Datenschutz (Stichwort: der gläserne Mitarbeiter). Besonders wenn vernetzte Systeme eingeführt und auch personennahe Daten abgespeichert werden, kann dies zu einer Verknüpfung von Daten führen, die eine neue Qualität der Überwachung darstellen. Björn-Andersen & Rasmussen (1980) berichten von einer französischen Versicherungsgesellschaft, in der alle Türen - auch die Toilettentüren - nur mit Hilfe einer Plastikkarte geöffnet werden konnten. Damit konnte sich das Management ein genaues Bewegungsprofil jedes Mitarbeiters verschaffen. Es kam daraufhin zu einem Streik, der zur Zurücknahme dieser Maßnahmen führte.

Man muß sich einmal vorstellen, welche Datenfülle schon jetzt in manchen Betrieben zentral erhoben wird bzw. erhoben werden könnte: Trends in den Abwesenheitsdaten, Anzahl der Kinder, Mitgliedschaft in einer Gewerk-

schaft, Rauch- und Trinkgewohnheiten (denn die Mitarbeiter bezahlen mi
ihrer Computerkarte in der Cafeteria), Qualifikationen, Teilnahme an Kur
sen, Effizienz (z.B. Anzahl der Anschläge pro Tag) und die Telefonat
(einschließlich der angewählten Telefonnummern). Diese Daten könnte
dann bei Entscheidungen über Beförderung, Entlassung, Veränderungen de
Abteilungen, usw. kombiniert werden und ergeben so ein umfassendes Bil
von Verhaltensmustern. Hier handelt sich in fast allen Fällen um Befürch
tungen, nicht um Realität, weil sowohl der Betriebsrat als auch die Mehr
zahl aller Manager wohl kaum ein solches Überwachungssystem wirklic
zulassen würden. Aber dennoch bedarf es eines - auch für die Mitarbeite
- nachvollziehbaren Systems, das die Kombination und Erhebung diese
Daten aktiv verhindert, damit solche Befürchtungen wirksam entkräfte
werden können.

Die allgemeine Schlußfolgerung aus dem bisher Gesagten ergibt: Die Auf
fassung eines technologischen Determinismus (also der Vorstellung, daß di
Technik die Organisationsstruktur determiniere) ist falsch. Gerade di
Computertechnik erlaubt eine Vielzahl unterschiedlicher Organisations- un
Arbeitsplatzstrukturen. Ulich (1984) hat die Einführung der Computertech
nik sogar als Chance bezeichnet, mit der Möglichkeit, alte tayloristisch
Strukturen zugunsten von menschlicheren (und damit langfristig produkti
veren) Strukturen aufzubrechen. Dies beinhaltet allerdings auch, daß ma
versuchen sollte, die Organisation und die Arbeitsplätze bewußt einzurich
ten und zu gestalten (vgl. Hacker, 1987).

1.2 Das Werkzeug Computer

Weltz und Lullies (1983) führen aus, daß es im betrieblichen Alltag dre
Sichtweisen über neue Techniken gibt: die technikorientierte, die orga
nisationsorientierte und die aufgabenorientierte Sichtweise (letztere nenne
sie eigentlich arbeitsorientiert; aufgabenorientiert scheint uns aber der bes
sere Begriff zu sein). Die technikorientierte Auffassung sieht Rationali
sierungsnotwendigkeiten, wenn technische Möglichkeiten nicht ausgenutz
oder zur Verfügung gestellt werden und strebt eine größtmögliche Automa
tisierung an. Damit ist sie in wesentlichen Teilen identisch zu dem vor
Kern & Schumann angesprochenen "technokratisch-bornierten" Konzept
Oft kann eine solche Anschauung bei Technikern gefunden werden.

Die organisationsorientierte Sichtweise strebt eine hohe Steuerbarkeit de
Organisation an. Sie sieht Rationalisierungsnotwendigkeiten vor allem dann
wenn geringe Transparenz und ein geringes Maß an Ordnung vorliegen.

Die aufgabenorientierte Sichtweise konzentriert sich auf die Arbeitsauf
gaben und vermerkt Rationalisierungsdefizite dort, wo es zu einer um-

ständlichen und aufwendigen Erledigung von Arbeit, zu Doppelarbeit oder zu nicht aufgabengerechter Reglementierung kommt.

Wir vertreten im wesentlichen die aufgabenorientierte Sichtweise. Damit werden pragmatische und zielorientierte Vorgehensweisen favorisiert, gegenüber dem manchmal auffallendem Dogmatismus der technik- und organisationsorientierten Vorstellungen. Arbeit besteht ja aus der Ausführung von Aufgaben. Entscheidend für die Effizienz und Schädigungsfreiheit der Arbeit ist letztendlich die Gestaltung der Aufgabe. Diese Aussage gilt auch dann, wenn die Gestaltung der Aufgabe immer innerhalb eines organisationalen Rahmens erfolgt, denn das Ziel der Organisation ist ja ebenfalls die Erledigung von Aufgaben (Kieser & Kubicek, 1983).

Aus dieser Betrachtungsweise folgt ein Verständnis des Computers als Werkzeug (vgl. Dzida, 1987). Das bedeutet:

- Zunächst besteht ein Ziel, z.B. die Erstellung eines Produkts, die Vermittlung einer Information, usw.; das konkrete Ziel eines Arbeitenden wird vermittelt über die Arbeitsaufgabe, die durch die Organisation der Arbeit bestimmt wird. Die Arbeitsaufgabe besteht zunächst einmal unabhängig vom Computer, und der Computer dient nur der Erreichung dieses Ziels, er ist also ein Werkzeug, um die Aufgabe auszuführen.

- Eine neue Technik wird (zumindest, wenn man sie undogmatisch betrachtet) immer daran gemessen, ob sie dazu beiträgt, ein Ziel schneller zu erreichen bzw. eine Arbeitsaufgabe besser zu bewältigen als vorher. Das heißt, ein bestimmtes System ist nicht an sich gut oder schlecht, sondern immer nur in bezug auf die Ziele, die man damit erreichen kann.

- Der Arbeits- und Lernaufwand, der notwendig ist, um ein Werkzeug zu beherrschen, sollte in einem sinnvollen Verhältnis zu den Verbesserungen stehen, die der Arbeitende durch die Anwendung des Werkzeugs bei der Aufgabenerledigung erreicht.

- Das Werkzeug sollte vom Arbeitenden beherrscht werden und nicht umgekehrt. Denn es soll ja der Aufgabenerledigung dienen. Beherrschung erfordert Qualifikationen beim Umgang und bei der Veränderung von Werkzeugen.

- Bis zu einem gewissen Grad hat ein Werkzeug auch wieder Rückwirkungen auf das Ziel der Arbeit (aber dies ist eben nur ein sekundärer Effekt). Eine solche Rückwirkung zeigt sich z.B., wenn nach der Einführung von Textverarbeitung und Grafikprogrammen die Anforderungen an die Schönheit der tabellarischen Darstellungen anwachsen.

Wie aus den Bemerkungen zu entnehmen ist, ergeben sich aus dieser Betrachtungsweise hohe Anforderungen an ein System, das als Werkzeug dienen soll. Arbeit hat immer zwei wichtige Oberziele: Sie dient der Erledigung einer Aufgabe, die durch den Betrieb und die Organisation bestimmt wird, und sie muß dem Menschen in der Organisation dienen. Das bedeutet, daß eine bestimmte Arbeit und die dafür verwendeten Werkzeuge immer zwei Kriteriengruppen genügen müssen: denen der Leistungs- und Aufgabenerfüllung und denen der menschengerechten Arbeit. Im folgenden sollen diese beiden Kriteriengruppen diskutiert werden.

1.3 Kriterien für den Einsatz von neuen Techniken

1.3.1 Arbeitspsychologische Kriterien menschengerechter Arbeit

In der Arbeitspsychologie wurden eine Reihe von Kriterien zur Bewertung von Arbeitsgestaltungsmaßnahmen mit dem Ziel entwickelt, eine effiziente Ausführung der Aufgaben zu gewährleisten, die negativen psychischen Auswirkungen zu minimieren, sowie die Entwicklungsmöglichkeiten des Menschen zu erhalten und zu verbessern. Daraus ergeben sich die folgenden Kriterien menschengerechter Arbeit (Hacker & Richter, 1980, Ulich, 1984):

1) *Ausführbarkeit;* d.h. eine Arbeit muß mit Hilfe der bereitstehenden Werkzeuge und mit dem menschlichen sensorischen und muskulären Apparat ausführbar sein. Dies bedeutet z.B., daß ein Mikroskop die richtige Schärfe haben soll, daß die Lichtbedingungen es ermöglichen sollen, Objekte auch gut zu sehen, daß ein Computerprogramm für die Arbeitenden auch verständlich sein soll, usw. Dies ist eigentlich noch ein relativ triviales Kriterium, und es steht deshalb nicht im Vordergrund unseres Interesses.

2) *Schädigungs- und Beeinträchtigungslosigkeit;* d.h. die Arbeit darf nicht zu Gesundheitsschäden oder zur Beeinträchtigung des Wohlbefindens führen (Frese, S. Greif & Semmer, 1978, Frese, 1981). Hier gibt es kurz- und langfristige Effekte. Besonders die langfristigen Effekte von psychischen Stressbedingungen oder von falschen Bewegungen, angestrengten Haltungen sind hier relevant. Langfristige Stressbedingungen (Beispiele: Monotonie, hohe Arbeitsintensität) und das Fehlen von Handlungsspielraum haben Auswirkungen sowohl auf das subjektive Gefühl des Wohlbefindens, wie auch auf psychosomatische Beschwerden und komplexe Krankheiten, wie etwa Herzinfarkt und Krebs (mehr dazu in Kap. 5).

3) *Lern- und Persönlichkeitsförderlichkeit:* Es klingt zunächst wie eine im wesentlichen nur humanistische Forderung, daß die Arbeit die Persönlichkeit fördern sollte. Aber dem ist nicht so. Jede Arbeit verändert auch die Persönlichkeit des Arbeitenden - manchmal zum Guten, manchmal zum Schlechten (Frese, 1984). Deshalb ist es sinnvoll, darauf zu achten, daß man innerhalb der Arbeit seine Kompetenzen weiterentwickeln kann. Dies bein-

haltet z.B., daß die Arbeit herausfordert und genug Komplexität bereitstellt, so daß man auch seine Kompetenzen weiterentwickeln kann (Hacker, 1986). Gerade bei diesem Kriterium ergeben sich besonders enge Verzahnungen zu der Leistungförderlichkeit, weil letztlich nur solche Firmen auf die Herausforderung des Marktes flexibel reagieren können, deren Mitarbeiter aufgrund ständiger Weiterentwicklung ihrer Kompetenzen eine Erneuerung der Produktpalette und Anpassungsmaßnahmen (auch technischer Art) der Arbeitsgestaltung und der Organisation unterstützen. Schließlich bewirkt eine Lern- und Persönlichkeitsförderlichkeit der Arbeit auch eine entsprechende Motivierung der Mitarbeiter (vgl. Peters & Waterman, 1982).

4) *Ermöglichung von sozialer Interaktion:* Es ist ein allgemein-menschliches Bedürfnis, sich mit anderen sozial austauschen zu können. Das Ausmaß an sozialer Unterstützung, das man durch andere erhält, hat Auswirkungen auf psychosomatische Gesundheit und sogar auf die Lebenserwartung. Zum Beispiel zeigen Berkman & Syme (1979), daß solche Personen, die kaum enge Freunde haben, früher sterben, als solche die enge Freunde haben.

1.3.2 Psychologische Effizienz und betriebswirtschaftliche Effizienzkriterien

Zunächst erscheint das Thema "effiziente Leistung" nur der Betriebswirtschaft zugehörig. Aber auch in diesem Bereich gibt es psychologische Befunde.

1.3.2.1 Psychologische Effizienz

Um die psychologischen Effizienzkonzepte zu diskutieren, ist es notwendig, einige theoretische Voraussetzungen zu klären, die in Kasten 1.4 dargestellt werden. Die Handlungstheorie diskutiert die Zielbezogenheit der Handlung und die Frage, wie Handlungen kognitiv repräsentiert sind und wie diese kognitiven Repräsentationen die Handlung regulieren. Effizienz läßt sich verwirklichen, wenn man den psychischen Erfordernissen der Handlungsregulation entgegenkommt.

Kasten 1.4: Handlungstheorie: Eine erste Begriffsdefinition

Der Gegenstandsbereich der Handlungstheorie ist die Handlung und die Regulation der Handlung. Von Handlung kann man nur sprechen, wenn ein Ziel angestrebt wird. Nachdem ein Ziel entwickelt wird, werden Handlungspläne aufgestellt, die dieses Ziel erreichen sollen. Diese Handlungspläne werden ausgeführt, und man erhält eine Rückmeldung (feedback)

Kasten 1.4: Handlungsregulationstheorie: Eine erste Begriffsdefinition

durch die Umwelt. Dabei wird immer wieder verglichen, ob unsere Handlung noch zielbezogen ist oder vom Ziel abweicht (Vergleichsvorgänge). Entsprechend der Rückmeldungen werden unsere Handlungen korrigiert (Veränderungsvorgänge). Dabei wird die Handlung von oben nach unten gesteuert, sie ist also hierarchisch (bzw. heterarchisch, also unvollkommen hierarchisch) aufgebaut, d.h. eine Handlung besteht aus Teilhandlungen, Operationen und Einzelbewegungen, die sich alle am Ziel orientieren.

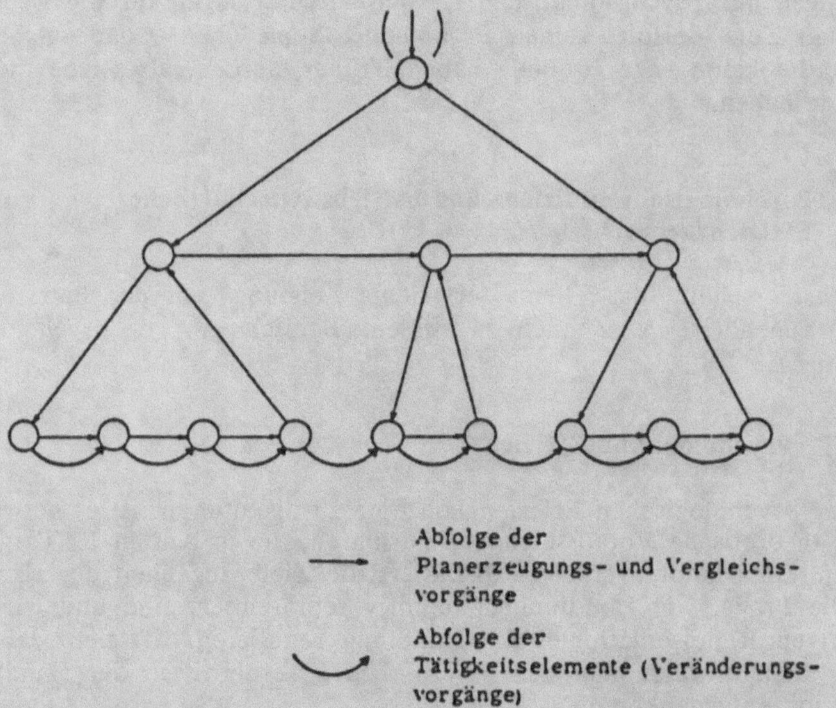

Abb. 1.2: *Vereinfachtes Modell über die Durcharbeitung eines Plans (Volpert, 1983, S. 33)*

Der Mensch steuert natürlich im Regelfall nicht nur ein Ziel an, sondern mehrere. Deshalb kommt es oft zu recht komplexen Handlungen. Wenn eine Handlung sehr häufig ausgeführt wird, dann wird sie automatisiert. Die meisten unserer Alltagshandlungen sind einer gewissen Automatisierung unterworfen - wir müssen z.B. nicht mehr nachdenken, wie wir gehen, Zähne putzen, vom Arbeitsplatz nach Hause fahren oder in der Arbeit jemand begrüßen, usw. Wenn eine Handlung automatisiert ist, haben wir nur noch eine sehr stark eingeschränkte bewußte Kontrolle über sie. Der Automatisierungsprozeß läßt sich aber auch umkehren - wir können eine automatisierte Handlung wieder unter unsere bewußte Kontrolle stellen - aber dieser Umkehrprozeß ist schwierig und aufwendig.

Der wichtige Fortschritt der Handlungstheorie gegenüber anderen psychologischen Theorien ist, daß man mit ihrer Hilfe sowohl komplexes Handeln als auch automatisierte Muster erklären kann. Im Gegensatz zu älteren Theorien (besonders des Behaviorismus) wird dabei nicht davon ausgegangen, daß die Gesamthandlung sich aus Einzelteilen zusammensetzt. Das Ganze ist mehr als die Summe seiner Teile. Das bedeutet, auch eine Einzelhandlung, wie z.B. das Speichern einer Datei, wird in jeder Phase ein klein wenig unterschiedlich ausgeführt, je nachdem, ob diese Datei einen hohen Stellenwert für ein Gesamtprojekt hat (z.B. ein Buchkapitel) oder ob man gerade kurz etwas Unwichtiges zwischenspeichert.

Die bewußten Handlungen werden durch unser Denken reguliert. Selbst für triviale Alltagshandlungen macht es einen Unterschied, ob man den Hintergrund verstanden hat oder nicht. Zum Beispiel zeigt Hacker (1986), daß Arbeiter dann besser mit ihrer Arbeit zurechtkommen, wenn sie langfristig vorausplanen, als wenn sie nur ganz kurzfristige Pläne haben. Dies ist wiederum davon abhängig, ob man den Produktionsprozeß besser in seiner Gänze verstanden hat.

Natürlich gibt es auch Handlungen, die relativ wenig Denken beinhalten: automatisierte Handlungen. Aber insgesamt ist der Stellenwert des Denkens für die Arbeit wichtiger, als dies in den meisten Theorien über Effizienz und über Arbeitshandeln nahegelegt wird. Deshalb wird innerhalb der Handlungstheorie der Stellenwert von allgemeinen Konzepten, Wissen um Handlungsgesetze, usw. hoch eingeschätzt.

Dies geschieht allerdings auch in kognitivistischen Theorien (also Theorien, die die Informationsverarbeitung in den Vordergrund ihrer Betrachtung rücken). Im Unterschied zu diesen Theorien erklärt die Handlungstheorie aber genauer, wie diese Denkprozesse das Handeln auch *regulieren*. Deshalb spricht man oft auch von Handlungsregulationstheorien. Insofern als die Denkprozesse sowohl die Zielvorstellungen, die Planvorstellungen und die Rückmeldungsverarbeitung beeinflussen und insofern als jene Vorstellungen jeweils hierarchisch (oder heterarchisch) angeordnet sind, kann die Handlungstheorie erklären, wie ein allgemeiner Gedanke (z.B. das Schreiben

Eine nähere Analyse der psychologischen Effizienz von Leistungen kann
anhand des handlungsorientierten Schemas in Abb. 1.3 vorgenommen
werden. In den Zeilen bei Abb. 1.3 sind die Schritte einer Handlung abge-
bildet: Man entwickelt zunächst ein Ziel, macht sich dann einen Plan, wie
man dieses Ziel erreichen kann und verwendet die Rückmeldungen der
Umwelt, um seine Pläne anzupassen. Möglicherweise verwirft man bestimmte Ziele oder entwickelt alternative Ziele und Pläne. Zielerstellung
und -durchführung, Planerstellung und -durchführung, sowie die Verarbeitung von Rückmeldungen der Umwelt sollten nun entsprechend den
Spalten in Abb. 1.3 jeweils realistisch sein, stabil-flexibel eingesetzt und
organisiert verwendet werden (Volpert, 1983, Frese, 1987).

Realistische Pläne ermöglichen die Erreichbarkeit der Ziele in sachlicher
und zeitlicher Hinsicht unter den bestehenden Gegebenheiten. Darüberhinaus sollte der Plan stabil-flexibel eingesetzt werden. D.h. man sollte ihn
bei aufkommenden kleineren Schwierigkeiten nicht sofort aufgeben (Stabi-
lität), damit man nicht Pläne zu schnell verwirft und danach möglicherweise eine schlechtere Herangehensweise wählt. Andererseits sollte man
auch nicht versuchen, "mit dem Kopf durch die Wand zu gehen"; deshalb
ist es notwendig, den Plan bei größeren Schwierigkeiten auch anzupassen,

Handlungs- sequenz	realistisch	stabil-flexibel	organisiert
Ziel (Aufgabe)			
Plan (Arbeitsmittel)			
Verarbeitung von Feedback und Signale			

Abb. 1.3: *Psychologische Effizienz der Leistung*

zu verändern, möglicherweise aufzugeben und eine ganz andere Herangehensweise zu probieren.

Organisiertheit eines Planes beinhaltet schließlich, daß eine klare Über- und Unterordnung zwischen den Plänen besteht (man hat ja immer eine gewisse Planhierarchie, also Pläne und Unterpläne). Darüberhinaus bedeutet es, daß man immer wiederkehrende Teilhandlungen automatisieren sollte (sozusagen "im Schlafe" ausführt), so daß das Bewußtsein für wichtige Entscheidungen frei bleibt. Aus diesen verschiedenen Aspekten der psychologischen Effizienz ergeben sich nun folgende Kriterien, die man bei der Aufgabengestaltung berücksichtigen sollte:

1) *Klarheit der Aufgabenstellung:* Nur wenn die Aufgabe klar ist, kann man sie realistisch konzipieren. Man muß wissen, wo Veränderungen angebracht werden können, wann sie notwendig sind und wo man auf sie verzichten sollte (stabil vs. flexibel). Die Dringlichkeitsstufe der Aufgabe sollte ebenso bekannt sein wie die Unteraufgaben, die zur Gesamtaufgabe gehören. Dieser Punkt entspricht dem Aspekt Ziel und Aufgabe in Abb. 1.3.

> **Beispiel:** *Eine Sekretärin erhält von ihrem Vorgesetzten mehrere Anweisungen, die als gemeinsames Ziel die Pflege einer Literaturdatenbank haben; z.B. Eingeben, Korrigieren und Markieren von bestimmten Literaturstellen. Die Sekretärin beherrscht alle Einzelschritte und setzt sich entsprechende Ziele. Sie hat aber keine ausgeprägte Vorstellung von den Zielen, die bei der umfassenden Pflege einer Literaturdatenbank am Computer angestrebt werden sollten. Eine unklare Aufgabenstellung wäre, wenn ihr Chef die Anweisung erteilte, eine Umstrukturierung der Datenbank nach neuen Ordnungsgesichtspunkten durchzuführen, ohne ihr zu verdeutlichen, um welche Gesichtspunkte es sich handelt und wie sie einzuordnen sind.*

2) *Kognitive Klarheit und Beherrschung des Werkzeugs:* Dies beinhaltet das Wissen, wie man ein Werkzeug zur Planerfüllung einsetzen kann. Man muß angeben können, bei welchen Schritten Probleme auftauchen werden, wie lange die jeweilige Aufgabe dauern wird und an welcher Stelle die Planung verändert werden muß. Darüberhinaus muß der Arbeitende wissen, wie man die Werkzeuge verändern kann, falls sich Probleme ergeben und welche Aspekte "stabil" bleiben müssen. Schließlich sollten Über- und Unterpläne klar gegliedert sein - einschließlich der jeweils dazugehörenden Werkzeuge. Dieser Punkt entspricht dem Aspekt Plan und Arbeitsmittel in Abb. 1.3.

> **Beispiel:** *Die Sekretärin sollte z.B. wissen, welche Literaturangaben Probleme beim Aufnehmen verursachen, ob sie vor oder nach der Eingabe von bestimmten Literaturangaben die angeforderten Markierungen setzt oder wann es angebracht ist, das Ausgabeformat für den Drucker zu verändern.*

3) *Kenntnis und Einordnung der Rückmeldungen:* Die Rückmeldungen, die im Arbeitsprozeß oft auch durch die Werkzeuge erfolgen (z.B. Computer), sollten klar eingeordnet werden können. Rückmeldungen müssen auch durch den Arbeitenden angefordert werden können, so daß er weiß, an welcher Stelle Pläne verändert oder Aufgaben umdefiniert werden können oder müssen. Schließlich sollte der Arbeitende Rückmeldungen in ihrer Bedeutung für die einzelnen Schritte seiner Planung und Aufgabendurchführung deutlich erkennen können. Rückmeldungen haben auch die Funktion Wissenslücken aufzuzeigen und sind damit wesentlich für die Weiterentwicklung der Kompetenz. Dieser Punkt entspricht dem Aspekt Verarbeitung von Rückmeldung in Abb. 1.3.

> **Beispiel:** *Unsere Sekretärin sollte eine Rückmeldung aus dem Datenbankprogramm einordnen können, die z.B. anzeigt, daß ein falsches Laufwerk angemeldet wurde. Sie sollte z.B. auf diese Art erkennen können, ob sie vor dem Laden des Programms die Festplatte c: nicht angemeldet hat, auf der sich aber die gewünschte Literaturdatenbank befindet. Darüberhinaus sollte ihr das System die Möglichkeit zur Anforderung von Rückmeldungen geben, z.B. die Anzahl und die Verteilung von gespeicherten Literaturangaben. Nicht zuletzt muß sie natürlich auch rechtzeitig die Änderungswünsche des Vorgesetzten in Erfahrung bringen können oder auch z.B. die unterschiedlichen Dringlichkeiten gleichzeitig gestellter Aufgaben einschätzen können.*

4) *Weiterentwicklung der Kompetenz:* Jeder der oben genannten Punkte hat Implikationen für die Kompetenz. Die Kompetenz sollte kontinuierlich weiterentwickelt werden können, so daß man das Werkzeug besser ausnützen und die Aufgaben besser einordnen kann.

> **Beispiel:** *Angeregt durch Probleme, die unsere Sekretärin mit dem Datenbanksystem, dem Betriebssystem des Computers oder mit der Planung von umfangreichen EDV-gestützten Datensystemen hat, sollte ihr nicht nur klar werden können, wann sie neue Kenntnisse benötigt, sondern sie sollte auch Unterstützung bei ihrer Weiterqualifikation erhalten.*

1.3.2.2 Betriebswirtschaftliche und psychologische Effizienz

Auch heute noch dominiert ein sehr enger betriebswirtschaftlicher Ansatz der Effizienz. In kaum einem Herstellerprospekt über neue Techniken fehlt z.B. der Hinweis, wieviel schneller eine bestimmte Arbeit ausgeführt werden kann. So wird etwa behauptet, ein Textverarbeitungssystem könne die Zahl der Anschläge um soundsoviel Prozent erhöhen. Dementsprechend wird dann auch nach der Einführung der neuen Technik die Anzahl der Anschläge gezählt oder die Kosten des Schreibens einer DIN-A 4 Seite aufgelistet (z.B. Scholz, 1982). Diese, einer Operationalisierung leicht zugänglichen, betriebswirtschaftlichen Kriterien sind hingegen entsprechend neueren Überlegungen unzureichend (vgl. Reichwald, 1983). Wir wollen und können hier nicht in die Debatte um betriebwirtschaftliche Kriterien einsteigen. Es soll aber darauf hingewiesen werden, daß unter dem Stichwort "erweiterte Wirtschaftlichkeitsrechnung" neue Gesichtspunkte eingebracht wurden.

Bleiben wir bei dem Beispiel Textverarbeitung. Wenn die Einführung der zentralen Textverarbeitung mit Computereinsatz z.B. dazu führt, daß zwar jede Seite sehr viel schneller geschrieben werden kann, sich aber gleichzeitig auch die Qualität der ausgehenden Post verschlechtert und sich die Durchlaufzeit eines Briefes erhöht, dann kann das im Sinne einer erweiterten Wirtschaftlichkeitsrechnung nicht mehr als positives Ergebnis gewertet werden. In einem zentralen Schreibdienst sind die Schreibkräfte nicht mehr einzelnen Sachbearbeitern und Aufgabenbereichen zugeordnet; deshalb setzen sich die Schreibkräfte nicht mehr mit dem Geschriebenen inhaltlich auseinander. Die Folge ist: Die Fehlerrate erhöht sich, der Sachbearbeiter muß nun stärker kontrollieren, ob etwas richtig geschrieben wurde, er kann weniger Arbeit delegieren, und seine Fehler werden nicht mehr bemerkt. Darüberhinaus führt die komplizierte und rigide Interaktion mit dem zentralen Schreibdienst zu einer wesentlichen Verlängerung der Durchlaufzeit - auch für Schriftstücke, die eigentlich eilig sind.

Neben diesen Effekten der arbeitsorganisatorischen Veränderung gibt es auch noch andere Auswirkungen der neuen Technik auf die Wirtschaftlichkeit.

Beispiel: *In verschiedenen Betrieben wurde uns berichtet, daß die Ansprüche an das formale Design von Schriftstücken angesichts der computerspezifischen Möglichkeiten sehr stark angewachsen sind. Ein Organisator berichtete uns: "Der Chef will nun, nachdem er weiß, was man alles Schönes am Computer machen kann, natürlich auch mehr Optionen benutzt haben (Fettdruck, Grafik, verschiedene Schriftbilder u. dergl.). Die Sekretärin hat dann eine Unmenge von formalen und grafischen Korrekturen vorzunehmen, die die gewünschte Zeitersparnis durch den Computer unmöglich machen. Selbst Schriftstücke, die nur im Hause zirkulieren, werden mit wesentlich mehr ästhetischem Aufwand hergestellt."*

Die erweiterte Wirtschaftlichkeitsrechnung impliziert nicht nur die oben genannten Aspekte, sondern bezieht auch explizit arbeitspsychologische Kriterien einer guten Arbeitsgestaltung mit ein. Zum Beispiel sind Folgekosten der Arbeitsbedingungen, wie Nacharbeitungskosten, Stillstandszeiten, Kostenveränderungen in anderen Abteilungen, veränderte Vorbereitungskosten, Absentismus, Leistungsbereitschaft, Innovationsbereitschaft, Fluktuation, Qualität der Arbeit wesentliche Aspekte, ob ein Betrieb langfristig reüssiert oder nicht. Gleichzeitig hängen diese zu einem großen Teil mit den oben aufgeführten psychologischen Kriterien einer guten Arbeitsgestaltung zusammen, wie z.B. Deserno (1988) ausführt. Wenn etwa der Handlungsspielraum der Arbeitenden im Zuge einer Entmischung der Tätigkeit eingeschränkt wird, hat dies Auswirkungen auf die Stresseffekte und auf eine Verringerung der Persönlichkeitsförderlichkeit einer Arbeit. Dies bewirkt wiederum erhöhten Absentismus, erhöhte Fluktuation, verringerte Innovationsbereitschaft. Gleichzeitig reagieren Arbeitskräfte mit einem geringem Handlungsspielraum bei irgendwelchen betrieblichen Störungen nicht mehr flexibel, und deshalb verschlechtert sich die Qualität der Arbeit und es kommt zu längeren Durchlaufzeiten (evtl. auch Stillstandszeiten).

Aus diesen Erwägungen ist es sinnvoll, nicht nur schnell zu bestimmende Wirtschaftlichkeitsrechnungen anhand einfacher Indikatoren (z.B. wieviel kostet jetzt die Schreibmaschinenseite mehr als vorher) vorzunehmen, sondern die angesprochenen Aspekte einer erweiterten Wirtschaftlichkeitsrechnung miteinzubeziehen. Möglicherweise läßt sich dadurch die Rechnung weniger leicht vornehmen, dafür dürfte sie aber für Interventionen brauchbarer sein: Eine Schwachstellenanalyse bei den angesprochenen Bereichen bringt hier möglicherweise langfristig mehr als eine beschränkte Wirtschaftlichkeitsrechnung.

1.3.3 Kriterien effizienter Leistung und Kriterien menschengerechter Arbeit: Ein Spannungsverhältnis?

Die beiden Kriteriengruppen "effiziente Leistung" und "menschengerechte Arbeitsgestaltung" stehen manchmal in einem Spannungsverhältnis. Ein solches Spannungsverhältnis tritt z.B. dann ein, wenn ein Mitarbeiter sich für längere Zeit sehr stark konzentrieren muß, um keine Fehler zu machen. Starke Konzentration kann hier als Stressor wirken, und Fehlervermeidung entspricht einer Leistungsanforderung. Andererseits kommt es nicht notwendigerweise zu einem Spannungsverhältnis, wie die oben aufgeführte Argumentation zeigte. Zum Beispiel gibt es kein Spannungsverhältnis, wenn hochqualifizierte Arbeit und hohe Qualität gefordert werden, denn echte Aufgaben und echte Produktionsziele sind durchaus wichtig, um aus der Arbeit Befriedigung und Selbstbewußtsein ziehen zu können. Allerdings müssen die Voraussetzungen gegeben sein, um diese hochgesteckten Ziele auch zu erreichen. Eine hohe Leistungsforderung muß dann nicht als Stressor wirken, sondern kann genauso als Herausforderung gelten (mehr dazu in Kapitel 5). Die Kriterien menschengerechter Arbeit sind also nicht a priori leistungsschmälernd, wie auch die Kriterien effizienter Leistung nicht a priori zu wenig menschengerechten Arbeitsplätzen führen. Es geht bei der Gestaltung von Arbeitsplätzen und Werkzeugen also immer darum, beide Kriteriengruppen zu optimieren.

1.4 Schlußfolgerung

In diesem Kapitel wurden die Umfeldfaktoren für den Einsatz von neuen Techniken diskutiert. Aus der Diskussion zur Technik und Organisation läßt sich erkennen, daß Technik gestaltbar und damit in unterschiedliche Organisationen eingepaßt werden kann. Computersysteme haben primär Werkzeugcharakter - sie werden eingesetzt, um bestimmte Ziele zu erreichen. Dabei gibt es immer zwei Oberziele: die Effizienz der Arbeitsausführung und humane Adäquanz der Arbeit. Erstere hat uns zu den Aspekten psychologische Effizienz und erweiterte Wirtschaftlichkeitsrechnung geführt, letztere orientiert sich an den Kriterien: Ausführbarkeit, Schädigungs- und Beeinträchtigungslosigkeit, Lern- und Persönlichkeitsförderlichkeit und Ermöglichung von sozialen Interaktionen.

Die verschiedenen Aspekte des ersten Kapitels werden nun unter praktischen Gesichtspunkten in den weiteren Kapiteln immer wieder aufgegriffen. Zunächst muß die Frage gestellt werden, wie neue Techniken in Organisationen eingeführt werden sollten. Dies wird uns in Kapitel 2 beschäftigen. Parallel zur Einführung müssen Schulungen stattfinden - ein Thema, das in Kapitel 3 behandelt wird. Da wir die Arbeit an einem Computer immer unter dem Systemgesichtspunkt sehen (vgl. auch die obigen Ausführungen zum soziotechnischen System), kann in dem System Mensch-Computer entweder der Computer und die Software an den Menschen angepaßt werden oder umgekehrt der Mensch an den Computer - meistens sind beide Anpassungsprozesse notwendig. Schulung und Qualifikationsvermittlung beinhaltet natürlich die Anpassung des Menschen an die Maschine. Im Kapitel 4 wird dann die Frage gestellt, wie man das Maschinensystem verbessern und den menschlichen Voraussetzungen anpassen kann. Die Frage der Kriterien, die in diesem Kapitel besprochen wurden, werden uns dort wieder beschäftigen. Ein besonders wichtiges Kriterium ist die Stressfreiheit der Arbeit - ein Thema, das im Kapitel 5 aufgegriffen wird. Schließlich werden Bürocomputer zunehmend nicht mehr nur als sogenannte "stand alone-Systeme" verwendet, sondern es werden vernetzte Mehrplatzsysteme installiert. Hier ergeben sich eine Reihe von neuartigen Konsequenzen, die im Kapitel 6 diskutiert werden.

Kapitel 2

Einführung von neuen Techniken

Wir kennen Betriebe, die Computer der neuen Generation anschafften, die von der Hardwareseite aus gesehen komfortabel und angenehm waren, die aber dennoch nur zu 30% benutzt werden. Noch drastischer zeigt eine Studie in Schweden, daß nur 11% der Textverarbeitungsmaschinen und 14% aller Personal Computer in der schwedischen öffentlichen Verwaltung 1984 kosteneffektiv eingesetzt wurden (berichtet in Björn-Andersen & Kjärgaard, 1987). Entscheidend war hierbei, daß die Computer entweder nicht akzeptiert oder nicht für die Zwecke eingesetzt wurden, für die sie gekauft worden waren. Für die Frage, ob eine neue Technik "akzeptiert" wird oder nicht, ist neben der Organisation der Arbeit und dem Systemdesign (vgl. Müller-Bölling, 1984) vor allem der Einführungprozeß entscheidend. Nach unseren Erfahrungen liegt hier einiges im argen: Oft werden die Mitarbeiter mit einer neuen Technik, einem neuem System, einer neuen Software oder Umorganisationen überrascht. Sie haben kaum Informationen über die Arbeitsplatzveränderungen, und es gibt keine Möglichkeiten zur Partizipation. Negative Reaktionen der Mitarbeiter auf die Einführung von neuen Techniken sind oft die Folge.

> **Beispiel:** *In einem Betrieb weigerte sich der Gruppenleiter, in seiner Gruppe EDV einzuführen. Es wurde gewartet, bis er in Urlaub ging, und dann wurde die EDV eingeführt. Als er aus dem Urlaub zurückkam, stand er vor vollendeten Tatsachen.*

Hattke & Sydow (1982) konnten bei einer Befragung in vierzehn westdeutschen Unternehmen aufzeigen, daß Partizipation und eine gute Informationspolitik bei der Einführung von neuen Technologien noch sehr selten stattfindet.

Im folgenden wollen wir zunächst auf die psychologische Bedeutung von Veränderungen der Arbeit eingehen, bevor wir Vorschläge bringen, wie der Einführungsprozeß gestaltet werden sollte.

2.1 Die psychologische Bedeutung des Einführungsprozesses

Wenn in einem Betrieb das Gerücht auftaucht, es werde zu Umstellungen
auf neue Techniken und den damit zusammenhängenden Arbeitsverände-
rungen kommen, kann dies drei unterschiedliche Reaktionen hervorrufen:
(1) Einen hohen Grad an Befürchtungen, (2) das Gefühl der positiven
Herausforderung (im Englischen gibt es dafür den Begriff "challenge"), oder
(3) "Wurschtigkeit". Bei der Einführung geht es darum, die Befürchtungen
zugunsten von Herausforderung zu verändern.

Zunächst die Frage: Zu welchen Problemen und Befürchtungen kann es
kommen?

2.1.1 Ängste und Schwierigkeiten bei der Einführung von neuen Techniken

Die wichtigsten Probleme und Befürchtungen bei der Einführung von
neuen Techniken sind:

(1) Unterbrechung der Routinen

(2) Entwertung der Qualifikation

(3) Doppelbelastung in der Einführungsperiode

(4) Angst vor Statusverlust und Verschlechterung der sozialen Situation

(5) Angst vor dem Neulernen

(6) Angst, geschaffene Freiräume zu verlieren

(7) Angst vor Arbeitsplatzverlust oder Versetzung

Kasten 2.1: Veränderung der sozialen Situation durch Einführung von
neuen Techniken (ein Fallbeispiel)

In einem Schreibdienst der öffentlichen Verwaltung wurde eine computergestützte Textverarbeitung eingeführt. Die Gruppe bestand aus etwa sieben
Schreibkräften mit einem ausgesprochen guten Gruppenklima, das vor allem
stark durch einige ältere und erfahrene Schreibkräfte beeinflußt wurde. Es
gab einen "Problemfall" in dieser Arbeitsgruppe - eine junge Schreibkraft
mit geringer Schreibgeschwindigkeit und -qualität. Sie schaffte deshalb
auch häufig ihr Pensum nicht. Meistens halfen ihr allerdings dann die
älteren Schreibkräfte. Nach der Einführung lernte diese junge, unerfahrene
Schreibkraft die neue Technik schneller und effizienter als die älteren und

Diese Probleme sollen nun kurz erläutert werden:

Zu (1) *Unterbrechung der Routinen:* Der Mensch ist beides, ein "Gewohnheitstier" und ein Sucher nach neuen Erlebnissen und Erfahrungen. Wichtig ist, daß er die Möglichkeit hat, neue Erlebnisse und Erfahrungen selbst zu steuern. Achterbahn fahren kann sehr angenehm sein - es wird aber belastend, wenn man dazu gezwungen wird und wenn man gleichzeitig nicht genau weiß, "wohin die Reise geht".

Eine fremdbestimmte Durchbrechung von Gewohnheiten ist also unangenehm und belastend (Semmer & Frese, 1979). Im Regelfall hat jeder Angestellte und Arbeiter eine bestimmte Routine in seiner Arbeit entwickelt. Die meisten Arbeiten gehen einem "routiniert" von der Hand, denn man hat ja die Aufgaben schon sehr oft ausgeführt. Man kennt die möglichen Probleme und Schwierigkeiten und kann auch zu deren Lösung vorgefertigte Handlungsroutinen einsetzen (Hacker, 1986).

Diese Routinen gibt es nicht nur bei Arbeitstätigkeiten, sondern auch in der sozialen Interaktion: Man weiß, wen man bei bestimmten Problemen fragen kann, wen man wie behandeln muß, welche soziale Position man innerhalb einer Arbeitsgruppe einnimmt. In der Psychologie wird bei Gruppenprozessen in Analogie zum Hühnerstall manchmal von Hackordnung gesprochen: Wer darf wen dominieren? Eine bestimmte Hackordnung ist relativ stabil. Sobald neue Mitglieder in eine Gruppe kommen oder sich die Aufgaben drastisch verändern und damit unterschiedliche Personen Kompetenz gewinnen oder verlieren, muß eine neue Hackordnung ausgehandelt bzw. ausgefochten werden (siehe Kasten 2.1). Solange diese neue Hackordnung noch nicht festgelegt ist, können sich keine neuen sozialen Routinen entwickeln.

Sowohl das eigene Arbeitshandeln als auch das soziale Handeln am Arbeitsplatz wird also durch Routinen bestimmt. Jede Veränderung des Arbeitsplatzes durch Einführung von neuen Techniken erzwingt nun auch eine Veränderung dieser Routinen. Die erste Reaktion auf die Veränderung von Routinen ist oft Ärger. Dies kann dazu führen, daß man "alte" Verhaltensweisen weiterhin zeigt, aber mit erhöhtem motivationalem Druck.

Routinen kann man ohne Aufwand ausführen, sie laufen glatt und gekonnt
ab, sie sind mit nur geringer bewußter Zuwendung ausführbar. Wenn man
nun umlernen muß, ist es notwendig, die neuen Arbeitsweisen bewußt zu
steuern. Gleichzeitig werden die Arbeitshandlungen eckig, langsam und
aufwendig. Es kommt auch zum subjektiven Gefühl des Aufwands (Kahne-
mann, 1973). Das bedeutet, daß sich der Mitarbeiter bis zum Zeitpunkt der
neuen Routine voll auf die neu zu erlernenden Fertigkeiten konzentrieren
muß. Dies ist anstrengend, und eine weitere Folge davon kann sein, daß
man anderen Aufgaben weniger Aufmerksamkeit schenken kann und deshalb mehr Fehler macht.

Zu (2) *Entwertung der Qualifikation:* Moderne Techniken verlangen neue
Qualifikationen. Qualifikationen kann man aufspalten in (a) Aufgabenwissen und -können und (b) Werkzeugwissen und -können. Das Werkzeugwissen und -können wird durch die neue Technik entwertet (siehe das
Fallbeispiel im Kasten 2.1). Aber nicht nur das Werkzeugwissen wird entwertet, sondern z.T. auch das Aufgabenwissen, denn durch die Einführung
von neuen Techniken verändern sich auch einige Komponenten der Aufgaben. Damit steht dann der Mitarbeiter sozusagen "wieder am Anfang" -
die bisherigen Erfahrungen, Tricks, Routinen sind z.T. nicht mehr anwendbar. Eine allgemeine Verunsicherung kann die Folge sein.

Zu (3) *Doppelbelastung in der Einführungsperiode:* Die meisten neuen
Systeme weisen in der Anfangsphase noch einige Mängel auf. Dadurch
fallen zusätzliche Anpassungsarbeiten an. Zeitweise müssen aus Gründen
der Sicherheit sowohl die herkömmliche als auch die neue Arbeitsweise
gleichzeitig durchgeführt werden.

> **Beispiel:** *Einige Mängel eines neu eingeführten computerunter-
> stützten Buchhaltungssystems machten eine parallele Bearbeitung
> aller anfallender Vorgänge notwendig. Einmal mit dem neuen
> System und ein weiteres Mal auf althergebrachte Weise, damit
> nichts zerstört werden konnte.*

Zu (4) *Angst vor Statusverlust und der Verschlechterung der sozialen Situation:* Mit der Entwertung der Qualifikation ist oft auch eine Verringerung
des sozialen Status im Betrieb verbunden (siehe das Fallbeispiel im Kasten
2.1). Gerade ältere Mitarbeiter erhalten aufgrund ihrer langjährigen Erfahrung soziale Anerkennung. Wenn nun diese langjährige Erfahrung nicht
mehr in derselben Weise greift, weil aufgrund von neuen Techniken neue
Kenntnisse wesentlich werden, verlieren sie diese soziale Anerkennung.
Darüberhinaus hat jede Umstellung auf neue Techniken auch eine Veränderung der sozialen Situation zur Folge. Manchmal ist der Kopierautomat
ein Zentrum der sozialen Interaktionen, manchmal ist es aber auch ein
gemeinsam benutzter Aktenschrank. Wird nun eine elektronische Ablage
eingeführt, verschwindet oft ein solcher "Treffpunkt". In Kapitel 6 wird
näher auf solche Gesichtspunkte der sozialen Interaktion eingegangen.

Zu (5) *Angst vor dem Neulernen:* Manche Angestellte, besonders solche, die schon lange nicht mehr die Schulbank "gedrückt" haben, haben Angst vor dem Neulernen oder davor, daß sie es nicht schaffen könnten. Sie haben sozusagen das Lernen "verlernt". Gerade in Betrieben, in denen mit einem großen "Innovationsschub" die Einführung von neuen Techniken geleistet wird, sind möglicherweise die Angestellten nicht daran gewöhnt, immer wieder neu zu lernen. Unter solchen Bedingungen ist Angst verständlich und macht die Forderung nach konstanter Qualifizierung so notwendig.

Zu (6) *Angst, geschaffene Freiräume zu verlieren:* In den meisten Betrieben haben sich die Angestellte bestimmte Freiräume "erobert". Dazu kann zählen, daß sie an bestimmten Tagen, an denen der Chef außer Haus ist und wenig Arbeit anfällt, zusammensitzen und reden oder Karten spielen, oder daß eine Ecke von den Angestellten als Blumenecke eingerichtet wurde, die sie nun gemeinsam pflegen. Ähnliches gilt auch, wenn die Angestellten zu bestimmten Betriebszeiten Einkäufe machen können. Solche informellen Freiräume sind für die Angestellten ausgesprochen wichtig und werden immer verteidigt. Da es sich aber um informelle Freiräume handelt, können diese in "offiziellen" Diskussionen nicht angesprochen werden. Bei jeder Arbeitsumstellung entsteht nun die Angst, solche Freiräume könnten abgeschafft werden. Soweit der Vorgesetzte diese Freiräume kennt, sollte dies angesprochen werden und diese Befürchtung aus der Welt geschafft werden.

Zu (7) *Angst vor Arbeitsplatzverlust oder Versetzung:* Da neue Techniken oft (wenn auch nicht ausschließlich) zur Rationalisierung eingesetzt werden, ist die Furcht vor Arbeitsplatzverlust einleuchtend. Angst vor Arbeitsplatzverlust hat sich in verschiedenen Untersuchungen als besonders gravierende Stressbedingung herausgestellt, die mit psychischen und psychosomatischen Beschwerden und Krankheiten einhergeht (z.B. Pelzmann, Winkler & Zewell, 1985, Semmer, 1984). Je weniger die Beteiligten von den genauen Plänen wissen, desto eher kann auch die Angst vor Arbeitsplatzverlust entstehen.

Angst vor Arbeitsplatzverlust hat zentrale Auswirkungen darauf, wie die neuen Techniken angenommen werden und mit ihnen umgegangen wird. In diesem Kapitel wird verschiedentlich auf die Wichtigkeit von Partizipation und guter Informationspolitik hingewiesen. Es ist deutlich, daß auch die beste Partizipations- und Informationspolitik keine positiven Effekte nach sich zieht, wenn die Angestellten eine reale Angst vor der Arbeitslosigkeit nach der Einführung von neuen Techniken haben müssen (Frei, 1984). Kaum ein Angestellter wird mit Schwung daran mitarbeiten, daß er oder seine Kollegen arbeitslos werden.

Meist ist die Einführung von neuen Techniken zumindest mit Versetzungen eines Teils der Mitarbeiter verbunden. Nach einer Versetzung muß der

Mitarbeiter sich in eine neue Gruppe wieder einfügen - oftmals bedeutet dies, daß man sozial sozusagen wieder von "unten" anfangen muß. In jedem Fall müssen soziale Routinen neu entwickelt werden.

2.1.2 Die Folgen der Ängste und Schwierigkeiten

Es gibt drei mögliche negative Folgen der oben aufgeführten Ängste und Probleme:

(1) Passivität der Mitarbeiter

(2) Reaktanz, also ein ärgerliches "Sich-dagegen-Wehren" und

(3) Überkonformität.

Zu (1) *Passivität:* Fälschlicherweise wird immer von "Akzeptanz neuer Techniken" gesprochen. Das Management dürfte kaum an einer schlichten Akzeptanz, also einem passivem "Hinnehmen" der Veränderung interessiert sein. Für den Betrieb ist viel entscheidender, daß die Angestellten im Rahmen der Einführung von neuen Techniken *aktiv* mitarbeiten. Passivität bedeutet hingegen, daß die Mitarbeiter bei der Lösung von Anpassungs- problemen, die bei der Einführung von neuen Techniken immer auftreten, nicht aktiv mitarbeiten. Sie versuchen hingegen den neuen Techniken aus- zuweichen und erledigen nur das Allernotwendigste. Passivität kann ent- stehen, wenn die Angestellten das Gefühl haben, daß sie der Einführung ohne Einflußmöglichkeiten hilflos ausgeliefert sind. Im Rahmen der Theo- rie der gelernten Hilflosigkeit von Seligman (1986) läßt sich eine solche Passivität gut erklären. Wenn Menschen keine Möglichkeit haben, belasten- de Bedingungen zu beeinflussen, werden sie passiv, weil eine aktive Ge- staltung der Umwelt nicht mehr möglich ist: sie werden hilflos und hoff- nungslos. Seligman zeigt eine Reihe von negativen Konsequenzen von Hilf- losigkeit auf. Zum Beispiel lernen hilflose Menschen schlechter, weil sie ihre Erfolge nicht auf ihr eigenes Handeln zurückführen, sondern auf das Handeln anderer oder auf Zufälle. Darüberhinaus ergeben sich allgemeine Einstellungen von Hilflosigkeit, die dem Krankheitsbild der Depression entsprechen.

Zu (2) *Reaktanz:* Widerstand gegen Veränderungen und gegen die Ein- führung von neuen Techniken wird meist nicht offen ausgedrückt (etwa im Sinne von Sabotage), sondern zeigt sich vor allem in indirekten Methoden. Zum Beispiel werden die Probleme der neuen Techniken zum Anlaß ge- nommen, nicht mehr weiter damit zu arbeiten, oder man arbeitet strikt nach den Regeln (was ja in unserer "verregelten" Welt durchaus zu einem völligen Stillstand der Arbeit führen kann) (Baroudi, Olson & Ives, 1986, Hirschheim, Land & Smithson, 1985, Weltz, o.J.). Zur Reaktanz kommt es immer dann, wenn Freiheitsspielräume eingeschränkt werden (Wicklund,

1974). Das reaktante Verhalten ist der Versuch, sich diese Frei-heits-spielräume sozusagen wieder zu erobern. Neue Techniken beschneiden solche Freiheitsspielräume, wenn den Mitarbeitern keine Partizipation bei der Entscheidung über die Einführung gegeben wird. Dann kommt es eben zur Reaktanz, die oft auch als "Rache der Basis" bezeichnet wird (z.B. von Weltz, o.J.). Wesentliches Bestimmungsstück ist auch hier wieder, ob die Betroffenen einen Einfluß auf den Einführungsprozeß nehmen können. Partizipation ermöglicht Freiheitsspielräume und verhindert deshalb Reaktanz. Wann entsteht nun Hilflosigkeit und wann Reaktanz? Hierzu haben Wortman und Brehm (1975) ausgeführt, daß Reaktanz in den meisten Fällen die erste Reaktion auf Einflußlosigkeit ist und erst eine längere Erfahrung mit Einflußlosigkeit Passivität und Hilflosigkeit bewirkt.

Zu (3) *Überkonformität*: Überkonformität hat gewisse Ähnlichkeiten zur Passivität - auch hier überläßt man sich den äußeren Zwängen, ohne einen Sinn für Herausforderungen zu entwickeln. Überkonformität erlaubt allerdings die Benutzung der neuen Techniken, aber unter dieser Anpassungsstrategie wird kein kreativer, aktiver und effizienter Umgang mit der neuen Technologie entwickelt. Die Angst, etwas falsch zu machen, steht im Vordergrund. Eine solche Überkonformität kann sich am Arbeitsplatz auch dadurch entwickeln, daß man schlecht angelernt wurde und sich deshalb der Technik hilflos ausgeliefert fühlt.

> **Beispiel:** *Bei der Befragung einer Bankangestellten über das dort eingesetzte Softwareprogramm kam die Sprache auch auf eine Reihe von Tasten, die die Angestellte nie benutzte. Als die Angestellte gefragt wurde, was es mit diesen Tasten auf sich hätte, wußte sie keine Antwort. Daraufhin versuchte die Untersucherin, die diese Befragung durchführte, die Tasten auszuprobieren. Die Angestellte wandte sich ihr voller Entsetzen zu und sagte, daß sie diese Tasten nicht drücken dürfte, denn es könnte etwas "ganz Schlimmes" passieren (das war nicht der Fall). Dies ist ein Beispiel, wie sich Passivität gegenüber dem Gerät auswirkt (auf die langfristig negativen Konsequenzen braucht man wohl kaum mehr hinzuweisen).*

2.1.3 Eine Alternative zu den Befürchtungen: Das Gefühl der Herausforderung

Die Ängste und Befürchtungen und daraus resultierende Hilflosigkeit, Reaktanz und Überkonformität müssen nicht notwendige Folgen der Einführung von neuen Technologien sein (siehe Abb. 2.1). Mit Hilfe einer guten Informationspolitik, mit Partizipation und mit guter Schulung ist es möglich, eine Alternative zu entwickeln. Der entsprechende Angestellte wird dann der Einführung von neuen Techniken mit dem Gefühl des Herausgefordertseins entgegengehen. Herausforderung bedeutet, daß man sich

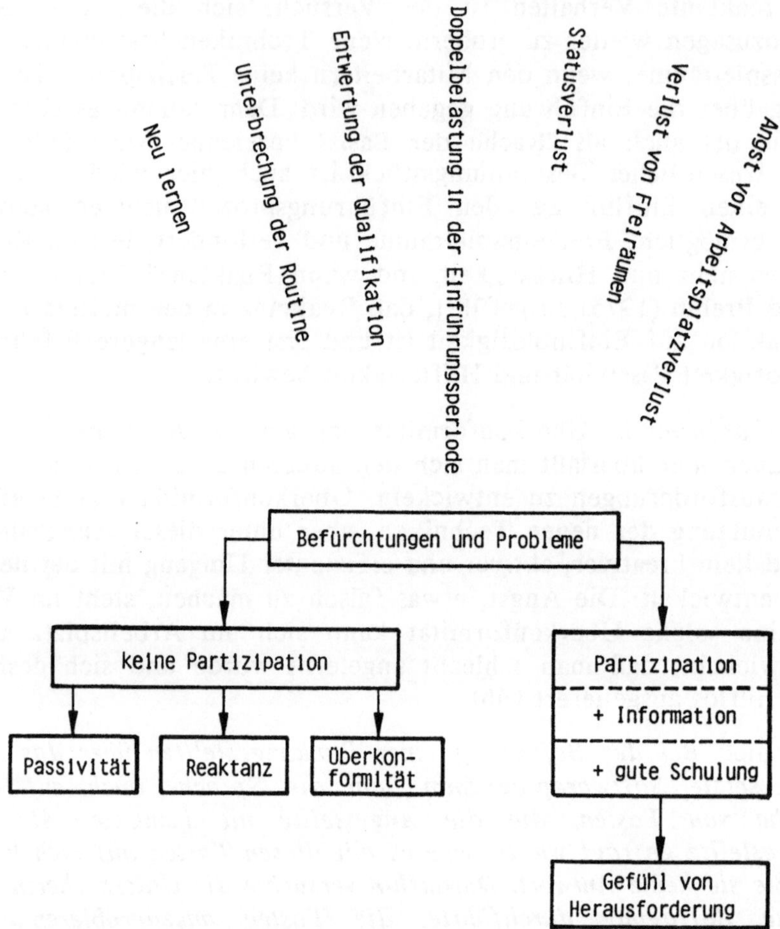

Abb. 2.1: *Umgang mit Befürchtungen und Problemen bei der Einführung von neuen Technologien*

freut, mit dem Neuem, Interessantem konfrontiert zu sein. Komplikationen bei der Einführung von neuen Techniken werden nicht als Katastrophe gesehen, sondern in ihnen wird - ähnlich einem schwierigem Puzzle - nur eine weitere Möglichkeit gesehen, sein Können einzusetzen und zu zeigen. In einem solchen Fall macht es auch Spaß, etwas Neues zu lernen; die dem Menschen innewohnende Lust an Neuem und Explorieren des noch Unbekannten wird dadurch angeregt. Voraussetzung dafür ist allerdings, daß sich keine (oder nur geringe) Ängste entwickeln, daß der Mitarbeiter Einflußmöglichkeiten erhält und ihm das Neulernen erleichtert wird. Für den Einführungsprozeß bedeutet dies: eine gute Informationspolitik, Partizipation und ein adäquates Training. Da es in diesem Buch ein eigenes Kapitel über Training gibt (Kapitel 3), konzentrieren wir uns hier auf die Informationspolitik und auf die Partizipation.

2.2 Information und Einführung von neuen Techniken

Drei Aspekte sind bei der Informationspolitik wichtig: (1) Der Zeitpunkt der Information, (2) Glaubwürdigkeit, (3) Inhalt der Information.

Zu (1) *Der Zeitpunkt der Information:* Oft wird der Zeitpunkt falsch gewählt. Wenn erst einmal die "Gerüchteküche am Kochen" ist, dann leidet die Glaubwürdigkeit der zu spät gelieferten Informationen. Deshalb ist es notwendig, Informationen schon am Anfang des Planungsprozesses zu liefern. Das bedeutet, daß entsprechende Informationen schon vor der Ist-Analyse gegeben werden sollten.

Zu (2) *Glaubwürdigkeit der Informationen:* Es gibt eine Reihe von Faktoren, die die Glaubwürdigkeit von Informationen erhöhen (vgl. auch Hovland, Janis & Kelley, 1953):

- Informationen sollten langfristig und kontinuierlich gegeben werden. Wenn in einem Betrieb plötzlich zum ersten Mal eine aktive Informationspolitik betrieben wird, dann sind die Mitarbeiter mit Recht erst einmal skeptisch. Wenn sich die Erfahrung verbreitet, daß man sich auf betriebliche Informationen nicht verlassen kann, dann nützt später auch die beste Informationspolitik nichts. Das macht bei zukünftigen Vorhaben eine längere Anlaufphase notwendig, in der die Mitarbeiter erneutes Vertrauen zur Informationspolitik ihres Betriebes entwickeln können.

- Die Informationen sollten nicht nur die positiven Effekte in den Vordergrund rücken, sondern auch die möglichen negativen Effekte. Kurzum, sie sollten abwägend und nicht rein propagandistisch sein. Dies erhöht die Glaubwürdigkeit. Das bedeutet, daß auch potentielle Probleme im Zusammenhang mit den neuen Techniken dargestellt werden sollten.

- Der Informationsgeber sollte eine hohe Glaubwürdigkeit besitzen. Dies ist z.B. dann der Fall, wenn er ein anerkannter Fachmann für die betreffende Fragestellung ist (das ist natürlich oft einer der Vorteile externer Berater).

- Übertreibungen sind zu vermeiden, da sie die Glaubwürdigkeit einschränken.

- Persönliche Gespräche, z.B. im Rahmen von Abteilungsversammlungen, sind oft glaubwürdiger als nur schriftliches Material.

Zu (3) *Inhalt der Information:* Die Informationen sollten aufgabenorientiert dargestellt werden. Der betreffende Mitarbeiter möchte wissen, wie sich die Erledigung seiner Aufgaben nach Einführung der neuen Techniken verändert. Für den Mitarbeiter ist die neue Technik erst einmal ein Werkzeug und wird auf diesem Hintergrund eingeschätzt. Ihn interessieren also nicht die technischen Details (und Probleme), sondern im wesentlichen, was sich an seinem Arbeitsplatz verändert. Die Vorteile (und Nachteile) der neuen Techniken bei der Aufgabenbewältigung sollten konkret dargestellt werden. Manchmal ist es auch sinnvoll, einen Prototypen zum Ausprobieren hinzustellen oder die Mitarbeiter mit Kollegen bekannt zu machen, die bereits mit den neuen Techniken arbeiten. Die Notwendigkeit, Informationen aufgabenorientiert zu geben, muß besonders den Technikern ins Stammbuch geschrieben werden, denn sie haben meist die Tendenz, nur die technischen Raffinessen und Probleme darzustellen. Dies ist verständlich, weil es ja ihre Aufgabe ist, mit den technischen Problemen umzugehen. Nur entspricht dies eben nicht den Aufgaben und Interessen der Mitarbeiter. Deshalb sollte die Information also weniger technisch und verstärkt aufgabenorientiert sein.

Oftmals wird zuviel Information gegeben. Eine Informationsüberladung ist die Folge, und die Informationen können nicht mehr verarbeitet werden. Es wäre eigentlich nicht notwendig, hier anzumerken, daß die Informationen am Kenntnisstand der Mitarbeiter ansetzen sollten. Leider wird aber gegen diesen Grundsatz oft verstoßen. Der Informationsgeber muß sich die Mühe machen zu überlegen, welche Wissensvoraussetzungen die Betroffenen haben und sich darauf einstellen. Sonst kann Information sogar negativ wirken.

Bei der Vermittlung von Wissen ist es günstig, mit Analogien und Metaphern zu arbeiten. Die neuen Techniken sind ja den Mitarbeitern (und oft auch den Vorgesetzten) neu, und deshalb ist es schwierig, sie sich vorzustellen. Mit Hilfe von Analogien und Metaphern kann man hier Verständnis schaffen.

Auf Ängste und Befürchtungen sollte explizit eingegangen werden.

Kontinuierliche Information muß auch nach der Einführung der neuen Technik gegeben werden. Hier hilft das Konzept von Technikzirkeln (in Analogie zu den Qualitätszirkeln, vgl. Bednarek, 1988). Solche Technikzirkel können als loser Verbund z.B. vierzehntägig in der Arbeitszeit tagen, um anstehende technische Probleme zu beraten. Diese Zirkel könnten auch die Aufgabe übernehmen, mit der zentralen Abteilung, die für die Computer zuständig ist, zu kooperieren. Zusätzlich können sie die von dort erhaltenen Informationen an alle Beteiligten weitergeben. In diesen Zirkeln werden die neuesten Probleme, die bei der Bedienung der neuen Technik auftauchen, und mögliche Problemlösungen, sowie Neuerungen, die aufgrund von zentralen Entscheidungen (z.B. des Service-Zentrums) anstehen, diskutiert. Solche Technikzirkel sind auch hilfreich bei partizipativen Methoden der Einführung von neuen Techniken.

2.3 Partizipation und Einführung von neuen Techniken

Unter Partizipation wird in unserem Zusammenhang der direkte und individuelle Einfluß der Arbeitnehmer auf den Prozeß der Einführung von neuen Techniken verstanden. Hier kann man drei Bereiche unterscheiden: Zum einen Partizipation bei der Entscheidung, ob eine neue Technik eingeführt wird. Zum zweiten Partizipation bei der Entscheidung, welche neue Technik eingeführt wird (Entscheidungen also über die Art der Technik, über Software-Programm und Hardware, usw.). Zum dritten Partizipation bei Entscheidungen zum Einführungsprozeß - also Partizipation z.B. über Entscheidungen, wann die neue Technik gekauft wird, welches Training man dabei besucht, ob sich jemand zum lokalen Experten ausbilden läßt, ob man einen "Technikzirkel" einrichtet, usw. Die meisten seriösen Organisationspsychologen schlagen Partizipation als beste Strategie bei der Einführung von neuen Techniken vor (Coch & French, 1948, Sashkin, 1984, Sashkin & Burke, 1987, Wilpert, 1986, siehe dazu Kasten 2.2). Wieso ist das so? Eine Antwort darauf liefert die Abb. 2.2, die im folgenden eingehender diskutiert wird.

In Abb. 2.2 wird zunächst nach motivationalen und kognitiven Faktoren unterschieden, die durch Partizipation bei der Einführung von neuen Techniken beeinflußt werden.

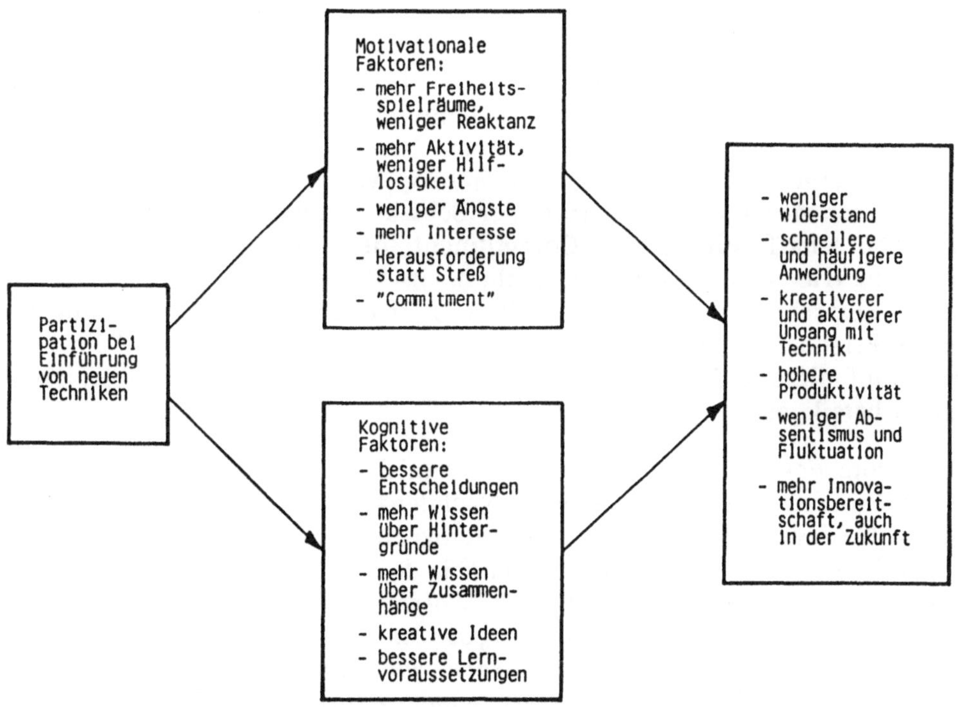

Abb. 2.2: *Folgen von Partizipation*

Partizipation schafft mehr Freiheitsspielräume und verhindert deshalb Reaktanz (was wiederum zu weniger Widerstand gegenüber den neuen Techniken führt). Durch Partizipation wird ein aktives Herangehen an die neue Technik gefördert, und es werden Hilflosigkeitserscheinungen verringert.

Gleichzeitig werden die am Anfang dieses Kapitels angesprochenen Ängste verringert, wenn man das Tempo und die Art der Einführung beeinflussen kann. Partizipation ist dabei natürlich kein Allheilmittel, z.B. kann es die negativen Effekte des Aufbrechens von alten Routinen nur mildern, aber nicht gänzlich eliminieren. Darüber hinaus kann Partizipation natürlich auch keine realen Ängste vor Arbeitsplatzverlust minimieren. Andererseits werden die Beteuerungen eines Betriebs, daß Entlassungen auch bei einem Rationalisierungserfolg nicht geplant sind, dann wohl eher glaubhaft sein, wenn der Betrieb sich gleichzeitig die Mühe macht, die Mitarbeiter an den Entscheidungen partizipieren zu lassen.

Partizipation schafft ein höheres Interesse des einzelnen Mitarbeiters an der neuen Technik; er setzt sich mit der neuen Technik mehr auseinander, und er findet sie interessanter. Resultat all dieser motivationalen Bedingungen ist ein Gefühl der Herausforderung anstatt von Stress und Beanspruchung. Neue Techniken erscheinen als etwas Spannendes, als ein Werkzeug, das man sich mit Freude erobern und das man beherrschen kann, nicht als etwas, was einen beherrscht und was die Arbeit nur mühseliger und anstrengender macht.

Darüber hinaus ermöglicht Partizipation ein größeres "Commitment", d.h. eine z.T. öffentlich geäußerte Verpflichtung, mitzumachen bei der Einführung der neuen Technik. Commitment beinhaltet eine Mitverantwortung für das Gelingen des Ganzen, eine höhere Motivation, nicht aufzugeben, wenn es schwierig wird, und trotz der Schwierigkeiten dabeizubleiben. Partizipation schafft ein solches Commitment, denn wenn man bei der Entscheidung für eine bestimmte Technik involviert war, dann bleibt man dieser Entscheidung auch treu. Ohne Partizipation kann man hingegen andere Personen für die Einführung verantwortlich machen und Schwierigkeiten auf diese anderen schieben, ohne sich selbst aktiv an Problemlösungen zu beteiligen.

Das zweite Faktorenbündel besteht in kognitiven Faktoren. Darunter fallen all die Prozesse, die mit Verstehen, Nachdenken und Lernen zu tun haben. Durch Partizipation wird das Expertenwissen des einzelnen Mitarbeiters aufgegriffen. Peters & Waterman (1983, S. 288) zitieren einen Manager einer besonders erfolgreichen Firma: *"Solange wir nicht einsehen, daß der wirkliche Experte für irgendeine Aufgabe meistens derjenige ist, der diese Arbeit in der Praxis ausführt, werden wir immer das Potential dieses Menschen einschränken, sowohl was seinen Beitrag zum Unternehmen als auch seine persönliche Entwicklung angeht. Nehmen wir die Fertigung:*

*innerhalb ihrer drei Quadratmeter weiß niemand mehr über den Betrieb einer
Maschine, die Maximierung ihrer Leistung, die Verbesserung ihrer Qualität,
die Optimierung des Materialflusses und die Sicherung effizienter Abläufe
als das Bedienungs- und Wartungspersonal. Niemand."*

Partizipation beinhaltet, daß sich die Mitarbeiter genauer mit der neuen
Technik auseinandersetzen und deshalb mehr Wissen über die Hintergründe
der Entscheidung wie auch über die betrieblichen Zusammenhänge erhalten.
Diese beiden Faktoren tragen ihrerseits dazu bei, daß die Mitarbeiter
kreativere Ideen im Umgang mit der neuen Technik entwickeln können.
Alle diese Faktoren zusammen bewirken wiederum, daß bessere Lernvor-
aussetzungen bestehen und man deshalb aktiver und exploratisch lernt und
so die Vorausetzungen schafft, mit dem neuen System besser umzugehen.

Die motivationalen und die kognitiven Faktoren, die durch Partizipation
beeinflußt werden, sind wesentlich dafür, daß die Mitarbeiter gegenüber
der neuen Technik weniger Widerstand zeigen, daß die neue Technik
schneller produktiv eingesetzt werden kann und die Übergangszeit damit
verkürzt wird, daß sie häufiger benutzt wird und daß ein kreativerer und
aktiverer Umgang gelernt wird. Eine höhere Produktivität wird schneller
erreicht, als wenn die neue Technik ohne Partizipation von oben eingesetzt
wird. Darüber hinaus kommt es auch zu langfristigen Konsequenzen: Partizipation führt zu einer geringeren Fluktuation und geringeren Krankheits-
rate, da Partizipation die Stressfolgen mildert, die aufgrund der Einführung
von neuen Techniken entstehen können. Schließlich trägt Partizipation
langfristig auch zu einer höheren Innovationsbereitschaft bei, so daß zukünftige Einführungen von neuen Techniken erleichtert oder sogar von den
Mitarbeitern selbst gefordert werden.

Kasten 2.2: Das Experiment von Coch und French zur Partizipation

Coch & French Jr. (1948) führten in den vierziger Jahren eine Studie über
die Ursachen von mangelnder Innovationsbereitschaft in amerikanischen
Industriebetrieben durch. Sie beobachteten, daß viele Beschäftigte nach der
Einführung neuer Arbeitstechniken weniger produktiv waren als vorher
und Aggressionen gegenüber dem Management hegten. Mit den üblichen
Maßnahmen konnte der mangelnden Innovationsbereitschaft nicht entgegengewirkt werden. Prämien für das Erlernen neuartiger Arbeitsmethoden
waren ebenso wirkungslos wie die Belohnung von effektiver Arbeit.

Coch & French führten einige Experimente durch, mit dem Ziel neue
Maßnahmen zur Überwindung von mangelnder Innovationsbereitschaft zu
finden. Mitarbeitergruppen wurden auf neue Produktionsverfahren umgeschult, und der Grad ihrer Partizipation am Einführungsprozeß wurde
variiert. D.h. in einer Gruppe von Mitarbeitern wurde bei der Einführung

Fortsetzung
Kasten 2.2: Das Experiment von Coch und French zur Partizipation

von neuen Produktionsverfahren eine direkte Partizipation der Mitarbeiter
ermöglicht. Eine zweite Gruppe partizipierte bei der Einführung indirekt
über Repräsentanten, und eine dritte Gruppe (Kontrollgruppe) partizipierte
überhaupt nicht am Einführungsprozeß. Üblicherweise wurden in der untersuchten Firma den betroffenen Mitarbeitern kurzerhand die neuen
Produktionverfahren samt den zu erreichenden Stückzahlen mitgeteilt. Im
Gegensatz dazu bedeutet Partizipation, daß die Mitarbeiter die neuen
Arbeitsroutinen selbst optimieren und die erreichbaren Stückzahlen selbst
erheben sollten. Die Planung und die Festlegung der Ziele wurde in Grup-
pentreffen zusammen mit den Vorarbeitern und Betriebsmanagern besprochen.

Die Gruppe ohne Partizipation verbesserte ihre Gesamteffektivität nicht. Sie
blieb selbst nach 30 Tagen noch ca. 12 % unter der vorherigen Rate. Es
zeigten sich markante Aggressionen gegenüber dem Management und den
Vorarbeitern sowie Kooperationsverweigerung, Produktivitätseinschrän-
kungen und krankheitsbedingte Ausfälle.

Die Gruppe mit indirekter Partizipation wies eine überraschend positive
Lernkurve auf. D.h. nach vierzehn Tagen wurde die vorherige Produktivitätsrate bereits überschritten. Nach 30 Tagen lag sie um 10 % höher als
zuvor. Die Haltung der Mitarbeiter gegenüber den Vorarbeitern und dem
Management war kooperativ.

Die Gruppe mit direkter Partizipation erreichte früher als die anderen
Gruppen die zuvor bestehende Produktivitätsrate - bereits nach 5 Tagen. Es
wurde eine bleibende Produktivitätssteigerung um etwa 14% erzielt. Bereits
nach dem zweiten Tag der Anlernphase waren die Mitarbeiter auf sich
alleine gestellt. Auch hier wurde eine kooperative Haltung gegenüber dem
Management und den Vorarbeitern festgestellt, und es gab keine Krank-
heitsausfälle.

2.3.1 Schritte der Partizipation

Ein konkretes Beispiel für das Vorgehen bei einem Partizipationsprozeß
schildern Troy, Baitsch & Katz (1986). Sie schlagen vier Schritte der Partizipation vor:

Schritt 1: Motivierung der Beteiligten und Ist-Analyse

In diesem Schritt wird die anfänglich möglicherweise bestehende Skepsis
der Mitarbeiter gegenüber der Partizipation reduziert. Wesentlich ist dafür

eine genaue Information über die Ziele der Einführung von neuen Techniken, und soweit schon bekannt, welcher Art die Neuerungen sind, wann die jeweiligen Veränderungen geplant sind, sowie die organisationalen Rahmenbedingungen der Veränderungen. In dieser Situation werden die Mitarbeiter aufgefordert, ihre Arbeitssituation zu analysieren. Dies kann nach dem Verfahren subjektiver Tätigkeitsanalyse (sensu Ulich, 1981b) gemacht werden. Dabei sollen die Mitarbeiter analysieren, welche Tätigkeiten sie in der Arbeit ausführen müssen und dabei feststellen, welche Aspekte der Arbeit sie besonders schätzen und welche sie kritisch sehen. Soll-Ist-Diskrepanzen werden dann festgehalten.

Schritt 2: Erstellung von Alternativen zur Ist-Situation

In dieser Phase wird in Gruppen diskutiert, wie man die Arbeitssituation. unter Einbeziehung der neuen Techniken verbessern kann. Soll-Ist-Differenzen sollen mit Hilfe dieser Maßnahmen verringert werden.

Schritt 3: Ermittlung von Qualifikationsdefiziten

In diesem Schritt werden die noch fehlenden Qualifikationen analysiert, und es werden Überlegungen angestellt, wie diese zu überwinden sind.

Schritt 4: Schulungsmaßnahmen

Es werden neben den notwendigen Kenntnissen des neu einzurichtenden Computersystem (möglicherweise sogar verschränkt damit) auch die fehlenden fachlichen Qualifikationen vermittelt.

Troy et al. betonen die Prozeßhaftigkeit der Partizipation, denn man kann diese Schritte natürlich immer wieder durchlaufen, weil sich am Ende des vierten Schritts oft wieder neue Probleme ergeben - außerdem gibt es immer wieder Weiterentwicklungen. Anhand von Partizipationsprojekten aus der Praxis zeigen Mambrey et al. (1986) auf, welche Handlungspotentiale insgesamt von den Beteiligten im Partizipationsprozeß vorliegen und wie sie genutzt werden können.

2.3.2 Fehler und Mythen, die Partizipation verhindern

Die folgenden Fehler und Mythen bestehen häufig bei den Verantwortlichen und verhindern so die Partizipation der Beteiligten.

(1) Die Partizipation funktioniert nicht, weil die Angestellten weder motiviert sind, teilzunehmen, noch genügend informiert sind, wirklich sinnvolle Vorschläge zu machen.

(2) Wenn neue Techniken bei großen Organisationen flächendeckend eingeführt werden, dann kann man auch beim besten Willen keine Partizipation des einzelnen oder einer Abteilung zulassen.

(3) Es gibt einen besten Weg der Arbeit, und dieser sollte am besten durch
    den Fachmann in der Arbeitsvorbereitung oder Organisation festgeleg
    werden (siehe auch Kasten 1.1).

(4) Alle Einführungsprozesse sind gleich und können nach einem "Schema
    F" abgehandelt werden.

(5) Bei der Einführung muß alles bis in die letzten Einzelheiten genau ge-
    plant sein.

(6) Nach der Einführung wird die Produktivität um x % ansteigen. Eine
    neue Technik kann man innerhalb von 5 Tagen lernen.

Zu (1) *Häufige Fehlschlüsse von Verantwortlichen:* Weltz (o.J.) hat eine
Reihe von Fehlschlüssen aufgeführt, die in Betrieben häufig zu finden sind.
Viele Organisatoren sind z.B. der Meinung, Angestellten würde die Motivation fehlen, bei Partizipationsbemühungen mitzumachen. Außerdem hätten
die Mitarbeiter Schwierigkeiten, die anstehenden Fragen zu verstehen.

Wie wir oben aufgeführt haben, kann die zunächst fehlende Motivation
auch bereits die Folge von Hilflosigkeit und von fehlenden früheren Parti-
zipationsmöglichkeiten sein. Oft fehlt eine "Geschichte" der Partizipation in
dem Betrieb, und deshalb sind die ersten "Gehversuche" auch anstrengend.

Auch das fehlende Wissen der Mitarbeiter ist verständlich. Manches können
die Mitarbeiter möglicherweise wirklich nicht wissen, z.B. langfristige Ent-
wicklungen der Technik (welches zukünftige System ist mit dem jetzt an-
zuschaffenden noch kompatibel, welche weiteren Entscheidungen werden
durch die jetzige Entscheidung präjudiziert, z.B. mögliche Verkoppelungen
von Produktion und Verwaltung, usw.). Hier ist wiederum eine gute Informationspolitik gefordert, solche Wissensdefizite zu verringern. Oftmals können sich die Mitarbeiter aber auch die positiven Auswirkungen von neuen
Techniken nicht vorstellen. Man muß es gesehen haben, um davon überzeugt zu sein. Möglicherweise nehmen auch Ängste so überhand, daß man
gegenüber diesen potentiellen Verbesserungen der eigenen Arbeitssituation
nicht mehr "offen" ist. Bei diesen Schwierigkeiten hat es sich bewährt, den
Mitarbeitern den Besuch eines Betriebs zu ermöglichen, in dem mit dem
entsprechenden System bereits gearbeitet wird. Wichtig ist es hierbei, daß
die Mitarbeiter mit den dort Angestellten über ihre Erfahrungen mit der
neuen Technik sprechen können.

Außerdem ist es Aufgabe einer Schulung, Wissensdefizite zu beheben. Die
Schulung ist in jedem Falle notwendig und kann so bereits zur Verbesserung der Einführungsprozesse beitragen. Es muß betont werden, daß fehlende Partizipation oft auch einen Teufelskreis hervorruft: Sie führt zu
Reaktanz und Hilflosigkeit; dies wiederum überzeugt das Management eines
Betriebs, daß Partizipation doch nichts Positives bewirkt. Langfristige Inno-
vationsfeindlichkeit der Belegschaft ist die Folge (Taylor, 1987).

Zu (2) *Flächendeckende Einführung von neuen Techniken verhindert Partizipation:* Manchmal ist es aus organisatorischen Gründen schwierig, die direkte Partizipation des einzelnen in wesentlichen Punkten herzustellen. Wenn ein System für einige tausend Mitarbeiter zentral eingeführt wird, dann können die einzelnen Mitarbeiter kaum darüber mitentscheiden, welche neuen Maschinen angeschafft werden sollten. Aber selbst in einem solchen Fall können die Angestellten zumindest auf den Prozeß der Einführung einen gewissen Einfluß nehmen (also auf das "Wie" der Einführung), auch wenn sie auf das "Was", auf die Systemgestaltung nur geringen Einfluß haben. Zum Beispiel können die Fragen, wie das Training für die neue Technik im einzelnen gestaltet werden soll und in welcher Weise das System konkret in die tägliche Arbeit integriert werden soll und wie dieser Prozeß ablaufen soll, welche Arbeitsteilung geplant wird, wo der Computer stehen soll, usw. durchaus Gegenstand der Partizipation der Mitarbeiter auch unter diesen Umständen sein.

Zu (3) *Es gibt einen besten Weg, wie die Arbeit zu tun ist:* Es ist Aufgabe des Fachmanns in der Arbeitsvorbereitung oder in der Organisation dies festzulegen: Weltz (o.J., S. 10) zitiert einen Organisator, der auf die Nachricht, es gäbe im Schreibdienst Verbesserungsvorschläge, mit der Aussage reagierte: "Die da unten sollen schreiben, nicht denken!" Wenn dies auch sicherlich nicht die typische Reaktion von Organisatoren ist, so verweisen sie doch auf die Widerstände gegenüber dem Gedanken der Partizipation. Der Hintergrund für einen solchen "entlarvenden" Kommentar ist sicherlich die Vorstellung, daß es einen "one best way" gibt und daß nur der Fachmann diesen herausfinden kann. Es gibt inzwischen eine Reihe von theoretischen Überlegungen und empirischen Beweisen dafür, daß diese Vorstellung falsch und sogar schädlich ist (S. Greif & Gediga, 1987, Ackermann & Ulich, 1987). Es gibt keinen besten Weg, der für alle Mitarbeiter eines Jobs gleich ablaufen muß. Zunächst sind die individuellen Voraussetzungen für die Arbeit immer unterschiedlich. Wenn die Mitarbeiter dann "über einen Leisten geschoren" werden, können sich individuelle Arbeitsstrategien nicht entfalten. Zum zweiten sind meist auch die jeweiligen Arbeitsaufgaben eines jeden Mitarbeiters unterschiedlich, wenn auch oft nur im Detail. Auch deshalb ist es wenig sinnvoll, die Mitarbeiter in ein Schema zu pressen. Zum dritten sind individualisierte Arbeitsstrategien effizienter. Zum vierten sind sie auch weniger stressanfällig (Frese, im Druck). Schließlich bietet sich der Bereich der Mensch-Computer Interaktion besonders dafür an, individualisierte Strategien zu entwickeln und zuzulassen. Denn Flexibilität und Kontrollierbarkeit (vgl. Kapitel 4) beim Einsatz von Computersystemen ermöglicht eine stärkere Individualisierung. Akzeptiert man diese Überlegungen, dann hat dies natürlich auch Auswirkungen auf den Einführungsprozeß. Auch hier sollte man auf die individuellen Strategien Rücksicht nehmen.

Zu (4) *Alle Einführungsprozesse können nach "Schema F" abgehandelt werden:* Dieser Punkt folgt natürlich aus dem gerade Behandelten. Wenn auch kaum jemand explizit behauptet, daß ein "Schema F" für alle Einführungsprozesse in unterschiedlichen Abteilungen und unterschiedlichen Firmen sinnvoll ist, so wird doch häufig so gehandelt. Partizipationsstrategien berücksichtigen notwendigerweise die jeweils unterschiedlichen Voraussetzungen der Abteilungen und der Firmen.

Zu (5) *Bei der Einführung muß alles bis in die letzten Einzelheiten genau geplant sein:* Gerade um das Wohl der Mitarbeiter bemühte Organisatoren vertreten die These, daß bei der Einführung von neuen Techniken alles "perfekt" organisiert werden sollte. Im Rahmen einer perfekten Organisation hat dann Partizipation keinen Platz mehr. Partizipation erlaubt die Entstehung von neuen Ideen und möglicherweise nicht ganz so perfekten Lösungsmöglichkeiten, und diese können dann allgemein "Sand ins Getriebe" einer solchen von oben ausgedachten Organisation streuen. Viele Wissenschaftler (besonders eindringlich Weltz & Lullies, 1983) schlagen deshalb vor, keine "perfekten" Lösungen anzustreben, sondern durchaus Offenheit gegenüber möglichen Schwierigkeiten zu erlauben. Wenn man allzu perfekte Lösungen anstrebt, fehlt die Flexibilität, auf die vielen Probleme und Schwierigkeiten einzugehen, die sich sowieso stellen (vgl. Gasser, 1986).

Zu (6) *Falsche Hoffnungen:* Oft werden unrealistische Hoffnungen mit der Einführung von neuen Techniken verbunden, z.B. "nach der Einführung wird die Produktivität um x Prozent ansteigen" oder "eine neue Technik (z.B. Software) kann innerhalb von 5 Tagen erlernt werden". Bedingt durch unmäßige Versprechungen der Verkäufer setzen sich besonders in den höheren Etagen der Betriebe oft Vorstellungen fest, daß sehr hohe Produktivitätssteigerungen nach einer sehr kurzen Einarbeitungszeit erwartet werden können. Solche Hoffnungen stellen sich fast immer als falsch heraus. Aus den oben dargestellten Überlegungen zur Schwierigkeit, wieder eine neue Routine zu entwickeln und aus der Notwendigkeit von Schulung und Training (vgl. Kapitel 3) wird deutlich, daß es auch einer sehr langen Zeit bedarf, bis die Mitarbeiter routiniert mit dem neuem Gerät umgehen können - hier werden die Einarbeitungszeiten fast immer zu kurz angegeben. Da außerdem nach der Einführung von neuen Techniken viele nicht vorhersehbare Probleme auftauchen und da sich oft ein höheres Anspruchsniveau entwickelt (z.B. werden mit der Textverarbeitung alle Texte schöner formatiert oder Folien noch schöner aufbereitet, wo man sich früher mit einer kurzen Notiz oder einer handgeschriebenen Folie begnügt hätte), sind die Produktivitätssteigerungen meistens geringer als angenommen.

2.3.3 Probleme bei der Partizipation

Abschließend muß noch einmal deutlich gemacht werden, daß Partizipation ein sehr langwieriger Prozeß ist. Partizipation kann nicht "verordnet" werden. Die Anfänge sind sehr zeitaufwendig und umständlich, da erst einmal neue Erfahrungen gemacht und neue Werte von den Mitarbeitern erarbeitet werden müssen.

Mumford (1980) stellte bei der Untersuchung von verschiedenen Partizipationsprozessen fest, daß die Arbeitszufriedenheit oft schlechter wurde als vorher. Wurde Partizipation über Repräsentanten vermittelt, so zeigte sich, daß Konflikte eher umgangen werden konnten, aber unterschwellig erhalten blieben. Bei einem Partizpationsmodell, das auf Mehrheitsbeschlüssen basierte, traten Konflikte eher zutage, was eine sehr sensible Umgangsweise erforderte. Mumford macht klar, daß Partizipation ein demokratischer Prozeß ist, bei dem Konflikte unweigerlich auftreten müssen. Darauf müssen sich alle Beteiligten einstellen. Sie müssen z.B. einen Wertekonsensus herstellen, der den demokratischen Diskurs erlaubt. Betriebs- und Abteilungsleitung müssen eine glaubwürdige Partizipations- und Informationspolitik betreiben und dem Mitarbeiter einiges an Verantwortung über System- und Arbeitsgestaltung überlassen können. EDV-Spezialisten sollten davon überzeugt sein, daß benutzergerechtes Systemdesign nicht nur ein technisches Problem ist, sondern sich vor allem an den Bedürfnissen der Anwender orientieren muß (vgl. Walton & Vittori, 1983). Auf der anderen Seite sollte den Mitarbeitern klar sein, daß System- und Arbeitsgestaltung nicht einzig und allein ein Problem des Managements und der EDV-Entwickler ist. Partizipation bei der Einführung neuer Technologien funktioniert deshalb besonders gut in Betrieben, in denen sich die Mitarbeiter frühzeitig an einen demokratischen Diskurs bei der Gestaltung von Arbeitsplätzen und Arbeitswerkzeugen gewöhnt haben und die Arbeit, einen Wertekonsensus herzustellen, bereits geleistet haben.

2.4 Zusammenfassung

Beim Einführungsprozeß geht es darum, Befürchtungen der Mitarbeiter zugunsten von Herausforderung zu verändern. Voraussetzungen dafür sind, daß auf Ängste eingegangen wird, daß der Mitarbeiter Einflußmöglichkeiten erhält und daß ihm das Neulernen erleichtert wird. Deshalb sollte rechtzeitig mit einer glaubwürdigen und aufgabenorientierten Informationspolitik begonnen werden. Gleichzeitig sollte dem Mitarbeiter die Möglichkeit zur Partizipation am Einführungsprozeß gegeben werden. Die meisten Vorurteile der Verantwortlichen gegenüber dem Konzept der Partizipation lassen sich entkräften, insbesondere dann, wenn der Wille vorhanden ist, das Konfliktpotential des Partizipationsprozesses zur Herstellung eines der neuen Technik angemessenen Wertekonsens zu nutzen.

2.5 Prinzipienkatalog: Einführung von neuen Techniken

Ziele:

Reduktion von Ängsten

Aufzeigen von Einflußmöglichkeiten

Unterstützung beim Erwerb neuer Qualifikationen

Devise:

Das Gefühl des Herausgefordertseins weckt Interesse und Engagement.

Mittel:

Glaubwürdige Informationspolitik

- von Beginn der Planung an offen, kontinuierlich und langfristig informieren über Ziele, Entscheidungen, Zeitplanung und Einführungsstrategie
- Informationen an den jeweiligen Arbeitsaufgaben orientieren und nicht an der Technik
- Wissensvermittlung am Kenntnisstand der Mitarbeiter orientieren.
- keine technischen Details, sondern mögliche Veränderungen anhand von konkreten Arbeitssituationen aufzeigen
- keine Propaganda, sondern negative Effekte ebenfalls vermitteln
- anerkannte und qualifizierte Berater einsetzen, die nicht nur technisch orientiert sind
- Diskussion anhand von persönlichen Gesprächen ermöglichen (z.B. in Abteilungsversammlungen)
- auf Ängste und Befürchtungen explizit eingehen

Frühzeitige Partizipation

- keine fertigen Lösungen vorgeben
- Beteiligung an Entscheidungen; ob, wann und welche Systeme eingeführt werden sollen, Alternativen anbieten

- Beteiligung am Einführungsprozeß (Ziele, Zeitplan, Strategie, Art der Veränderungen)

- Beteiligung bei der Ermittlung von Qualifikationsdefiziten

- Zusammenstellen der erforderlichen Schulungsmaßnahmen

- Technikzirkel und lokale Experten einrichten (siehe Kapitel 3)

- Beteiligung bei der Umgestaltung von Arbeitsplätzen

- Entwicklung eines Wertkonsensus (Es dauert immer etwas länger, als man annimmt. Zeit, die zuvor durch wenig Partizipation eingespart wurde, muß später wiederum investiert werden.)

Gute Schulung (siehe Kapitel 3)

Kapitel 3

Die Schulung: Zum Aufbau von Qualifikationen

Die Qualifikation der Mitarbeiter ist eine der wichtigsten Voraussetzungen, um mit neuen Techniken sinnvoll arbeiten zu können. In diesem Kapitel soll dargestellt werden, wie eine sinnvolle Schulung aussieht, und wie Schulungen verbessert werden können.

3.1 Die Notwendigkeit einer sorgfältigen Schulung

Es ist eine Alltagserfahrung in den meisten Betrieben, die Computer neu eingeführt haben, daß viele Computer unbenutzt herumstehen. Ein wesentlicher Grund dafür liegt sicherlich in der inadäquaten Schulung. Deshalb wird die Notwendigkeit eines Trainings geeigneter Fähigkeiten in vielen Betrieben eingesehen. Trotzdem wird in diesem Bereich aber allzu oft an Zeit und Mitteln gespart, wie verschiedene Untersuchungen belegen (Algera et al., 1986, Björn-Andersen, 1985, Gottschall et al.,1985).

Oft wird in den Betrieben angenommen, daß Softwaresysteme inzwischen so einfach sind, daß eigentlich das Training nur noch von untergeordneter Wichtigkeit ist. Diese Haltung wird durch manche Hersteller bzw. deren Vertreter geweckt und gefördert. Es zeigt sich aber, daß auch Programme, die besonders einfach erscheinen (wie z.B. die Programme für den Macintosh), nicht sofort benutzbar sind. Untersuchungen bestätigen, daß selbst Personen mit Vorerfahrungen bei diesen Programmen eine längere Trainings- und Einarbeitungsphase benötigen (vgl. Altmann, 1987, Carroll & Mazur, 1985). Demnach empfiehlt sich eine umfassendere Schulung, wenn potentielle Möglichkeiten eines Computers in Büro und Verwaltung auch wirklich intensiv genutzt werden sollen.

Training ist auch dann notwendig, wenn vom System aus begleitende Hilfefunktionen aufgerufen werden können oder wenn umfassende Handbücher mitgeliefert werden. Die Handbücher werden selten genutzt (vgl. Carroll & Mack, 1983; Dutke & Schönpflug, 1987; Lang & Auld, 1982; Scharer, 1983), und die angebotenen Hilfefunktionen sind oft gerade für den Ungeübten nicht hilfreich (vgl. Carroll & Mazur, 1985).

3.2 Die Ziele der Schulung

Das Hauptziel einer sorgfältigen Mitarbeiterschulung besteht natürlich in
der höheren Kompetenz und Leistungsfähigkeit des Mitarbeiters. Aber
neben diesem wesentlichen Ziel hat eine Schulung auch Auswirkungen auf
die anderen Kriterien, die in Kapitel 1 aufgeführt wurden, nämlich Stressreduktion, soziale Interaktionen und Lern- und Persönlichkeitsförderlichkeit.

3.2.1 Schulung und Stressminimierung, soziale Interaktionen und Persönlichkeitsförderlichkeit

Eine adäquate Schulung kann über mehrere Mechanismen Stress minimieren. Zum einen fallen nach einer adäquaten Schulung weniger Fehler an -
deshalb kommt es zu weniger Stress. Zum zweiten vermittelt eine gute
Schulung, wie man mit Fehlern und Defekten umgehen kann. Ein solches
Ziel ist wichtig, da sich immer irgendwelche Probleme bei der Benutzung
von Software einstellen, sei es aufgrund von Systemdefekten, sei es weil
man etwas noch nicht gelernt hat oder weil man mit neuen Aufgaben konfrontiert wird. Wenn nun eine Person lernt, daß es keinen Grund gibt, aufgrund von Fehlern zu verzweifeln, sondern daß es brauchbare Strategien
gibt, mit Fehlern umzugehen, dann stellt sich weniger Stress ein. Zum
dritten erhöht eine umfassende Schulung insgesamt die Kompetenz, mit
dem System umzugehen, dadurch entsteht weniger Stress und mehr Handlungskontrolle. Handlungskontrolle bedeutet in diesem Zusammenhang, daß
ein gut trainierter Benutzer seine Arbeitsaufgaben ohne größere Ein-
schränkungen durch das System selbst strukturieren und bewältigen kann
und daß er dabei das Gefühl hat, seine Instrumente vollständig zu beherrschen. Weniger gut trainierte Benutzer verwendeten zum Beispiel Beschreibungen über den Computer, die erkennen lassen, daß sie sich als
"Diener" des Systems fühlen ("er will jetzt von mir ..."); anders verhalten
sich gut trainierte Arbeiter (Ulich & Troy, 1986). Sie nutzen ihre höhere
Kontrollkompetenz u. a. als "Ressourcen" in Stressituationen und erzielen
damit eine bessere und flexiblere Arbeitsleistung.

Um auch die *sozialen Interaktionen* durch das Training zu unterstützen, ist
es sinnvoll, ganze Arbeitsgruppen zusammen zu trainieren, soweit dies
möglich ist. Will man das im Training Gelernte in der täglichen Praxis verwenden, ist es hilfreich, wenn sich die Arbeitenden gegenseitig unterstützen
und Hilfe geben. Bannon (1986) hat ausgeführt, wie wichtig dabei auch die
Frage ist, wie man die Computer am Arbeitsplatz anordnet und welche
organisationalen Unterstützungmaßnahmen eingeplant werden (z.B. das
Konzept des lokalen Experten, mehr dazu in Abschnitt 3.3.4). Bereits im
Training kann man soziale Unterstützungsmaßnahmen einleiten. Wir haben
z.B. Trainings ausprobiert, bei denen sich jeweils zwei Personen in einer

überfordernden Situation gegenseitig helfen sollten. Durch Trainingskonzeptionen dieser Art kann man auch das Hilfeverhalten selbst mit-
trainieren.

Schließlich bewirkt Schulung eine Förderung der Persönlichkeit, da man
neue allgemeine Kompetenzen erwirbt. Zum Beispiel werden exploratorisch
orientierte Trainings, d.h. Trainings, in denen die Teilnehmer aufgefordert
werden, Hypothesen auszuprobieren, auch zu einem Lernen von allgemeinen Strategien der Exploration beitragen (mehr dazu weiter unten).
Björn-Andersen (1985) sieht z.B. in der Vermittlung von demokratischer
Partizipationskompetenz und exploratorischen Verhaltensstrategien allgemein
wertvolle Inhalte, die bei einer Schulung einfließen sollten.

3.2.2   Schulung und Umfang der Qualifikationen

Das zentrale Ziel der Schulung besteht natürlich darin, den effizienten Umgang mit der Software zu vermitteln. Dabei muß betont werden, daß eine
adäquate Qualifikation meist mehr umfaßt als nur reines "Computerwissen"
oder "Funktionswissen". Zumindest die folgenden Wissens- und Könnens-
bestandteile sind Bestandteil der Qualifikation: (1) Funktionswissen, (2)
Wissen, um mit unvorhergesehenen Störungen und Zusatzaufgaben umgehen
zu können, (3) Integration dieses Funktionswissens mit dem Fachwissen.

(1) Funktionswissen: Es ist trivial, daß die Schulung Wissen über die
Funktionen eines Systems vermitteln soll. Allerdings gibt es hier auch eine
nicht triviale Frage: Welche Bestandteile sollte das Funktionswissen umfassen? Dazu zunächst zwei Beispiele:

> **Beispiel 1**: *In einigen Betrieben wird den Mitarbeitern ein eng
> umgrenztes Set von einfachen Anweisungen für den Umgang mit
> dem Computer angeboten. Das hat den Vorteil, daß der einzelne
> Mitarbeiter sehr wenig allgemeines Wissen über die Arbeitslogik am
> Computer mitbringen muß und daß eine zentrale Gestaltung der
> verfügbaren Arbeitsinstrumente an den Benutzerschnittstellen durch
> eine EDV-Abteilung ermöglicht wird. Auf lange Sicht zeigen sich
> dabei jedoch Nachteile. Auf abweichende Arbeitsaufgaben kann vom
> einzelnen Mitarbeiter oft nur mangelhaft oder gar nicht mehr selb-
> ständig eingegangen werden. Flexibilitätsverluste sind eine Folge
> davon. Die zentrale EDV-Abteilung kann oft nicht schnell genug
> reagieren, und die entsprechend erweiterten Arbeitsroutinen werden
> nicht rechtzeitig in das Computersystem eingefügt.*

> **Beispiel 2:** *Ohne grundlegende Kenntnisse über Datenbankver-
> waltung passiert es sehr leicht, daß z. B. eine Adressendatei in
> Anlehnung an althergebrachte Karteikartensysteme aufgebaut wird.
> Ohne eine adäquate Definition von Spalten, Variablen und Such-*

begriffen wurden schon häufig wertlose Listen erstellt. Sie enthalten zwar alle verfügbaren Adressen, aber der eigentliche Vorteil eines computergestützten Datenbanksystems (z.B. die Suche bestimmter Adressen nach vorgegebenen Kriterien) läßt sich so nicht nutzen. Auch bei der Tabellenkalkulation werden Rechenblätter oft ungünstig erstellt. Z.B. drängt sich dem Nutzer bei umfangreichen Berechnungen am Computer oft eine Orientierung an den einzelnen Zeilen auf. Das führt dazu, daß das Rechenblatt nach rechts über den Bildschirm hinausragt. Das ist ungünstig, da der Mitarbeiter dann nur einen Ausschnitt des gesamten Rechenblattes sehen kann - gewöhnlicherweise den linken Teil der Zeilen. Besser wäre es, die Berechnungen untereinander anzuordnen, also spaltenorientiert zu arbeiten. Denn es passiert recht häufig, daß der rechte, nicht sichtbare Teil des gesamten Rechenblattes einfach unterschlagen wird, sowohl bei der Dateneingabe als auch bei den Berechnungen.

Diese beiden Beispiele zeigen, daß das Funktionswissen mehr als die unbedingt notwendigen Befehlsfolgen umfassen sollte, um die Vorteile einer Software ausnützen zu können (vgl. Riley, 1986).

Es ist allerdings verständlich, warum im Betriebsalltag meist nur direkt Befehlsfolgen vermittelt werden und das darüber hinausgehende Hintergrundwissen vernachlässigt wird. Es geht einfacher und schneller, wenn zunächst nur die wichtigsten Befehlsfolgen erklärt werden. Dies ist kurzfristig auch durchaus sinnvoll, z.B. um Ängste im Umgang mit dem Computer zu reduzieren. Nur sollte das Hintergrundwissen langfristig ebenfalls bereitgestellt werden.

(2) Wissen, mit Zusatzaufgaben und unvorhergesehenen Störungen umgehen zu können: Die in einer Schulung vermittelten Inhalte sollten nicht nur jene Aufgabenbereiche abdecken, die Bestandteil offizieller Arbeitsplatzbeschreibungen sind. Keine Arbeitsstelle entspricht tatsächlich der offiziellen Aufgabenbeschreibung. Fast immer gibt es Zusatzaufgaben, deren Erledigung meist produktionsnotwendig ist, auch wenn sie nicht offiziell vorgegeben werden. Zusatzaufgaben dieser Art beinhalten z.B., daß die Sekretärin ein zu schreibendes Manuskript noch einmal auf Grammatikfehler hin überprüft oder daß der Sachbearbeiter Unregelmäßigkeiten feststellt, die nicht in seinen Aufgabenbereich fallen. Darüberhinaus kommt es oft aufgrund von Unzulänglichkeiten und Defekten der Software zu Zusatzaufgaben. Oft muß dann die Arbeit ruhen, bis ein Softwarebetreuer den Systemdefekt behebt. Dabei könnte bis zu einem gewissen Grad der Systemdefekt durchaus von den Mitarbeitern kompensiert werden.

Beispiel: *(Gasser, 1986) Die Mitarbeiter einer technischen Planungsabteilung mußten falsche Ausgangswerte eingeben, damit das Analyseprogramm bei der Berechnung von Materialeigenschaften brauchbare Endresultate lieferte. Die Temperaturparameter für ein*

*Rohr, das für sehr heiße Flüssigkeiten vorgesehen war, mußten so
eingegeben werden, als ob es sich um kalte Flüssigkeiten handelte.
Diese Vorgehensweise veranlaßte das Programm, einige Belastungs-
berechnungen nicht vorzunehmen. Hätten die Planer die "korrekten"
Temperaturen eingegeben, dann hätten sich aufgrund falscher Formeln aus der Belastungsrechnung auch falsche Ergebnisse mit weit-
reichenden Folgen eingestellt.*

Um mit den systembedingten Mängeln und auch mit den selbst verur-
sachten Fehlern umgehen zu können, muß man also eine ganze Menge mehr
wissen (vor allem über die generelle Funktionsweise des Systems), als es zur
unmittelbaren Bewältigung der offiziellen Arbeitsaufgabe notwendig ist.

Es gibt darüber hinaus noch Arbeitsaufgaben, die bereits so selbstverständlich erscheinen, daß sie bei der Einführung von Büro-EDV überhaupt nicht
mehr in Betracht gezogen werden. Jeder Mitarbeiter muß z.B. ein generelles
Wissen über gesellschaftliche und innerbetriebliche Organisationsstrukturen,
über Hierarchiezusammenhänge und Kommunikationsstrukturen bei der Bewältigung seiner Arbeitsaufgabe mit einbringen. Diese Bereiche werden z.T.
von neuen computergestützten Telekommunikationssystemen modifiziert.
Eine simple Übertragung der althergebrachten Wissensbestände wird zu
Schwierigkeiten führen, die von Einzelpersonen nur begrenzt diagnostiziert
und gelöst werden können.

Insgesamt deuten unsere Beobachtungen darauf hin, daß das Funktionswissen auch für einfach erscheinende Aufgaben am Computer relativ
umfassend sein muß. (Dabei handelt es sich um funktionales und aufgabenbezogenes Wissen und nicht um technische Spezialkenntnisse!) Unsere Erfahrung ist, daß Vorgesetzte den Umfang des Wissens, den ihre Untergebenen haben müssen, unterschätzen. Deshalb müssen Trainer im Betrieb
darauf achten, eher höherwertige Wissensbestandteile zu vermitteln.

(3) Integration des Funktionswissen mit dem Fachwissen: Das computerspezifische Wissen alleine ist noch keine Garantie für ein adäquates Arbeiten mit dem Computer. Eine effektive und flexible Nutzung des Computers setzt voraus, daß das Computer-Wissen oder Funktionswissen mit
dem Fachwissen bei der Aufgabenbewältigung verknüpft werden kann. Es
läßt sich häufig die Beobachtung machen, daß neu angeschaffte Systeme
für Textverarbeitung, Tabellenkalkulation oder Datenbankverwaltung nur
sehr wenig ausgelastet werden, obwohl die betreffenden Mitarbeiter in
Kursen eigens geschult wurden. Das ist oft weniger eine Folge geringer
Akzeptanz durch die Mitarbeiter als ein Zeichen dafür, daß in den Kursen
einiges versäumt wurde. Dem zukünftigen Benutzer sollte neben dem Computerwissen auch vermittelt werden, wie und wo sich der Computer am
eigenen Arbeitsplatz sinnvoll einsetzen läßt und welcher Eigennutz dabei
tatsächlich zu erwarten ist.

Allgemein konnten wir bei der Analyse verschiedener Trainings in unterschiedlichen Branchen feststellen, daß eine solche Integration von Funktionswissen und Fachwissen im Training nur ganz selten angestrebt oder erreicht wird (Papstein, v. & Frese, 1988a). Wir nennen das für die Integration notwendige Wissen *Umsetzungswissen*. Das heißt Kenntnisse über die Anwendung der Software und Kenntnisse, wie eine Aufgabe zu bewältigen ist, werden im Umsetzungswissen miteinander verknüpft (vgl. Abb. 3.1). Wenn dieses Umsetzungswissen fehlt, dann wird der Mitarbeiter kaum in der Lage sein, das im Training Gelernte auch wirklich in der Praxis anzuwenden (Papstein, v. & Frese, 1988b).

Das bisher Gesagte geht davon aus, daß das Fachwissen auch nach der Einführung von Computern unverändert anwendbar ist. Dies ist nicht immer der Fall. Zwar bleiben manchmal die Arbeitsaufgaben anfänglich noch unberührt vom EDV-Einsatz, aber in jedem Fall verändern sich die Arbeitsinstrumente in einem erheblichen Maße. Z.B. werden Erstellung, Ablage, Abruf und Weiterleitung von Dokumenten zunehmend in den Kontext moderner Textverarbeitung, Datenbankverwaltung und Datentransfersysteme eingebettet. Viele Arbeitsschritte lassen sich dadurch erheblich verkürzen oder fallen gänzlich weg. Dafür entstehen neue und zum Teil sehr komplexe Arbeitsschritte, die eng mit der jeweils vorliegenden Programmsystematik verbunden sind. Die sichere Bedienung computergestützter Bürosysteme erfordert ein entsprechendes Qualifikationsprofil.

Oftmals werden auch einfach nur höhere Qualifikationen nach Einführung eines neuen Systems verlangt. Zum Beispiel fiel in einer Bank nach der Einführung von Computern auf, daß das Fachwissen der Bankberater jetzt manchmal nicht mehr ausreichte, knifflige Fragen zu beantworten. Vor der Einführung der neuen Techniken wurden entsprechende Fragen meist nicht gestellt, weil sie zu schwer zu berechnen waren. Nach Einführung des Computers wurden neue Antworten möglich: neue Fachqualifikationen mußten geschaffen werden.

Zusammenfassend sollte die Schulung folgendes enthalten:

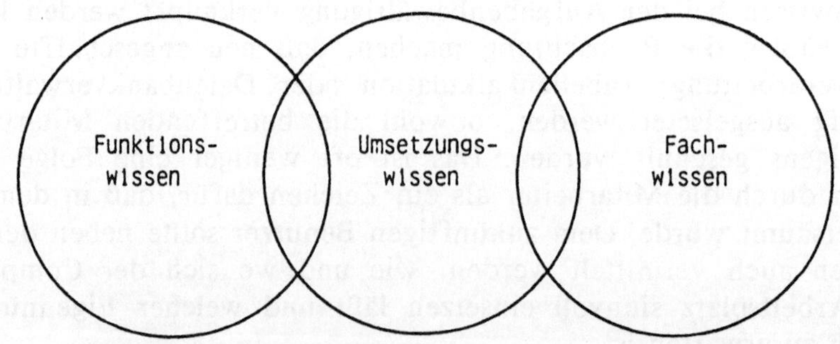

Abb. 3.1: *Das Konzept "Umsetzungswissen"*

- neben dem eng umgrenzten Funktionswissen auch Hintergrundwissen

- Wissen, um mit unvorhergesehenen Störungen und Zusatzaufgaben umgehen zu können

- Integration des Funktions- und Fachwissens: das Umsetzungswissen

3.2.3 Schulung und mentales Modell

Die Schulung soll Kompetenz vermitteln. Bevor wir auf die Gestaltung einer optimalen Schulung eingehen können, soll zunächst noch eine Einführung in das Konzept des Wissens bzw. des mentalen Modells erfolgen, weil dies eine Voraussetzung für die Trainingsgestaltung darstellt.

Jeder Benutzer eines Systems hat gedankliche Vorstellungen über die Funktionsweise des Computersystems. Dies gilt selbst für Neueinsteiger resp. Novizen (Norman, 1983a, Carroll, 1984, Jagodzinski, 1983, Rohr & Tauber, 1984).

Diese Vorstellungen werden auch mentale Modelle genannt (Gentner & Stevens, 1983, Johnson-Laird, 1983). Mentale Modelle unterscheiden sich von mathematischen oder logischen Modellen insofern, als sie schematisch sind, bis zu einem gewissen Grade unvollständig sein können und nicht streng logisch aufgebaut sein müssen. Der Wert der mentalen Modelle besteht darin, daß aus ihnen mehr oder weniger erfolgreiche Handlungskonzepte zur Erreichung eines bestimmten Zieles abgeleitet werden können (für eine ausführliche Diskussion der Funktion von mentalen Modellen, vgl. Waern, 1987). Dies setzt nicht notwendigerweise eine detaillierte und korrekte Abbildung der Wirklichkeit durch das mentale Modell voraus.

Zum Beispiel genügt es dem durchschnittlichen Fernsehzuschauer, sich ein vereinfachtes mentales Modell über die Funktionsweise seines Fernsehapparates zu konstruieren, wenn sein Ziel lediglich darin besteht, Programme auszuwählen oder die Helligkeit und die Lautstärke zu regeln. Er muß sich dazu nicht unbedingt ein getreues Modell über die tatsächlich bestehenden Zusammenhänge zwischen den Transistoren, Kondensatoren und den anderen Bestandteilen des Fernsehers machen. Natürlich unterscheidet sich das mentale Modell des Fernsehzuschauers ganz erheblich von dem des Fernsehmechanikers. Letzterer verfolgt aber auch ganz andere Ziele und konstruiert sich sein mentales Modell entsprechend detaillierter und vollständiger. Doch wird sich auch sein mentales Modell noch einmal von den Schaltplänen, die einem bestimmten Fernseher zugrundeliegen, unterscheiden. Mentale Modelle werden also zur Lösung pragmatischer Ziele gebildet. Letztlich zeigt sich aber, daß Personen mit den besseren mentalen Modellen auch die bessere Leistung bringen können (vgl. Kasten 3.1).

Kasten 3.1: Bestarbeiter

Aus Untersuchungen über sog. Bestarbeiter weiß man, daß eine effektive
und leistungsfähige Regulation von Arbeitstätigkeiten im Fertigungs- und
Produktionsbereich in einem erheblichen Maße auf intellektuell vermittelte
Komponenten zurückgeht (Hacker, 1986). Bestarbeiter sind zunächst nur
aufgrund ihrer allgemeinen Leistungsfähigkeit bestimmbar. Bei einer nä-
heren Analyse zeichnet sich ein Bestarbeiter insbesondere durch eine
bewußte und langfristige Organisation der eigenen Arbeit und durch eine
selbständige Arbeitsplanung aus (Hacker,1986). Bestarbeiter weisen einen
höheren Anteil kognitiver Operationen bei der Handlungsregulation auf und
einen gleichzeitig geringeren Anteil manueller Tätigkeit im Vergleich zum
durchschnittlichen Arbeiter. Bestarbeiter betreiben z.B. sehr frühzeitig
vorbeugende Fehleranalysen. Sie sind im allgemeinen weit mehr mit anti-
zipierenden und planenden Tätigkeiten beschäftigt als mit Analysen über
die gegebene Situation. Mit anderen Worten: Die Bestarbeiter zeigen weniger Arbeitsaktivität, da sie viele Problembereiche vorausschauend bewältigen. Sie müssen sich weniger anstrengen und leisten doch mehr.

Diese im Produktionsbereich gewonnenen Befunde können auch auf die
Arbeit mit Bürocomputern übertragen werden. Lang (1987) zeigte, daß auch
bei der Arbeit mit einem computerunterstützten Ablagesystem die Bestarbeiter im Durchschnitt eine differenziertere Planung und ein Mehr an
antizipativen Tätigkeiten mit insgesamt weniger Fehlern demonstrieren.
Zusätzlich sind ihre Angaben über die voraussichtliche Dauer der Bearbeitung einer bestimmten Aufgabe genauer als die der Vergleichsgruppe
von durchschnittlichen Mitarbeitern. Die Anzahl von manuellen Tätigkeiten
bei den Bestarbeitern war in der Untersuchung von Lang im Durchschnitt
allerdings größer als bei der Vergleichsgruppe.

3.2.3.1 Metaphern, Analogien und mentale Modelle

Mentale Modelle bestehen oft aus dem Wissen über bestimmte Regeln, die
beim Gebrauch eines Systems notwendig sind. Zum Beispiel ist die Regel
"Vor dem Ausschalten des Computers müssen bearbeitete Daten immer abgespeichert werden" ein nützlicher Bestandteil eines mentalen Modells.
Mentale Modelle können aber auch aus Metaphern und Analogien bestehen.
Beim erstmaligen Gebrauch eines Textverarbeitungssystems bietet sich z.B.
die Analogie zu einer Schreibmaschine an. Hier zeigt sich aber auch gleich
ein Problem, das bei Metaphern oft vorkommt: Zwar ist das Textverarbeitungssystem wirklich einer Schreibmaschine recht ähnlich, aber es ist eben
damit nicht identisch. Zum Beispiel entspricht die Art, wie die meisten
Computersysteme mit Leerstellen umgehen, nicht der Schreibmaschinen-
metapher. Dieser Aspekt läßt sich leichter mit der Metapher eines Block-

satzes, bei dem die einzelnen Buchstaben (und Leerzeichen) als Bleiteile existieren, erklären (Waern & Rabenius, 1985). Jede Metapher hat also bestimmte Grenzen, die im Training oft explizit angesprochen werden müssen. Oftmals müssen die Benutzer aber konkrete Erfahrungen machen, um zu entdecken, welche Grenzen bestehen (Frese & Altmann, im Druck).

3.2.3.2 Zwei Arten mentaler Modelle

In der Literatur werden üblicherweise zwei unterschiedliche Arten von mentalen Modellen unterschieden (z.B. von Anderson, 1983, Carroll, 1984, Miller, Galanter & Pribram, 1960, Young, 1983):

(1) Das mentale Modell im Sinne von analytischem und beschreibendem Wissen über den Gegenstand (oft als deklaratives Wissen bezeichnet). Wenn man z.B. weiß, daß die Erde rund ist, hat dies für die meisten von uns einen geringen Handlungsbezug, gehört aber zum allgemeinen Wissen. Das eher beschreibende mentale Modell kann leicht verbalisiert werden, denn hier handelt es sich um explizites und weitgehend sprachlich vermitteltes Wissen.

(2) Das mentale Modell mit Handlungsbezug (auch prozedurales Wissen genannt). Dieser Aspekt ist natürlich für die Arbeitssituation wichtiger, denn hier geht es um das Wissen, wie man durch Handeln den Gegenstand verändern und beeinflussen kann. Meist kann man das handlungsorientierte mentale Modell sprachlich nur schlecht beschreiben - man hat es irgendwie im Gefühl, wie man vorgehen muß, oder man kann es in der Vorstellung gut durchspielen. Gerade Experten, die ein Computerprogramm besonders gut beherrschen, haben aufgrund ihrer Routine Schwierigkeiten mit der Beschreibung ihrer Vorgehensweise (sie sind deshalb oft auch nicht die besten Lehrkräfte).

Genau genommen ist natürlich jedes Wissen irgendwie handlungsorientiert. Selbst das beschreibende Modell ist indirekt handlungsorientiert, weil es ebenfalls einen Handlungsbezug nahelegt. Deshalb spricht Hacker auch von operativen Abbildsystemen (Hacker, 1986). Hacker differenziert verschiedene Bestandteile eines solchen handlungsorientierten Modells (vgl. dazu Kasten 3.2 über Ebenen der Handlungsregulation).

Kasten 3.2: Ebenen der Handlungsregulation

Eine Arbeitstätigkeit ist eine willentliche Handlung. Der Begriff "Handlung" wird von dem Arbeitspsychologen Winfried Hacker zur Bezeichnung einer in sich geschlossenen Einheit einer Tätigkeit verwendet (Hacker, 1986). Die Handlung ist die kleinste psychologische Einheit einer willentlich gesteuer-

Fortsetzung
Kasten 3.2: Ebenen der Handlungsregulation

ten Tätigkeit. Nur kraft ihrer Ziele sind Handlungen selbständige und ab-
grenzbare Grundbestandteile einer Tätigkeit.

Teilhandlungen oder sogenannte Operationen sowie deren Elemente, die
Elementarbewegungen, sind Bestandteile von Handlungen. Ein wichtiger
Gesichtspunkt der Theorie von Hacker (1986) besteht darin, daß sich
Handlungen nicht angemessen durch eine Folge von Elementarbewegungen
und Operationen charakterisieren lassen. Man kann die Handlung ähnlich
wie die Sprache beschreiben. Hinter der Sprache liegt eine bestimmte
Grammatik. Diese Grammatik regelt unsere Sprache, auch wenn wir uns
dieser Regelung nicht unbedingt bewußt sind. Ähnlich gibt es auch eine
Handlungsgrammatik, die unsere Handlungen regelt.

Die psychische Regulation von Arbeitstätigkeiten erfolgt hierarchisch auf
verschiedenen "Ebenen". In Abhängigkeit von den Anforderungen, dem
Neuheitsgrad einer Arbeitstätigkeit und dem Grad der bewußten Zuwendung zur Handlung lassen sich vier Ebenen unterscheiden (Hacker, 1986,
Semmer & Frese, 1985):

Die sensumotorische Regulationsebene: Dort werden unselbständige Komponenten von Handlungen, sowie automatisierte Bewegungsmuster mit Hilfe
von bewegungsorientierten Abbildern gelenkt. Die Automatisierung von
Bewegungsmustern entsteht durch häufiges Üben. Wenn wir mit dem Fahrrad fahren, dann sind wir auch in der Lage, ohne bewußte Zuwendung auf
dem Fahrrad zu balancieren. Eine solche Automatisierung beinhaltet, daß
die Bewegungen nicht mehr bewußtseinspflichtig sind und daß eine bewußte Verarbeitung von Rückmeldungen (Feedback) über unsere Handlungen nur noch sporadisch notwendig ist.

Die Ebene der flexiblen Handlungsmuster: Auf dieser Ebene werden Teilhandlungen reguliert, die nicht vollständig automatisiert sind, da bei
ihnen noch Parameter eingegeben werden müssen. Sie liegen aber bereits als
Handlungsmuster fertig vor. Das Lenken in einer Kurve beim Fahrradfahren oder das Löschen eines Files am Computer sind Beispiele dafür. Beim
Fahrradfahren liegt das Muster für eine Linkskurve bereits vor, aber der
spezifische Kurvenverlauf der Straße muß noch zusätzlich ausgesteuert
werden. Beim Löschen eines Files ist es der Filename, der noch eingegeben
werden muß. Diese Ebene ist also eine Übergangsebene zwischen der sen-
sumotorischen und der intellektuellen Regulationsebene.

62

Die intellektuelle Regulationsebene: Auf dieser Regulationsebene sorgen
komplexe Abbildsysteme, die aus intellektuellen Analysen und Synthesen
bei der Vorbereitung von Handlungen hervorgehen für die Handlungsregulation, d.h. die entsprechenden Handlungsentwürfe können verbal beschrieben oder bewußt anschaulich gemacht werden. Sie sind generell bewußtseinspflichtig. Diese Regulationsebene ist von besonderer Bedeutung, weil
Denkprozesse, Analogiebildungen, Problemlöse-Ideen, Vorstellungen über
die Funktion eines Systems u.ä. hier ablaufen. Gerade weil wir auch auf
der intellektuellen Ebene unsere Handlungen regulieren können, sind
mentale Modelle wesentlich. Wir können unsere Handlungen verstehen und
gedanklich weit im voraus planen bzw. Ziele setzen. Die Handlungsvor-
bereitung ist auf dieser Ebene noch objektorientiert, d.h. abstrakte
Prinzipien werden erst auf der nächsten Ebene reguliert.

Die Ebene des abstrakten Denkens: Auf dieser Ebene werden Pläne auf
Widerspruchsfreiheit hin überprüft, allgemeine logische Regeln gebildet,
usw. Auf dieser Ebene ist es möglich, abstrakte Verallgemeinerungen zu
ziehen, die weit über eine konkrete Arbeitshandlung hinausgehen. Hier
entstehen Faustregeln (sogenannte Heuristiken) darüber, wie wir im allgemeinen unsere Pläne und Ziele des Handelns aufstellen. Ein stadtunkun-
diger Autofahrer könnte z.B. immer wieder auf dem Stadtplan kontrollieren, ob er sich noch auf dem Weg zu seinem Hotel befindet. Eine dieser
Verhaltensweise zugrundeliegende Heuristik könnte lauten, "Achte stets
darauf, daß du dich nicht zu weit vom ursprünglichen Plan entfernst".
Manche Personen planen z.B. eher langfristig und detailliert, andere machen
ihre Pläne erst dann, wenn sie die Handlung schon angefangen haben.

Auf der Ebene des abstrakten Denkens gibt es noch eine Besonderheit,
denn die Benutzung der Faustregeln kann selbst noch einmal automatisiert
werden. D.h. wir gehen z.B. fast automatisch davon aus, daß wir langfristig
planen sollten (oder kurzfristig und spontan, je nach unserer "Persönlichkeit"). Solche Tendenzen werden Handlungsstile genannt (Frese, Stewart &
Hannover, 1987, vgl. auch Kap 4.4.3)

Beim Erlernen neuartiger Handlungsvollzüge wird die Handlungsregulation
anfänglich verstärkt auf der intellektuellen Regulationsebene vollzogen. Bei
der ersten Fahrstunde mit dem Auto muß z.B. die Regulation von Gaspedal,
Kupplung und Gangschaltung zunächst bewußt durchgeführt werden. Mit
zunehmender Übung und Erfahrung werden immer mehr Teilhandlungen
vom den unteren Regulationsebenen aus gesteuert. Nach einigen Fahrstun-
den kann der Fahrlehrer es wagen, den Schüler in verkehrsreiche Gegenden
zu führen. Die automatisierten Fertigkeiten verlangen nur noch ein geringes
Maß an bewußter Zuwendung.

3.2.3.3 Das mentale Modell muß nicht technisch orientiert sein

In einem Training über Computersysteme ist es hilfreich, wenn man den Benutzer mit seinen eigenen und mit anderen - eventuell günstigeren - mentalen Modellen konfrontiert. Diese mentalen Modelle brauchen und sollen in den meisten Fällen nicht technisch orientiert sein, sondern funktional und damit auf die Arbeitsaufgaben und die konkreten Probleme bezogen. Der Benutzer kann dadurch seine ursprünglich inadäquaten mentalen Modelle Schritt für Schritt zu funktionierenden Modellen umkonstruieren. Inadäquate mentale Modelle, die nicht bereits im Training revidiert werden, können allerdings langfristig ineffizienter Nutzung des Computers am Arbeitsplatz führen.

Die Entwicklung von adäquaten mentalen Modellen kann mit Hilfe bestimmter Trainingsformen gefördert werden - es ist also nicht jede Schulung dazu geeignet. Dieser Aspekt wird nun im folgenden behandelt.

3.3 Optimale Schulungsstrategien

Ausgehend von den Überlegungen zu mentalen Modellen und handlungstheoretischen Konzepten der Arbeitspsychologie (Hacker, 1986, Frese & Sabini, 1985) sollen im folgenden einige Trainingsparameter diskutiert werden. Die meisten Trainingsarten lassen sich mit Hilfe von zwei Dimensionen darstellen, die in Abb. 3.2 veranschaulicht werden: die Dimensionen sequentielles vs. ganzheitliches Training und aktives vs. passives Lernen.

3.3.1 Sequentielles versus ganzheitliches Training

Im *sequentiellen Training* werden nur die Befehlsfolgen, also die korrekten Handlungsschritte präsentiert. Die Hintergründe des Systems, also die Regeln und Gesetzmäßigkeiten, werden nicht erklärt. Das Üben der richtigen Schritte steht im Vordergrund. Die sequentiellen Trainingsprogramme

	Entwicklung des mentalen Modells	
	aktiv	passiv
sequentiell		
Training:		
ganzheitlich		

Abb. 3.2: *Zwei bedeutende Trainingsparameter*

orientieren sich an der Tradition des programmierten Lernens (Skinner, 1954). Dabei wird davon ausgegangen, daß richtige Verhaltensmuster effizient aufgebaut werden können, wenn man für jeden Schritt belohnt und nicht bestraft wird. Fehler werden dabei als Bestrafung interpretiert und folglich vermieden. Schritt für Schritt lassen sich aus einfachen, oft geübten Handlungsabfolgen immer komplexere Handlungsmuster erlernen. Der Benutzer lernt in der Trainingssituation ein Set von einfachen Fertigkeiten, die er automatisiert und fehlerfrei verwenden kann. Fehler und falsche Handlungsabfolgen werden vermieden, damit sie nicht versehentlich eingeübt werden und eine Quelle von Frustrationen darstellen.

Im Sinne der im Kasten 3.2 dargestellten Regulationsebenen werden bei dieser Form des Trainings vornehmlich die unteren Regulationsebenen angesprochen, die für die Regulation von automatisierten Operationen bestimmt sind. Automatisierte Operationen können als Bausteine von Handlungen begriffen werden. Beim Erlernen des Autofahrens z.B. wird die Bedienung von Gas, Kupplung und Bremse immer stärker automatisiert.

Im sequentiellen Training vertraut man darauf, daß sich auf Basis der gut eingeübten Operationen unweigerlich auch richtige Handlungsmuster und darauf aufbauend auch adäquate mentale Modelle herausbilden. Dieses Vertrauen ist allerdings nur bei sehr einfachen Trainingsgegenständen berechtigt.

Bei der Schulung von Computersystemen ist dieses Vorgehen nicht sinnvoll. Denn der Benutzer kann die einzelnen Operationen nicht in ein integriertes und vor allem passendes mentales Modell über das gesamte Computersystem einbauen. Der Trainee (d.h. der Lernende) wird beim sequentiellen Training sogar aktiv daran gehindert, am Anfang ein umfassendes und integriertes mentales Model aufzubauen. Ohne ein solches Modell kann er aber ein komplexes Computersystem nicht adäquat bedienen. Zum Beispiel erhalten einzelne Befehle je nach dem voreingestellten Modus oder dem jeweils aufgerufenen Menü ganz unterschiedliche Bedeutungen. Demnach lassen sich die anfänglichen Erfahrungen beim Erlernen komplexer Computersysteme nur sehr schwer in eine konsistente Ordnung bringen. Bei dem Versuch, seine Computerwelt zu ordnen, konstruiert sich der Benutzer sehr viele irrelevante und zudem noch widersprüchliche mentale Modelle, die dann bei der Bedienung des Systems nur wenig hilfreich sind. Wenn nun das Set von zugrundeliegenden Prinzipien nicht verstanden wurde, kommt es oft zu bizarren und abergläubisch anmutenden Verhaltensweisen.

> **Beispiel:** *Bei einem Textverarbeitungssystem werden Leerzeichen in derselben Weise verarbeitet wie Buchstaben. Bei einer Schreibmaschine hingegen sind Leerzeichen gleichsam Freiräume, die überschrieben, aber nicht eingefügt werden können. In einem von uns durchgeführten Kurs zur Textverarbeitung konnten wir bei einer Person eine "abergläubische" Kombination aus diesen unterschied-*

lichen Modellen beobachten. Sie tippte jedesmal vor dem Einfügen eines Wortes eine der Wortlänge angemessene Anzahl von Leerzeichen ein. Im Einfügemodus wird dadurch der rechte Teil des Satzes um eine entsprechende Anzahl von Leerzeichen nach rechts gerückt. Dann setzte sie das Wort ein und löschte danach die Leerzeichen, die sie zuvor eingetippt hatte. Durch den Einfügemodus wurde ja beim Eintippen des Wortes auch der restliche Teil des Satzes nach rechts verschoben. Diesem Vorgang unterliegen natürlich auch die zuvor eingefügten Leerzeichen, was die Person dazu veranlaßte, diese Leerzeichen ("Lücke") zu löschen ("schließen").

Aus der Suche des Trainees nach sinnvollen Vorstellungen resultieren eigentlich Fragen über Zusammenhänge, über generelle Bedeutungen von Befehlen usw., die der Trainee ganz gerne beantwortet haben möchte. Auf diese eher begriffliche intellektuelle Auseinandersetzung mit dem Lerngegenstand geht das sequentielle Training nicht näher ein.

In einem *ganzheitlichen Training* ist die Vorgehensweise anders: Hier werden Hintergrundinformationen über Computersysteme gegeben; die Gründe für die Wahl bestimmter Befehle und wie sie miteinander in Zusammenhang stehen, werden erklärt. Die Nützlichkeit bestimmter Metaphern wird besprochen, und verschiedene Befehle eines Systems werden mit Hilfe genereller Faustregeln - soweit als möglich - sinnvoll geordnet. Kurzum, es wird ein integriertes funktionales mentales Modell entwickelt. Das heißt, es wird sinnvolles Lernen dadurch ermöglicht, daß das angebotene Modell als ganzes mit dem kognitiven Strukturen des Lernenden verbunden werden kann (Ausubel, 1974).

Die angebotenen Erklärungen sollten dabei handlungsorientiert sein, d.h. es wird stets versucht, einzelne Operationen in Handlungsschritte zusammenzufassen und die Handlungsschritte wiederum in komplexe und zielgerichtete Handlungen zu integrieren. Das führt dazu, daß zunächst die höheren Regulationsebenen (vgl. Kasten 3.2) im Training angesprochen und integriert werden. Auf diesen Ebenen werden Regeln, Metaphern und Heuristiken (also Faustregeln) zu integrierten mentalen Modellen verarbeitet. Erst durch weitergehende Übung werden dann die entsprechenden Regulationen auf eine niedrigere Ebene gebracht, so daß sie schließlich auch automatisiert werden können (vgl. Volpert, 1983).

Im ganzheitlichen Training wird versucht, eine typisch menschliche Eigenart auszunutzen. Der Mensch versucht immer, das ihn umgebende Chaos sinnvoll zu ordnen und zu verstehen. Er konstruiert sich Modelle über bestimmte Abläufe und über Zusammenhänge zwischen Elementen, die er in seiner Umwelt beobachtet. Das hat für ihn den Vorteil, daß er aus seinen Modellen bestimmte Vorhersagen über das Verhalten seiner Umwelt ableiten kann. Dies gibt ihm Entscheidungshilfen zur Auswahl zielgerichteter Handlungen.

Im ganzheitlichen Training werden dem Benutzer von Anfang an Informationen zur Verfügung gestellt, die zum Aufbau von passenden mentalen Modellen auf der intellektuellen Regulationsebene geeignet erscheinen. Eine Korrektur von inadäquaten mentalen Modellen ist nun leichter möglich, da einzelne mentale Modelle explizit gemacht und da in den Trainingsmaterialien unterschiedliche Modelle vorgegeben werden können, die sich für das Erlernen von Computersystemen als nützlich erwiesen haben.

Es gibt empirische Belege dafür, daß ganzheitliche Trainingskonzepte erfolgreicher sind als sequentielle (S. Greif, 1987, Volpert, Fromman & Munzert, 1984). Ein Experiment dazu wird in Kasten 3.3 dargestellt. Darüberhinaus steht ein ganzheitliches Trainingskonzept eher im Einklang mit der Art und Weise, wie Menschen in ihrer alltäglichen Umwelt lernen: Man interpretiert spontan, generalisiert aus Erfahrungen (auch wenn sie sich auf sehr unsichere Daten beziehen) und geht entsprechend der bereits vorhandenen Metaphern und Analogien vor (Carroll & Mack, 1984, Douglas & Moran, 1983).

Leider orientieren sich unserer Erfahrung nach die meisten Trainingskonzeptionen, die von kommerziellen Instituten angeboten werden, an dem sequentiellen Training. Vor allem ist dies der Fall bei den Computer-Tutorien, die auf Diskette erhältlich sind (vgl. Carroll & Mazur, 1985, S. Greif & Janikowski, 1987). Warum sollten nun ineffiziente Trainingskonzepte in der Praxis bevorzugt werden? Ein Grund dafür mag sein, daß besonders Anfänger zu Beginn eines Trainings noch Berührungsängste mit dem Computer aufweisen. Solche Ängste sind mit einem sequentiellen Vorgehen ganz gut abzubauen, und die entsprechende Trainingsstrategie wird einfach weitergeführt, obwohl sie nach dem Überwinden der Berührungsängste durch ein ganzheitliches Training abgelöst werden könnte und sollte. Ein anderer Grund ist sicherlich, daß die Forschung über das ganzheitliche Training unter Trainern noch nicht so bekannt ist. Drittens ist ein sequentielles Training am einfachsten zu entwickeln und erlaubt ohne große Schwierigkeiten eine "Massenabfertigung".

Ein vierter Grund ist aber auch, daß das sequentielle Training die meisten Techniker (und es sind oft Techniker, die die Trainings durchführen) am ehesten überzeugt. Unseres Erachtens liegen hier Mißverständnisse zugrunde. Die meisten Techniker versuchen am Anfang ihrer Trainerkarriere, Hintergrundinformationen zu geben. Dabei stellen sie fest, daß die Trainees sie nicht verstehen und probieren ein sequentielles Vorgehen. Das Mißverständnis beruht darauf, daß die Techniker ein technisches Erklärungsmodell entwickeln. Dieses aber überfordert den Trainee und interessiert ihn auch nicht. Den Mitarbeiter interessiert ein funktionales Erklärungsmodell, das sich in ein Modell über seine Arbeitsaufgabe integrieren läßt. Der Trainee ist nicht an dem technischen Wahrheitsgehalt des Modells interessiert, sondern an der praktischen Brauchbarkeit.

Kasten 3.3: Experimentelle Studie zum ganzheitlichen Trainingskonzept

In der Studie von Frese et al. (1988) wurden einige handlungstheoretische
Erwägungen über den Lernprozeß experimentell untersucht:

1. Der Mensch setzt sich aktiv handelnd mit seiner Umwelt auseinander.
Deshalb probieren Trainees immer wieder bestimmte Funktionen am Computer aus. Ein Training, das diese Herangehensweise systematisch fördert,
sollte bessere Leistungen nach sich ziehen.

2. Eine Handlung wird durch handlungsorientierte operative Abbildsysteme
(Hacker, 1986) oder mentale Modelle (Gentner & Stevens, 1983) reguliert.
Der Aufbau eines integrierten und kohärenten mentalen Modells im Trai-
ning müßte sich ebenfalls positiv auf die Leistung auswirken.

3. Novizen haben gewöhnlich nur rudimentäre Vorstellungen über das zu
erlernende Computersystem. Je mehr es gelingt, neue Informationen in die
bereits bestehenden Vorstellungen zu integrieren bzw. die Vorstellungen der
Realität entsprechend zu verändern, desto besser wird der Trainee selbständig lernen können.

4. Je öfter der Trainee zur Exploration des Systems angehalten wird, desto
besser sollte sein mentales Modell sein. Denn er macht zwar Fehler, aber
dabei lernt er, Fehler sinnvoll zu interpretieren und damit seine bereits
bestehenden, unvollständigen und manchmal auch inadäquaten Konzepte zu
verbessern.

5. Regeln und Pläne, die zur Handlungsregulation herangezogen werden,
sind am Anfang des Lernprozesses noch bewußt. Mit der Übung werden sie
automatisiert und somit unbewußt. Sollte sich im Training frühzeitig eine
Automatisierung von "falschen" oder inadäquaten Verhaltensweisen ein-
schleifen, dann verschlechtert dies die Leistung.

Hypothesen

Aus diesen Überlegungen wurde die Hypothese (1) abgeleitet, daß ein
ganzheitliches Training dem sequentiellen Training überlegen ist. Das
sequentielle Training würde z.B. zu unreifen Automatisierungen von
Handlungsschritten führen, da jeder einzelne Schritt ohne den Kontext von
anderen Befehlen und Systemvoreinstellungen eingeübt wird. Das ganzheitliche Training eignet sich zum Aufbau integrierter mentaler Modelle und
gibt Informationen an die Hand, die bei einer explorativen Vorgehensweise
von Vorteil sind.

Hypothese (2) besagt, daß ein aktiver Aufbau des mentalen Modells bessere Lernergebnisse nach sich zieht als ein passives Training. Das aktive Training unterstützt explorative Vorgehensweisen und bietet Informationen zu ihrer Systematisierung.

Versuchsaufbau

Es wurden drei unterschiedliche Trainingsprogramme miteinander verglichen:

a) Sequentielles und passives Training: Den Teilnehmern dieses Kurses wurden schriftliche Materialien mit allen Befehlssequenzen an die Hand gegeben, die zur Korrektur eines vorgegebenen Textes notwendig waren. Es wurden keine Erklärungen über die Funktion und die Gründe für die Wahl bestimmter Befehle gegeben. Durch die Vorlagen konnte es zu keinem Fehler kommen. Trat dennoch ein Fehler auf, so korrigierte der Versuchsleiter dies ohne weitere Erklärung.

b) Ganzheitliches und aktives Training: In dieser Gruppe wurden keine schriftlichen Materialien ausgeteilt. Die Teilnehmer waren angehalten, zunächst Hypothesen über geeignete Befehle zu entwickeln und diese auszuprobieren. Die richtigen Befehle wurden erst danach durch den Kursleiter benannt. Gleichzeitig sollten sie versuchen, die beim Explorieren auftretenden Fehler wiederum selbständig mit Hilfe des Systems rückgängig zu machen. Ständig wurden die Kursteilnehmer dazu ermutigt, eigene Ideen über die Funktionsweise des Systems auszuprobieren und die Ergebnisse ihrer "Experimente" niederzuschreiben.

c) Ganzheitliches und passives Training: Die Teilnehmer dieser Gruppe erhielten ein kurzes Handbuch mit allgemeinen Erklärungen über die Funktionsweise des Systems und Gedächtnishilfen für die Befehle. Darüberhinaus erhielten sie eine Skizze, die ein hierarchisches Modell vom Aufbau des Textverarbeitungsprogramms darstellt. In jedem Fall wurden sie ermutigt, sich die Frage zu stellen, an welchem Punkt des Gesamtvorgangs sie sich befinden, damit sie Beziehungen zwischen Modellskizze und ihrem eigenen Handlungsablauf herstellen konnten. In vielem entspricht diese Trainingsmethode dem sinnvollen rezeptiven Lernen von Ausubel (1974).

Ergebnisse

Verschiedene aufgabenbezogenen Leistungsmaße wurden am Ende des Trainings erhoben. Es ergab sich eine Überlegenheit des ganzheitlichen Training

Fortsetzung
Kasten 3.3: Experimentelle Studie zum ganzheitlichen Trainingskonzept

und des aktiven Trainings, d. h. das sequentiell-passive Training war
deutlich am schlechtesten, das ganzheitlich-passive in der Mitte und
das ganzheitlich-aktive am besten. Die Unterschiede zwischen den letzten
beiden Gruppen waren allerdings nicht sehr groß. Diese Aussagen unterstützen eine handlungstheoretische Herangehensweise bei der Konstruktion
von Trainingskursen für den Bereich Mensch-Computer Interaktion.

Eine Schwäche der vorliegenden Studie ist die geringe Anzahl von Kurs-
teilnehmern pro Gruppe. Nichtsdestotrotz sprechen die theoretischen
Überlegungen und andere Untersuchungsergebnisse (Carroll & Mack, 1984,
S. Greif, 1987, Parton, Huffman, Pridgen, K. Norman & Shneiderman,
1985) für eine Abwendung von den althergebrachten Lernparadigmen, die
sich im sequentiellen Training und in passiven Lernstrategien äußern.

3.3.2   Aktiver versus passiver Aufbau des mentalen Modells

Aktiver vs. passiver Aufbau des mentalen Modells ist die zweite Dimension
der Abb. 3.2. In der pädagogischen Psychologie wird diese Dimension auch
unter den Begriffen "angeleitetes versus explorierendes" Lernen diskutiert.
Aus den recht lebendigen Beschreibungen von Carroll & Mack (1984) wird
deutlich, daß sich Computernovizen üblicherweise aktiv und explorierend
bei der Bearbeitung von Textverarbeitungsaufgaben verhalten (vgl. Kasten
3.4.)

Kasten 3.4: Explorationsverhalten beim Lernen an einem
Textverarbeitungsystem

Carroll & Mack (1984) haben Computernovizen beim selbständigen Bearbeiten von Aufgaben beobachtet. Die Trainees wurden aufgefordert, ihre
Gedanken über die einzelnen Lösungs- und Erkundungsschritte laut aus-
zusprechen. Mit Hilfe von Tonband- und Videoaufzeichnungen konnten die
Autoren einige typische explorative Verhaltensweisen von Novizen beobachten und analysieren. Sie argumentieren, daß derzeitige Computerprogramme - insbesondere Textverarbeitungssysteme - dem ungeübten Anwender sehr viele Hinweise zur Diagnose ihrer Probleme mit dem System geben
können. Es sind allerdings inkonsistente und zuviele Hinweise, als daß sie

sich ohne weiteres zu einem integrierten Modell des Systems durch den
Anwender zusammenfügen lassen könnten.

Ein Trainee hatte z.B. aus Versehen eine Leerzeile durch Drücken der Taste
"RETURN" im Text eingefügt. Die Lernende knüpfte ihre daraufhin gebil-
deten Korrekturvorstellungen nicht an den vom System vorgegebenen Begriff "Löschen". Für sie galt es vielmehr den unteren Textteil wieder dort-
hin zurückzubefördern, wo er vorher weggerutscht war. Diese Beschreibung
des Problems legt es ihr nahe, nach einer Taste zu suchen die etwas
rückgängig (englisch: return = zurückkehren) macht. Somit gelangte die
"RETURN"-Taste in das Feld ihrer Aufmerksamkeit. Zuvor hatte sie diese
Taste ja nur aus Versehen bedient und daher deren Wirkung am Bildschirm
nicht ausdrücklich beobachten können. Ihr "Experiment" endete mit dem
Ergebnis, daß sie durch Drücken der Taste "RETURN" eine weitere Leerzeile in den Text einfügte.

Es läßt sich an diesem Beispiel erkennen, wie die Trainees auf Basis ihrer
Vorstellungen über die Funktionen von alltäglichen Systemen Schlußfolgerungen für das jeweilige Computersystem ziehen. Oft aber leiten sich ihre
Hypothesen über bestimmte Funktionen aus einzelnen Beobachtungen und
einzelnen Wissensbestandteilen ab. Eine Integration der explorativ ge-
sammelten Erfahrungen erfolgt erst nach einiger Zeit, da am Anfang kein
umfassendes mentales Modell vorliegt, in die sich die Einzelbeobachtungen
sinnvoll einordnen lassen.

Eine andere Novizin wollte überprüfen, ob sie tatsächlich eine Textdatei
mit dem Befehl "FILE" (deutsch: Datei) abgespeichert hatte. Das war noch
nicht der Fall. Sie befand sich im Texteingabemodus, als sie den Befehl
"FILE" eintippte. Das führte dazu, daß das Wort "File" in ihre Textdatei
geschrieben wurde und am Bildschirm entsprechend erschien. Eigentlich
hätte sie durch Drücken einer Umschalttaste den Befehlseingabemodus aufrufen müssen, bevor sie den Befehl "FILE" eingab. Da sie offenbar das
Wort "File" am Bildschirm nicht sah oder es nicht in Zusammenhang mit
dem Unterschied zwischen Befehls- und Texteingabemodus brachte, nahm
sie zunächst an, daß ihr das Abspeichern gelungen war. Ihre Erfahrungen
mit dem System ließen sie allerdings noch nach einer Bestätigung für das
geglückte Abspeichern suchen. Sie fand nun zwei Systemmeldungen am
Bildschirm, die aufgrund ihres Inhalts auf ein gelungenes Abspeichern
hindeuteten. Sie wußte allerdings nicht, wie die dafür relevante Systemmeldung aussehen muß. Eine der beiden irrelevanten Systemmeldungen
lautete "Input mode 1 file", und sie bedeutet, daß man sich zur Zeit im
Texteingabemodus befindet. Das Wort "File" in dieser Systemmeldung
deckte sich mit dem vom Trainee eingegebenen Befehl "FILE", woraus sie
folgerte, daß ihre Textdatei tatsächlich im Computer abgespeichert sei.

Aktives Lernen oder Explorieren bedeutet für das Training, daß der Lernende dazu angehalten wird, sich den Lerngegenstand möglichst selbständig
anzueignen. Bei der Bearbeitung von Arbeitsaufgaben muß sich z.B. der
Lernende eigene Hypothesen konstruieren. Er überprüft sie, indem er alternative Handlungsschritte entwickelt und ausprobiert. Dabei lassen sich
natürlich falsche Hypothesen und falsche Folgerungen aus der Hypothesen-
prüfung nicht vermeiden.

Im Gegensatz dazu steht das passive Nachvollziehen von Anweisungen (wie
es z.B. von vielen Benutzerhandbüchern nahegelegt wird, vgl. Waern &
Rabenius, 1985, Wendel & Frese, 1987). Beim passiven und rezeptiven
Lernen vollzieht der Lernende in der Regel ein vorgegebenes mentales
Modell nach. Das passive Nachvollziehen kann dabei sowohl sequentiell als
auch ganzheitlich erfolgen. Wird ein Modell sequentiell übernommen, hat
der Trainee nur die Möglichkeit, die Abfolge richtiger Lösungsschritte bei
der Bearbeitung von Arbeitsaufgaben zu beobachten. Er gerät in der Regel
nicht in Problemsituationen, die ihm die Konstruktion von komplexeren
Zusammenhangsüberlegungen abverlangen.

Wird hingegen ein ganzheitliches mentales Modell rezeptiv gelernt, so kann
der Trainee ein durchaus adäquates mentales Modell entwickeln. Es werden
ihm allerdings keine Eigenaktivitäten, z.B. im Sinne einer Hypothesenbildung, über mögliche Handlungsschritte abverlangt. Diese Bedingung ist
allerdings nicht völlig passiv - er muß aktiv seine Konzeptionen verändern,
er muß neue Informationen in diese einpassen, usw. (Ausubel, 1974). Passiv
ist diese Bedingung aber insofern, als er keine neuen Modelle entwickeln
und die Hypothesen nicht aktiv ausprobieren muß. Damit bleibt ein Kennenlernen fehlerhafter Handlungsschritte durch den Nachvollzug in dieser
Trainingsform eher die Ausnahme denn die Regel. Wichtiger noch: Der
Trainee lernt nicht, aktiv mit dem System umzugehen, selbst Hypothesen zu
entwickeln, sie auszuprobieren und daraus neue Überlegungen zu ent-

wickeln. Im Sinne einer weitergehenden Lernförderlichkeit ist damit auch das rezeptive ganzheitliche Lernen weniger positiv. Besonders wichtig ist das Lernen einer aktiven Herangehensweise aber für die Alltagspraxis. Denn ein Transfer von dem im Training Gelernten auf die berufliche Praxis ist dann leichter gewährleistet, wenn man am Arbeitsplatz aktiv und explorierend vorgeht.

Die empirische Forschung zum Vergleich von passiv-sequentiellen und aktiv-ganzheitlichen Strategien legt die Überlegenheit der aktiv-ganzheitlichen Vorgehensweise nahe (Carroll, Mack, Grischkowski & Robertson, 1985, S. Greif, 1986, Frese et. al., 1988, Carroll & Rosson, 1984). Das soll allerdings nicht bedeuten, daß man nun etwa "blindes Ausprobieren" fördern sollte. Ganz im Gegenteil - es geht ja um die Entwicklung von Modellen und das Testen dieser Modelle. Im Gegensatz zu Kindern haben Erwachsene immer bereits durchaus sophistizierte Modelle, die sie an einen Lerngegenstand heranbringen. Dies sollte im Sinne eines aktiv-ganzheitlichen Trainings ausgenutzt werden. Dabei ist gute Rückmeldung durch das System und eine Unterstützung sinnvoller Verarbeitung der Informationen wichtig. Letzteres kann durch die Vermittlung von Lernheuristiken unterstützt werden, z.B. der Methode, sich bei Schwierigkeiten jeweils zu fragen, wie man in die entsprechende Situation hineingekommen ist und welche Strategien man zur Überwindung benötigt.

Das empirische Bild wird komplizierter, wenn man ein passives Nachvollziehen von ganzheitlichen Modellen mit einem aktiven Erarbeiten von ganzheitlichen Modellen vergleicht. Hier zeigt sich, daß direkt nach dem Training nur geringe Unterschiede bestehen - allerdings mit einem leichten Übergewicht der aktiven Gruppe (vgl. Kasten 3.3). Allerdings meinen wir, daß sich diese Unterschiede wahrscheinlich zugunsten des aktiven Vorgehens vergrößern werden, wenn man Transfersituationen miteinbezieht. Der Aspekt des Transfers wird nun im nächsten Abschnitt näher beleuchtet.

3.3.3 Training und Transfer: Aufgabenorientiertes Training[1]

Unter Transfer verstehen wir hier die Übertragung des in der Schulung Gelernten in die Alltagspraxis. Dieses Thema ist von besonderer Wichtigkeit. Denn wie schon das alte Sprichwort sagt: Wir lernen ja nicht für die Schule (Training), sondern fürs Leben (z.B. die Arbeit). Bei der Schulung im Mensch-Computer Bereich ist das von besonderer Wichtigkeit.

---

[1] Die folgenden Seiten enthalten zum Teil einige Auszüge aus einem Beitrag von v. Papstein & Frese (1988a). Wir danken Patricia v. Papstein für ihre freundliche Genehmigung.

Es geht letztlich darum, Arbeitsaufgaben mit Hilfe des Computers effizienter oder besser erledigen zu können. Deshalb ist es notwendig, bereits in das Training die Aufgabenorientiertheit zu integrieren, so daß der Transfer erleichtert wird.

Unter Aufgabenbezogenheit verstehen wir, daß das Training sich auf solche Aufgaben im betrieblichen Alltag bezieht, die der Trainee auch tatsächlich ausführen wird. Damit ergeben sich die folgenden Themenschwerpunkte:

1) Aufgabenanalyse und Training

2) Integration von Aufgaben in das Training

3) Transferkontrolle

3.3.3.1 Aufgabenanalyse und Training

Ohne eine systematische Analyse typischer Arbeitsaufgaben der Trainingsteilnehmer kann das Training nicht optimal auf jene Fertigkeiten und Fähigkeiten ausgerichtet werden, die zur Bewältigung der Arbeitsaufgaben mit dem neuen Computersystem notwendig sind. Dies ist eine Aussage, die für den Arbeitspsychologen selbstverständlich erscheint. Sie muß aber an dieser Stelle betont werden, da in der Betriebspraxis die Arbeitsanalyse nicht als notwendiger Schritt bei der Konzeption von Schulungsmaßnahmen angesehen wird. Oft ist die Integration der Aufgabe in das Training auch deshalb nicht möglich, weil externe Schulungsangebote (manchmal mit Teilnehmern aus unterschiedlichen Firmen und/oder unterschiedlichen Arbeitsbereichen) wahrgenommen werden, in denen sich die betriebsspezifische Realität nicht widerspiegeln kann.

In einer Untersuchung von v. Papstein (1987) wurden aufgabenanalytische Beobachtungen durchgeführt; dadurch konnten typische Arbeitstätigkeiten zu einer Aufgabenpalette zusammengestellt werden, die für die Umsetzung mit der Software relevant sind. In einer Entwicklungsabteilung des untersuchten Konstruktionsbetriebes konzentrierten sich die Tätigkeiten z.B. auf Projektplanung, Grenzwertanalysen und Soll/Ist-Vergleiche. Diese Aufgabenpalette konnte dann später für eine Lernzielkontrolle nach dem Training zur Erstellung der zu bearbeitenden Beispiele verwendet werden. Gleichzeitig ergab sich dadurch die Möglichkeit, die Lernzielkontrolle aufgabenorientiert durchzuführen. Um außerdem den für Novizen in der Computeranwendung angemessenen Schwierigkeitsgrad der Aufgabenstellungen festzulegen, wurden vier Experten in der Softwareanwendung bei ihren Lösungsversuchen einfacher Softwareanwendungen beobachtet. Diese rudimentäre Aufgabenanalyse bildet ein Grundlagenmaterial, mit dem typische Arbeitsaufgaben in das Training integriert werden können. Das

Ziel ist es, Beispiele und Aufgaben zu finden, die für die tatsächlichen
Arbeitsaufgaben und für das computerspezifische Training geeignet sind.

3.3.3.2 Integration von Aufgaben in das Training

Um das im Softwaretraining Gelernte auf die Arbeitsaufgaben übertragen
zu können, sollten Trainings- und Alltagssituation am Arbeitsplatz möglichst ähnlich sein. Der Transfer wird unter diesen Bedingungen erleichtert.
Der Aufgabenbezug sollte durch praxisnahe Arbeitsbeispiele bei der Kennt-
nisvermittlung und durch Ausprobieren direkt am Computer hergestellt
werden.

Allgemein konnten wir bei der Beobachtung verschiedener Trainings in
unterschiedlichen Branchen feststellen, daß eine solche Aufgabenintegration
in das Training nur ganz selten vorgenommen wurde. Auch das von uns in
dieser Untersuchung begleitete Training wurde diesem Anspruch nicht
gerecht; das Training wurde als unveränderte Standardversion durchgeführt.
Die Arbeitsbeispiele, mit denen gearbeitet wurde, waren stark verall-
gemeinert und entsprachen eher kaufmännischen Anwendungen - eine
Tatsache, die z.B. Technikern den Transfer auf ihre konkrete Arbeitsaufgaben erschwerte.

Die dabei verwendete Trainingsmethode entsprach dem gängigen Industrie-
training und kann als produktbezogen und sequentiell bezeichnet werden.
Produktbezogen meint hier, daß der Trainingsinhalt in erster Linie auf die
Handhabung der jeweils vorliegenden Software abzielte und dabei die Vermittlung produktübergreifender Programmprinzipien vernachlässigt wurde.
Die sequentielle Trainingsmethode wird daran deutlich, daß der Trainingsteilnehmer in eng umrissenen Trainingsschritten lernte, bestimmte Befehlsfolgen auszuführen. Es kam jedoch nicht zur Vermittlung von Struktur-
wissen über den Aufbau der Software sowie der eigenständigen Erkundung
von Anwendungsmöglichkeiten.

Während im Training die Fertigkeit erlangt wird, Befehlsfolgen entsprechend den Trainingsaufgaben mit der Software auszuführen, ist für die
Anwendung am Arbeitsplatz die Fähigkeit notwendig, Arbeitsziele der konkreten Arbeitssituation mit der trainierten Software umzusetzen. Das bedeutet, daß nur derjenige das für ihn Sinnvolle gelernt hat, der das im
Training Gelernte auch in den Arbeitsprozeß integrieren kann. Fachliche
und computerspezifische Methodenkompetenz, d.h. Kenntnisse der Aufgabe
und Kenntnisse in der Anwendung der Software werden nach dem Training
miteinander verknüpft. Wir nennen diesen Aspekt Umsetzungswissen. Bei
diesem "Wissen" handelt es sich eher nicht um eine deklarative Form des
Wissens, sondern um eine prozedurale (vgl. Anderson, 1983). Das heißt,

beim Umsetzungswissen stehen handlungsleitende Regeln und Konzeptionen im Vordergrund.

Daraus ist insgesamt die Forderung abzuleiten, das Umsetzungswissen bereits schon zum Zeitpunkt des Trainings zu entwickeln. Zunächst ist im bzw. direkt nach dem Training auf die gedankliche Vorbereitung der Anwendung des Trainings auf die am Arbeitsplatz gestellten oder selbst gesetzten Aufgaben zu achten.

In unserer Untersuchung wurden die Trainingsteilnehmer direkt nach dem Training aufgefordert, so präzise wie möglich ihre Arbeitsideen für eine mögliche Nutzung der Software am Arbeitsplatz zu beschreiben. Je konkreter die genannte Umsetzungsidee eines Trainingsteilnehmers war, umso häufiger führte das Training zu einer dauerhaften Nutzung der erlernten Software. Die Erfassung einer Umsetzungsidee ermöglicht es festzustellen, ob es dem Trainingsteilnehmer gelungen ist, den Bezug zwischen Training und Arbeitsaufgabe herzustellen. Diese gedankliche Vorbereitung erleichtert auch die Einschätzung der Vor- und Nachteile der erlernten Software für die Aufgabenbewältigung.

3.3.3.3 Transferkontrolle

Die Entwicklung des Umsetzungswissens im Sinne einer Tranferkontrolle sollte auch evaluiert werden. Es ist eine erstaunliche Tatsache, daß in der rational und auf ökonomische Kategorien hin ausgerichteten Industrie bisher selten sinnvolle Evaluationen von Trainingsmaßnahmen durchgeführt werden. Soweit überhaupt eine Evaluation vorgenommen wird, bezieht sie sich nur auf Wissens- und Fertigkeitsbestandteile des Trainings. Wir meinen nun, daß dieser Zugang nicht genügt. Da der Zweck des Trainings ja die Aufgabenbewältigung in der Alltagsrealität ist, sollte gerade das Umsetzungswissen erfaßt werden, bzw. der Alltagsaufgabe ähnliche Evaluationsinstrumente geschaffen werden.

Eine Auswertung der Bearbeitung in unserer Untersuchung zeigte, daß nur wenige Trainingsteilnehmer bei den schwierigen Aufgaben erfolgreich waren und daß sich vor allem zwei Probleme einstellten: Erstens, nur wenige Trainingsteilnehmer entwickelten vollständige Handlungsmuster. Oftmals wurden z.B. Schritte in der Bearbeitungsfolge ausgelassen und daraus entstanden Fehler. Zweitens, auch wenn Trainingsteilnehmer über vollständige Handlungsmuster verfügten, zeigten sie nur geringe Flexibilität bei einer situationsbezogenen Anwendung der Software. Zum Beispiel wurde nur eine bestimmte Formel für alle Berechnungsvorgänge benutzt, obwohl eine Kombination aus mehreren Formeln effizienter gewesen wäre. Bei der genauen Analyse des Entstehungsprozesses von Transferleistungen lassen sich Aussagen über die Qualität des Trainings treffen. Transferübungen und Rückmeldungsschleifen erschließen demnach Evaluations-

methoden zur Einschätzung der Güte eines Trainings, und sie geben dem
Kursleiter ein wirkungsvolles Instrument zur präzisen Rückmeldung von
Fehlern und richtigen Vorgehensweisen der Trainingsteilnehmer an die
Hand.

Ein interessanter Effekt bei den Kursleitern konnte in unserer Untersuchung beobachtet werden. Nachdem ein Kursleiter typische Fehler bei
der Anwendung von den ersten Trainingsteilnehmern anhand der Protokolle
beobachtet hatte, intensivierte er seine Interventionen und die Wissensvermittlung im Hinblick auf eine Vermeidung dieser Fehler. Später demon-
strierten von ihm trainierte Teilnehmer in dieser Hinsicht dann auch
bessere Leistungen.

Eine andere Methode, das Umsetzungswissen zu überprüfen und zu fördern, besteht darin, den Trainees vorzuschlagen, ein Arbeitsbeispiel zu
entwickeln. Das Arbeitsbeispiel soll die Umsetzung einer besonders wichtigen Arbeitstätigkeit mit der Software erfordern. Der Transfereffekt bei
der Erstellung eines Arbeitsbeispiels besteht darin, eine Aufgabe mit Hilfe
der neuen Technologie vollständig durchzuführen und dabei ein möglichst
hohes Niveau (z.B. in bezug auf die Auswahl der zu berechnenden Vari-
ablen, Aufteilung des Arbeitsblattes, Cursorsteuerung im Arbeitsblatt, Be-
dienungskomfort) zu erreichen. Dabei konnte festgestellt werden, daß Trainingsteilnehmer, die ein Arbeitsbeispiel erstellten, das Softwarepaket in
ihrer praktischen Arbeit sehr viel häufiger einsetzten, als Trainingsteilnehmer ohne Arbeitsbeispiel.

3.3.4 Arbeits- und Organisationsbedingungen und Transfer

Wir wollen in diesem Abschnitt argumentieren, daß der Transfer von Trai-
ningsinhalten nur dann optimal funktioniert, wenn bestimmte organisationale Voraussetzungen gegeben sind. Besonders wichtig sind dabei:

(1) Übungsmöglichkeiten

(2) eine aufgabenorientierte Beratung

(3) Möglichkeiten zur Exploration

(4) eine Erhöhung und Verbesserung des Handlungsspielraums.

Diese Punkte werden im folgenden diskutiert.

3.3.4.1 Übungsmöglichkeiten

Üblicherweise ist in der betrieblichen Praxis kaum genügend Übungszeit
selbst für komplexe Software vorgesehen. Der Vorgesetzte erwartet, daß der

Trainee nach dem Training in der Lage ist, Aufgaben mit Hilfe des Computers zu erledigen. Dies ist natürlich unrealistisch. Kein Training kann die notwendige Übungszeit bereitstellen, um wirklich zu lernen, mit einer Software souverän umzugehen. Umgekehrt geht der Trainer davon aus, daß der Trainee die notwendige Übungszeit erhalten sollte, kann aber im Normalfall nicht sicherstellen, daß diese Übungszeit in der Tat gewährt wird.

Deshalb ist es notwendig, diese Übungszeiten in das allgemeine Trainingsprogramm zu integrieren. Das Problem der Übungszeiten wird verschärft dadurch, daß Novizen für die meisten Tätigkeiten mit der neu erlernten Software länger brauchen als ohne die Verwendung der Software. Erst wenn sich aufgrund der Übung eine bestimmte Routine entwickelt hat, kann der Produktivitätsvorteil der Software ausgenutzt werden. Trotz dieser Situation ist der Zeitdruck in der Arbeit meist genauso hoch wie vor Einführung der EDV und ist oftmals z.B. aufgrund des Publikumsverkehrs auch unabhängig vom Willen des Vorgesetzten gegeben.

Ein Ausweg aus diesem Dilemma - zuwenig Zeit zum Üben, und ohne Übung kein Können - sind die *Übungsnischen*. Sie umfassen solche Aufgaben, bei denen im normalen Arbeitsablauf ein geringerer Zeitdruck herrscht als bei der "normalen" Arbeit. Zum Beispiel eignen sich langfristig terminierte Projekte oder briefliche Beantwortung im Dienstleistungsbereich im Gegensatz zur mündlichen Beratung als Übungsnischen. Die entsprechenden Aufgaben sollten komplex genug sein, so daß sich die allgemein notwendigen Funktionen der neuen Software auch anwenden und üben lassen. Es ist nun Aufgabe des Trainers, zusammen mit dem Vorgesetzten solche Übungsnischen bereits vor dem Training aufzuspüren. Die Übungsnischen dienen dazu, die notwendige Routine zu erhalten, um dann auch andere Aufgaben, die unter mehr Zeitdruck absolviert werden müssen, erledigen zu können.

3.3.4.2 Aufgabenorientierte Beratung

Wie bereits mehrfach erwähnt, besteht die Hauptaufgabe eines Trainings nicht nur in der Entwicklung eines Funktionswissens, sondern besonders auch in der Entwicklung eines Umsetzungswissens. Ein adäquates Trainingskonzept sollte eine aufgabenorientierte Beratung zur Verbesserung des Umsetzungswissens entwickeln. Drei Methoden sind besonders wichtig: a) lokale Experten, b) zusätzliche Aufbaukurse und c) Technikzirkel.

a)   Zumeist bilden sich naturwüchsig lokale Experten in solchen Betrieben heraus, in denen neue Techniken eingeführt wurden. Lokale Experten sind Personen, die dieselbe Arbeit tun, sich aber intensiver um den Erwerb der Kenntnisse der Details der anzuwendenden Software kümmern (Scharer, 1983). Diese naturwüchsige Entwicklung sollte von den Betrieben unterstützt, gefördert und selbst vorangetrieben werden. Lokale Experten ergeben ein dezentralisiertes Beratungssystem, das meist sehr viel besser funktioniert als zentrale Beratungen. Die Gründe sind die folgenden: (1) Da die meisten Benutzer Dokumentationen und auch Hilfesysteme kaum benutzen und menschliche Hilfe fast immer präferieren, eignet sich ein System lokaler Experten zur Beratung besonders (Dutke & Schönpflug, 1987, K. Lang, Auld, & T. Lang, 1982). (2) Lokale Experten sind leichter zugänglich als zentralisierte Beratungsstäbe. (3) Lokale Experten können aufgrund der Nähe zu den Benutzern manchmal auch unaufgefordert den Benutzern Tips geben. (4) Lokale Experten kennen sich auch in den anliegenden Aufgaben aus und können deshalb leichter eine Verbindung mit der Software herstellen. Sie können also besonders gut Umsetzungswissen vermitteln. (5) Je größer die Differenz zwischen dem Wissen des Beraters und des Ratsuchenden ist, desto autoritärer ist der Ratschlag und desto weniger geht der Ratgeber auf die wirklichen Bedürfnisse des Ratsuchenden ein (Coombs & Alty, 1980). Auch dies spricht also für die lokalen Experten. Alle diese Gründe lassen es sinnvoll erscheinen, ein System von lokalen Experten explizit aufzubauen und viel Zeit und Aufwand in die Schulung der lokalen Experten zu stecken.

b)   Viele Betriebe bieten Aufbaukurse an, die in der Arbeit auftauchende Probleme beseitigen sollen und Zusatzqualifikationen beinhalten. Leider werden selbst Aufbaukurse oft noch im Sinne einer reinen Funktionsschulung durchgeführt, anstatt hier das Umsetzungswissen in den Vordergrund zu rücken. Aufbaukurse sind sicher sinnvoll. Dabei stellt sich allerdings die Frage, ob möglicherweise die lokalen Experten davon mehr profitieren und dann bei der aufgabenorientierten Verbreitung helfen können.

c)   Ähnlich den Qualitätszirkel (vgl. Bednarek, 1988) können auch Technikzirkel eingeführt werden. Diese Technikzirkel können sich regelmäßig treffen, und ihre Hauptaufgabe besteht darin, Probleme bei der Anwendung der Software zu sammeln, zu diskutieren und Lösungen zu erarbeiten. Auch in diesen Technikzirkeln würde die Aufgabenorientiertheit und die Weiterentwicklung des Umsetzungswissens im Vordergrund stehen.

3.3.4.3 Möglichkeiten zur Exploration

Auch wenn Übung und aufgabenorientierter Erfahrungsaustausch gewährleistet sind, bedeutet dies nicht notwendigerweise, daß der Transfer ausreichend unterstützt worden ist. Es gibt immer Bereiche der Transferleistung, die erst durch die Erkundung von unüblichen Wegen der Aufgabenbewältigung mit der Software gefördert werden. Dies betrifft z.B. Aufgabengebiete wie etwa die Simulation von Grenzwert- und Gefahrensituationen, die Neustrukturierung von Arbeitsabläufen, die Erfindung verbesserter Verfahrensweisen, die Erstellung von Makros oder Adressenverzeichnissen, usw. Um einen Transfer zu ermöglichen, sollte der ausdrückliche Auftrag bzw. die Aufforderung gegeben werden, die Software zu explorieren. Mit diesem Arbeitsauftrag werden nicht nur die Möglichkeiten der Software in bezug auf eine Arbeitserleichterung ausgenutzt, sondern auch die Weiterentwicklung von Wissen mit Unterstützung der neuen Technik in Form neuer Arbeitswerkzeuge vorangetrieben. Die innovative Leistung der Mitarbeiter könnte durch besondere Projektaufträge für Facharbeitsgruppen entstehen und somit Gelegenheit bieten, durch die Anwendung der Software in Form einer Exploration eine fachübergreifende Höherqualifizierung vieler Mitarbeiter in Gang zu setzen.

3.3.4.4 Erhöhung des Handlungsspielraums

Transfereffekte hängen natürlich nicht nur vom im Training entwickelten Funktions- und Umsetzungswissen ab, sondern auch von den Arbeitsbedingungen selbst. Dieser Punkt ist eigentlich eher trivial - es ist aber erstaunlich, wie wenig dieser Punkt in der bisherigen Trainingsforschung beachtet wurde. Unseres Erachtens ist der Handlungsspielraum dabei am wichtigsten. Ein fehlender Handlungsspielraum beeinflußt den Transferprozeß über die folgenden Wirkprozesse[2]: a) Hilflosigkeit, b) Reaktanz, c) Überkonformität.

a) Hilflosigkeit und Passivität werden gelernt, wenn die Arbeitsbedingungen nicht beeinflußbar sind (Frese, 1987, Frese & S. Greif, 1978, Seligman, 1986). Wenn ein ausreichender Handlungsspielraum fehlt, geht der Arbeitende davon aus, daß es sinnlos ist, eigene Pläne und Ziele aufzustellen. Die eigenen Handlungen produzieren keine Effekte, da ja alles Wesentliche von außen determiniert wird. Arbeitsplatzbedingungen beeinflussen also das Individuum im Sinne der beruflichen Sozialisation (Frese, 1983). Ist ein Individuum hilflos und passiv, werden neue Lösungen nicht ausprobiert; ein Versuch, mit den Problemen eines neuen Systems fertig zu werden, findet nicht statt, und es wird allenfalls gerade das Nötigste getan. Unter solchen Bedingungen kommt es nicht zum Transfer.

b) Reaktanz tritt dann auf, wenn die Freiheitsspielräume eines Individuums verringert sind (Wicklund, 1974). Hat der Arbeitende das Gefühl, daß seine Spielräume durch die Einführung des neuen Systems eingeschränkt werden, entwickelt sich Reaktanz und der Arbeitende sträubt sich aktiv gegen das neue System.

c) Überkonformität ist die dritte Folge von fehlendem Handlungsspielraum. Im Falle der Überkonformität wird zwar das neue System benutzt, aber sie führt zu einem Mangel an Exploration. Da eine Voraussetzung für den Transfer darin besteht, daß der Benutzer die Möglichkeiten des Systems exploriert, unterdrückt Überkonformität Transferleistungen.

---

[2] Diese entsprechen den bereits im Kapitel 2 diskutierten Wirkprozessen. Hier zeigt sich, daß ähnliche Prozesse sowohl im Prozeß der Einführung wie auch im Training und Transfer eine Rolle spielen.

Diese drei Folgen eines fehlenden Handlungsspielraums legen nahe, daß der Transfer dann gering ist, wenn der Handlungsspielraum gering ist. In einer unserer Untersuchungen (v. Papstein & Frese, 1988b) haben wir deshalb den Handlungsspielraum erhoben. Ein hoher Handlungsspielraum beinhaltet, daß man die Möglichkeit hat, die eigene Arbeitstätigkeit zu bestimmen. Eine solche Selbstbestimmung kann sich auf die zeitliche Komponente beziehen (wann tue ich etwas, wie lange brauche ich dafür), auf die Aufgabenreihenfolge (in welcher Reihenfolge mache ich etwas) und auf die Beeinflussung der Bedingungen (ich kann bis zu einem bestimmten Grad bestimmen, wie die Umgebungsbedingungen aussehen) (Frese, 1987). Ein geringer Handlungsspielraum bedeutet, daß man nur wenig Beeinflussungsmöglichkeiten zur Verfügung hat.

Es zeigte sich nun, daß nur dann das im Training entwickelte Können auch in der betrieblichen Praxis verwendet wurde, wenn der Handlungsspielraum in der eigenen Arbeit hoch ist. Dies bedeutet inhaltlich, daß auch das beste Training nicht viel nützt, wenn die Arbeitsbedingungen durch einen geringen Handlungsspielraum den Arbeitenden passiv und hilflos, reaktant oder überkonformistisch machen. Offensichtlich benutzt nur dann der Trainee ein System in der Arbeit sinnvoll, wenn er selbst entscheiden kann, wie und in welcher Weise er es benutzen kann. Meist ist auch der Vorgesetzte nicht in der Lage, ihm wirklich genau vorzuschreiben, wie die Benutzung eines Systems vonstatten gehen soll. Darüberhinaus bedeutet dieses Ergebnis, daß die Einführung von neuen Technologien nur dann wirklich zu dem erwarteten Ergebnis führen wird, wenn auch die Arbeitsbedingungen zugunsten eines erhöhten Handlungsspielraums weiterentwickelt werden. Im Transfer zeigt sich also die Nahtstelle von Arbeitsstrukturierung, Organisationsentwicklung und Trainingsforschung.

3.4 Training und Fehler

Es wird oft fälschlicherweise versucht, bei Fehlern entweder dem Benutzer oder dem System einseitig die Schuld zuzuweisen. Abgesehen davon, daß wir eine Schuldzuweisung sowieso nicht für sinnvoll halten, sollten Fehler immer im Zusammenhang mit dem Gesamtsystem: Person-System (also Software/Hardware) gesehen werden. Fehler entstehen im Rahmen dieser Sichtweise immer aus einem "Mismatch" (also einer schlechten Passung) von Benutzer und dem jeweiligen System (Rasmussen, 1985). Das System offenbart sich dem Benutzer in der falschen Art und Weise, und der Benutzer versteht das System falsch. Das bedeutet, daß im Prinzip immer beide Herangehensweisen möglich sind: Entweder wird das System an den Benutzer angepaßt, oder der Benutzer lernt mit dem System umgehen. Im Rahmen des Trainings konzentriert man sich auf den Benutzer. Unsere Vorbemerkung hat die Funktion, darauf aufmerksam zu machen, daß man

ebenso auch das System verbessern kann und daß dies im Regelfall zunächs
auch versucht werden sollte (vgl. Kapitel 4 zu diesem Punkt).

Das explizite Einbeziehen von Fehlern in das Training und die damit ver
bundenen Auswirkungen auf mentale Modelle und auf die Motivation de
Benutzers, stellt einen Trainingsparameter dar, der erst in letzter Zeit zu
nehmende Berücksichtigung findet.

Fehler zu machen ist oft mit Angst verbunden, vor allem für den Novizen
Frustration, Demotivierung und Stress sind weitere negative Effekte. Fehle
können vor allem am Computer auch zu "points of no return" führen, d. h
man findet aus der Fehlersituation nicht mehr heraus. Diese Effekte beein
trächtigen das explorative Verhalten, da sie den Lernenden mit zusätzlichei
Problemen konfrontieren und der Lernende deshalb oftmals frustriert auf
gibt. Die Folgen davon sind häufig ein weiterer Anstieg der Fehlerhäufig
keit und ein ängstliches Beharren auf einer ganz bestimmten Methode, di
nicht unbedingt geeignet, nützlich oder effizient ist. Diese Gründe ließen e
in der psychologischen Pädagogik lange Zeit ratsam erscheinen, Fehler ii
der Schulung nach Möglichkeit zu vermeiden.

Es gibt aber auch positive Seiten von Fehlern. Fehler beinhalten Informa
tionen über noch nicht ausreichend verstandene Aspekte bestimmter Be
fehle und Funktionen des Computersystems. Man kann also aus Fehlern ler
nen; sie bieten auch einen Anreiz zu lernen. Darüber hinaus könnten si
eigentlich den Lernenden auch ermutigen, kreative Lösungen auszuprobie
ren. Kurzum, Fehler können einen wertvollen Beitrag zum Aufbau flexible
Handlungsmuster für den Umgang mit neuartigen Situationen am Compute
leisten.

Eine Minimierung der negativen Effekte von Fehlern (Angst, Frustratioı
und Stress) und eine Maximierung der positiven Effekte von Fehlern (Feh
ler als Lernmöglichkeit) lassen sich dann verwirklichen, wenn der Lernend
geeignete Strategien des Fehlermanagements an die Hand bekommt. Weni
das Training einen "Fehlermanagement"-Teil beinhaltet, dürfte der Ler
nende eher eine positive Einstellung gegenüber seinen Fehlern entwickeh
und dann die Lernmöglichkeiten von Fehlern auszunützen in der Lage sein
Das bedeutet, daß der Umgang mit Fehlern anhand realistischer Bedingun
gen geübt werden muß, um zur Entwicklung von Explorationsstrategien
kreativen Lösungen und letztendlich auch zum Aufbau adäquater mentale
Modelle beizutragen.

Im wesentlichen gibt es zwei Möglichkeiten, im Training mit Fehlern um
zugehen;

1. Das Trainingsprogramm ist so gestaltet, daß entweder gar keine Fehle
auftreten können oder nur eine minimale Anzahl leicht korrigierbarer Feh
ler möglich ist (z.B. "no-surprise"-Editor von Mack, 1985, oder das "trai
ning-wheels"-Konzept von Carroll & Carrithers, 1984). Eine Orientierun;

am programmierten Lernen (Skinner, 1954) ist in diesen Programmen noch erkennbar.

2. Im Training werden die Lernenden geradezu ermutigt, Fehler zu machen, um daraus zu lernen: Stichwort "Fehlermanagement". Dabei werden typischerweise auftretende Fehler für den Aufbau eines geeigneten mentalen Modells verwendet. Wir möchten für diese zweite Form der Fehlerbehandlung plädieren.

Zunächst soll aber kurz eine Systematik von Benutzerfehlern vorgestellt werden.

3.4.1 Eine Systematik von Benutzerfehlern

In einer handlungspsychologisch orientierten Fehlerforschung lassen sich die Ursachen von Fehlern anhand zweier Dimensionen untersuchen. Diese sind in Abb. 3.3 dargestellt.

Hier gibt es auf der Vertikalen die Regulationsebenen (vgl. Kasten 3.2) und auf der Horizontalen die Handlungsschritte eines Handlungsprozesses. Ein Fehler kann dann auf die verschiedenen Schritte des Handlungsprozesses zurückgeführt werden: auf eine lückenhafte Wissensbasis (Regulationsgrundlage), auf inkonsistente Ziel- und Planerstellung, auf inkorrekte

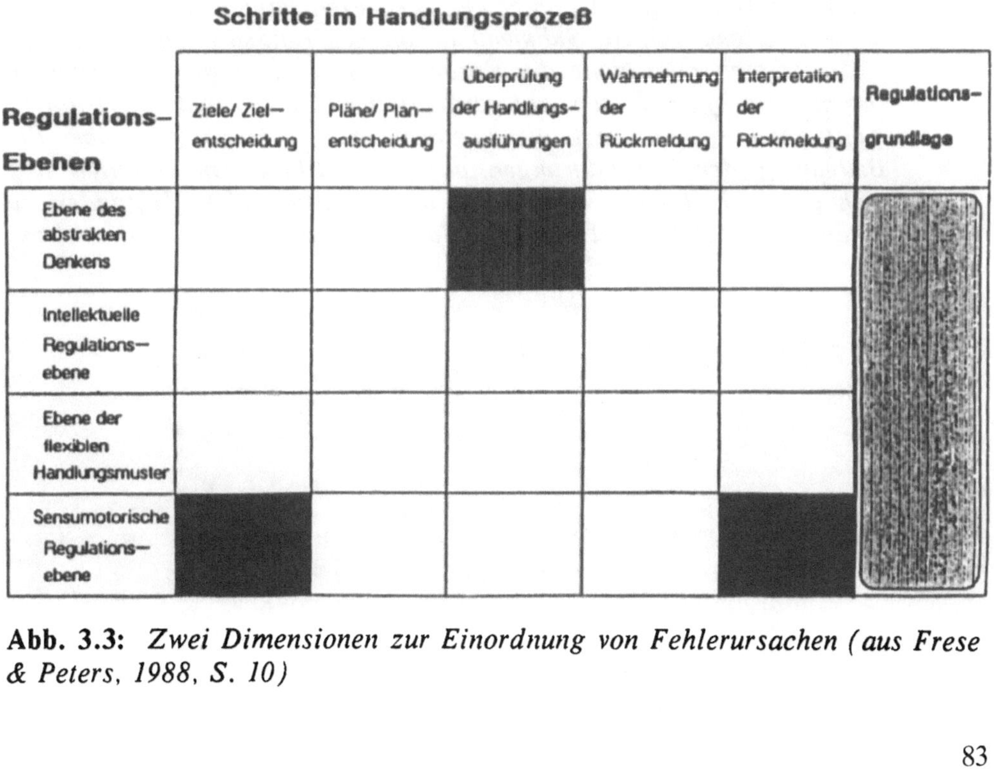

Schritte im Handlungsprozeß

Regulations-Ebenen	Ziele/ Zielentscheidung	Pläne/ Planentscheidung	Überprüfung der Handlungsausführungen	Wahrnehmung der Rückmeldung	Interpretation der Rückmeldung	Regulationsgrundlage
Ebene des abstrakten Denkens			■			▓
Intellektuelle Regulationsebene						▓
Ebene der flexiblen Handlungsmuster						▓
Sensumotorische Regulationsebene	■				■	▓

Abb. 3.3: *Zwei Dimensionen zur Einordnung von Fehlerursachen (aus Frese & Peters, 1988, S. 10)*

Handlungsausführung, auf inadäquate Selbstbeobachtung und/oder auf Schwierigkeiten bei der Verarbeitung von Rückmeldungen aus der Umwelt. Für ein fehlerorientiertes Training lassen sich mit Hilfe solcher handlungstheoretischer Fehleranalysen u.a. inhaltliche Schwerpunkte bei der Art der Wissensvermittlung und der Übungsmethoden bestimmen.

3.4.2 Integration von Fehlern in den Trainingsprozeß: die Schulung von Fehlermanagement

Wenn Fehler systematisch in den Trainingsprozeß integriert werden, lernen die Trainees mit Fehlern umzugehen und diese als normalen Bestandteil der Tätigkeit am System zu erleben. In einem Fehlertraining geht es also darum, dem Benutzer eine effektive Umgangsweise mit Fehlersituationen zu vermitteln, damit er bei Fehlern die negativen Konsequenzen (z.B. den Verlust eines Datenfiles) vermeiden kann (vgl. Kasten 3.5 zum Fehlertraining). Manchmal haben Trainees ausgesprochen ungünstige Strategien bei der Fehlererkennung und dem Fehlerumgang.

Beispiel: *Bei der Schulung für ein menügeorientiertes Textverarbeitungssystems gab es Benutzer, die sich sehr selten oder überhaupt nicht die auf dem Bildschirm dargestellten Abbildungen zur Menüstruktur des Programms ansahen. Wenn nun irgendwelche Fehler oder Probleme anstanden, kamen die Benutzer auch gar nicht auf die Idee, die jeweiligen Menüs nach geeigneten Befehlen zu durchforsten. Oft entstanden Fehler bei der Befehlseingabe, weil sie nicht auf das gerade aktive Submenü achteten. Grundsätzlich fiel diesen Trainees eine Zuordnung der Veränderungen auf dem Bildschirm zu ihrem jeweiligen Wissen außerordentlich schwer. Ein Fehlertraining trägt dazu bei, daß sich die Trainees präzise Hypothesen über die Bedeutung der Veränderungen auf dem Bildschirm erstellen und sich dann überlegen, wie sie aus den resultierenden Zuständen zu einem akzeptablen Zielzustand gelangen könnten.*

Kasten 3.5: Fehlermanagement- vs. Fehlervermeidungslernen, ein Experiment

Der Einsatz des Fehlermanagement-Trainings bei der Vermittlung von Computerwissen lohnt sich insofern, als man davon ausgehen kann, daß Fehler in der Praxis nicht ausbleiben werden. Die stetige Entwicklung von neuer und komplexer Software, die Unübersichtlichkeit des Computers und seine vielfältigen Funktionen (vor allem innerhalb von Computernetzwerken) führen zusammen mit der z.B. in Betrieben üblichen zeitlichen

Belastung des Büropersonals zu Situationen, in denen sich der Lernende
einen Großteil seines Wissens selbständig aneignen muß. Natürlich macht er
dabei Fehler. Der Benutzer wird stets auch mit frustrierenden Fehlersituationen konfrontiert, die er früher oder später bewältigen lernen muß.

Umgang mit Fehlern im Training

Der Einfluß von Fehlern auf den Lernprozeß kann sowohl durch kognitive
als auch durch emotionale bzw. motivationale Mechanismen vermittelt sein.
Ein Fehler kann auf Sachverhalte des Lerngegenstandes aufmerksam machen, die zuvor noch nicht bekannt waren oder falsch verwendet wurden.
Im Fehler können sich Unterschiede zwischen individuellen Vorstellungen
(mentalen Modellen) über den Lerngegenstand und den tatsächlichen Gegebenheiten verdeutlichen. Unter bestimmten Voraussetzungen kann man
anhand von Fehlern auch noch etwas über das Fehlermachen, das Fehler-
Nutzbarmachen und über das Korrigieren von Fehlern lernen. Fehler können aber auch frustrierend sein und den Lernprozeß empfindlich stören.

Beim Konzept des Fehlermanagements geht es darum, spezifische Bedingungen herzustellen, die das Lernen aus Fehlern ermöglichen. Bestimmte
Heuristiken (Faustregeln) für den Umgang mit Fehlern am Computer sollen
die Aufmerksamkeit auf die bedeutsamen Aspekte des Fehlergeschehens
lenken, z.B.: "Stets auf den Bildschirm schauen, was dort steht und was sich
dort verändert hat"; "Was habe ich vor dem Fehler getan"; "Wozu hat das
geführt"; "Wie komme ich wieder zurück". Das Konzept der Heuristiken ist
ursprünglich von Skell (1972) in die Trainingsliteratur eingeführt worden.
Mit Hilfe von Heuristiken werden Regeln zunächst bewußt verwendet, um
sie dann zunehmend zu automatisieren. Selbst scheinbar so banale Regeln
wie "Auf den Bildschirm schauen" haben dabei eine wichtige Funktion,
denn sie zentrieren die Aufmerksamkeit und erleichtern so dem Trainee zu
lernen.

Beim Fehlermanagement-Training wird in systematischer Art und Weise
versucht, negative Emotionen, die mit Fehlern verbunden sind, aufzufangen
und umzulenken. Heuristiken sind hier: "Fehler sind ein natürlicher Bestandteil des Lernens"; "Sie zeigen, was man noch nicht gelernt hat"; "Der
Umgang mit Fehlern verhilft zu mehr Sicherheit am Computer". Der Erfolg
eines Trainees beim Umgang mit Fehlern wird ihm mehr Sicherheit geben,
d.h. seine Angst vor Fehlern sinkt und sein Mut, selber neuartige Situationen anzugehen, steigt.

**Fortsetzung
Kasten 3.5: Fehlermanagement- vs. Fehlervermeidungslernen, ein
Experiment**

Beim Fehlervermeidungslernen wird der Lernstoff in kleinen Schritten
sequentiell präsentiert, der Lernende ist angehalten, die vorgegebenen
Handlungsabfolgen nachzuvollziehen. Fehler werden vom Kursleiter sofort
korrigiert. Dieses Konzept ist Skinners programmiertem Lernen sehr ähnlich
(Skinner, 1954, 1958, 1968).

Nach den Studien von Carroll & Carrithers (1984) und S. Greif (1986) läßt
sich nicht entscheiden, welche der beiden verschiedenen Trainingsformen -
Fehlervermeidung und Fehlermanagement - höhere Erfolge zeitigt. Wir sind
der Ansicht, daß jede Trainingsform ihre Stärken und Schwächen hat. Dennoch sehen wir besondere Vorteile im Training von Fehlermanagement.

Experiment

In einer Experimentalstudie wurden Fehlervermeidungs- und Fehlermana-
gementtraining hinsichtlich des Trainingserfolges verglichen (vgl. Frese,
Brodbeck et al., in Vorbereitung). Es wurden zwei Trainingsgruppen gebildet (Fehlervermeidungs- und Fehlermanagementlernen) und am gleichen
Textverarbeitungssystem ca. drei Doppelstunden geschult. Der Fehlermanagementgruppe wurden Heuristiken vermittelt, die die negativen Emotionen beim Fehlermachen verringern sollten, z.B. "Durch Fehler lernt
man". Diese Gruppe erhielt deutlich überfordernde Aufgaben, während die
andere Gruppe davon abgehalten wurde, Fehler zu machen.

Am Ende des Trainings wurden beide Gruppen auf ihre Leistungen getestet. Bei den schweren Leistungsaufgaben zeigten sich deutliche Unterschiede zwischen den Gruppen, die Teilnehmer der Fehlermanagementgruppe waren besser. Diese Unterschiede waren, wie erwartet, bei leichten
Aufgaben nicht so deutlich ausgeprägt. Die Fehlermanagementgruppe be-
nötigte etwas weniger Zeit beim Abtippen eines vorgegebenen Textes und
schaffte auch mehr Wörter innerhalb der vorgegebenen Zeit. Interessant ist,
daß sie mehr Fehler beim Abschreiben machten als die andere Gruppe,
aber für die Korrektur der Fehler weniger Zeit brauchten. Es konnten
keine eindeutigen Wissensunterschiede festgestellt werden.

Insgesamt unterstützen diese Ergebnisse die Behauptung, daß ein Fehler-
managementtraining gerade für die praktische Arbeit am Computer Leistungsvorteile gegenüber dem Fehlervermeidungslernen erwarten läßt.

Um das Problem der Fehler in das Training zu integrieren, sollte ein Bestandteil des Trainings ein sogenanntes "Fehlertraining" sein (S. Greif, 1986, Frese et al., in Vorbereitung). In einem Fehlertraining kann folgendermaßen vorgegangen werden:

Typische Fehler, die von Novizen gemacht werden, sollten im Training thematisiert werden, so daß ein Verständnis für die Ursachen ihres Zustandekommens entwickelt werden kann. Dieser Ansatz steht in engem Zusammenhang mit dem Konzept des explorativen Lernens (Bruner, 1960). Diagnose und Korrekturmöglichkeiten von Fehlern sowie weniger anfällige Lösungsverfahren verhelfen dem fortgeschrittenen Novizen zu einem flexiblen Umgang mit neuen Fehlersituationen.

Unsere Beobachtungen zeigen z.B., daß die häufig verwendete Schreibmaschinenanalogie beim Erlernen der Textverarbeitung z. B. zu Schwierigkeiten beim Löschen von Leerzeichen, beim Einsatz der RETURN-Taste, beim Bildschirmrollen und dergleichen führt. Generell kann angenommen werden, daß typische Fehler in Zusammenhang mit einer - möglicherweise untersuchbaren - Inkongruenz von eingebrachten mentalen Modellen der Anwender und den Modellen entstehen, die dem System zugrunde liegen.

Die Lernenden sollten in einem fehlerorientierten Training erfahren, wie sie ihre Fehler adäquat diagnostizieren und korrigieren können. Denn oft sind Fehler nicht sofort erkennbar und führen auch nicht unmittelbar zu Reaktionen seitens des Systems. Darüberhinaus ist es auch nicht immer klar, bei welchem Schritt ein Fehler eigentlich entstanden ist. Menschen tendieren dazu, ihre erste Hypothese über die Art und die Ursache eines Fehlers beizubehalten, obwohl vieles dagegen spricht (Luchins & Luchins, 1959, Levine, 1971, Norman, 1984). Daraus leitet sich zum Beispiel das Ziel ab, in einem Fehlertraining den Lernenden etwas skeptischer gegenüber seinen ersten Hypothesen zu machen.

Darauf aufbauend ließen sich Konzepte zur systematischen Diagnose von Fehlern und zur Korrektur derselben vermitteln (präsentierbar in generellen Faustregeln u. ä.), bzw. den Trainee auch anzuleiten, alternative Hypothesen zu entwickeln.

Durch die Ermutigung, Fehler zu machen und die Erfahrung, daß es nichts Schlimmes bedeutet, wenn man sich mal "verwurschtelt" hat, verliert der Novize seine Angst davor, exploratorische Strategien zur Erkundung des Systems einzusetzen. Als Folge davon müßte sich ebenfalls eine erhöhte Resistenz gegenüber dem frustrierenden und demotivierenden Charakter von Fehlern aufbauen lassen.

Nach einem Fehlertraining werden Fehler eher als ein natürliches, dem Lernprozeß innewohnendes Phänomen betrachtet. Angst- und Stressempfindungen werden dadurch reduziert und der eher informative Charakter von Fehlern kann vom Benutzer genauer berücksichtigt werden. Die Trennung zwischen explorierendem Lernmodus und konzentriertem Arbeitsmodus soll aufrechterhalten werden. Die Kompetenz im Umgang mit Fehlern zeigt sich ja gerade darin, daß man weiß, wann es sinnvoll ist, aus Fehlern zu lernen, und wann es sinnvoll ist, Fehler zu vermeiden. Schließlich können im Umgang mit Fehlern auch Strategien erlernt werden, die in der realen Arbeitssituation zur Korrektur von neuartigen Fehlern einsetzbar sind.

Ein Fehlertraining sollte allerdings erst dem fortgeschrittenen Novizen angeboten werden. Denn direkt am Trainingsanfang ist die Informationsfülle recht groß, die Verarbeitungstiefe des Lernenden hingegen ist sehr gering. Das Erlernen des Umgangs mit Fehlern muß aber auf einem computerspezifischen Wissen (über Befehle, Systemstrukturen etc.) aufbauen. Dazu ist es notwendig, daß ein bestimmter Grad an Verarbeitungstiefe erreicht wurde und daß es zu keiner Überlastung durch ein Zuviel an Information kommt.

3.5 Handbücher

Wie schon angemerkt, werden Handbücher in der betrieblichen Praxis wenig verwendet und besonders wenig von Novizen. Dies sollte allerdings nicht dazu führen, das Thema Handbücher beiseite zu legen. Oftmals ist in bestimmten Situationen doch das Handbuch die einzige Hilfe, um ein bestimmtes Problem zu lösen. Dutke & Streitz (1987) ist zuzustimmen, daß Handbücher eben auch unabhängig vom System gebraucht und verwendet werden können (z.B. wenn man gerade keinen Zugang zum System hat oder gerade ein Systemabsturz droht) und daß man nur im Handbuch persönliche Anmerkungen an den Rand schreiben kann.

Handbücher können zwei Funktionen haben: Zum einen die Dokumentation des Systems und zum zweiten eine Einführung in das System. Es ist in jedem Fall sinnvoll, diese beiden Funktionen scharf zu trennen und entsprechend unterschiedliche Handbücher zu erstellen. Die erste Art des Handbuches wird wohl nur von wenigen Spezialisten gelesen. Wir konzentrieren uns hier nur auf den letzten Aspekt und betrachten Handbücher nur unter dem Gesichtspunkt des Trainings bzw. der Trainingshilfe.

3.5.1 Kriterien für ein gutes Handbuch

Verschiedene Autoren haben sich mit der Frage der Kriterien beschäftigt. Wir folgen v.a. Carroll, Smith-Kerker, Ford & Mazur (1986), Dutke & Streitz (1987) und Wendel & Frese (1987). Wesentlicher Ausgangspunkt ist wiederum, daß das Handbuch Exploration unterstützen und fördern soll und möglichst ein klares mentales Modell entwickeln hilft. Die folgenden Kriterien sollte ein für das Training und den Novizen brauchbares Handbuch aufweisen:

1) *Verständliche Sprache:* Es versteht sich von selbst, daß ein solches Handbuch Fachbegriffe erklärt und die Begrifflichkeit konsistent verwendet.

2) *Seitenreduktion ("minimal manual"):* Unter dem Motto "slash the verbiage" haben Carroll, Smith-Kerker et al. (1986) das minimale Handbuch vorgelegt. Die Kapitel dieses Handbuchs sind nicht mehr als drei Seiten lang. Im Vordergrund steht ein bestimmtes Ziel (z.B. Veränderung von etwas, was Sie geschrieben haben) und dann werden minimale Anweisungen gegeben. Ausgangspunkt ist dabei, daß Benutzer nur wirklich Handlungsrelevantes wissen wollen, daß sie vieles durch Exploration selbst herausfinden und daß sie sowieso nur das Wesentliche aufnehmen können. In einer empirischen Studie zeigten die Autoren, daß die Gruppe, die mit einem "minimal manual" lernte, schneller und besser war als eine Gruppe, die anhand eines kommerziell erhältlichen ausführlichen Handbuchs lernte.

3) *Aufgabenbezogenheit:* Eine Überschrift "Wie korrigiere ich einen Fehler" ist stärker aufgabenbezogen als "Die ersten Schritte in Wordstar". Die dargestellten Aufgaben sollten dabei möglichst den Arbeitsaufgaben entsprechen, die tatsächlich in der Arbeit der Zielgruppe zu finden sind.

4) *Modulare Darstellung:* Ein Handbuch, das von vorn bis hinten durchgelesen werden muß, reduziert die Exploration. In der Praxis werden Handbücher ja auch nicht so benutzt, selbst wenn groß vermerkt ist: "BITTE FANGEN SIE NICHT AN, BEVOR SIE NICHT KAPITEL 1 - 3 GELESEN HABEN!" (Carroll, Smith-Kerker et al., 1986). Deshalb sollte jedes Kapitel des Handbuchs für sich verständlich sein. Aufgabenorientierte Module wie z.B. "Schreiben eines Texts", "Verbessern eines Texts" oder "Drucken" bilden jeweils eigenständige Einheiten, die auch dann verständlich sind, wenn man keine anderen Teile gelesen hat. Modularität macht es möglich, von einem Teil des Buches zum anderen zu springen. Viele Handbücher durchbrechen diese Möglichkeit besonders eklatant, wenn sie funktional verbundene Aspekte des Systems in verschiedenen Kapitel abhandeln. In einem Experiment haben Wendel & Frese (1987) die so erstellten Module den Trainees sogar in Zufallsreihenfolge dargeboten (jede Seite war ein Modul). Ihre Leistung war in keiner Weise schlechter als bei einer vorgegebenen Reihenfolge der Seiten. (Ein solches Vorgehen kann als empirischer Test für die erreichte Modularität gelten). Das modularisierte Handbuch war aber insgesamt besser als ein kommerziell erhältliches ausführliches Handbuch.

5) *Überblick und Register:* Das Handbuch sollte formal einen guten Überblick über die Bestandteile geben (z.B. im Sinne einer guten Gliederung und eines guten Registers). Die Stichworte des Registers sind häufig systemspezifisch und werden deshalb vom Anfänger gerade nicht verstanden und führen zu einer erfolglosen Suche. Deshalb sollten die Stichworte sich v.a. auf solche Konzepte beziehen, die anfängertypisch sind (z.B. nicht "Formatierung", sondern "Einstellen der Ränder").

6) *Integriertheit und Strukturiertheit:* Das Handbuch sollte die Entwicklung eines inneren Modells ermöglichen. Deshalb ist es sinnvoll, den Aufbau des Programms grafisch zu veranschaulichen, z.B. im Sinne eines Posters (S. Greif, 1986). Eine solche Grafik sollte die wesentlichen Parameter des Programms anschaulich darstellen, so daß ein hierarchisch aufgebautes Muster entwickelt werden kann (vgl. Kasten 3.3).

3.5.2 Fehlerantizipation in Handbüchern

Ein weiteres Kriterium guter Handbücher besteht in dem Eingehen auf mögliche Fehler des Benutzers. Gerade Handbücher können in Fehlersituationen von großem Nutzen sein. Deshalb sollten sie unbedingt den Fehleraspekt stärker berücksichtigen - etwas, das leider kaum gemacht wird. Wendel & Frese (1987) haben gezeigt, daß Handbücher, die den Fehleraspekt systematisch einbeziehen, im Lernprozeß zu einer besseren Leistung der Trainees führen. Bichler (in Vorbereitung) hat deshalb ein Inventar entwickelt, um Handbücher auf die Fehlerbehandlung einschätzen zu können. Damit lassen sich dann Aussagen über die didaktische Qualität des Handbuchs machen. In Abb. 3.4 werden die entscheidenden Aspekte der Fehlerinformationen in Handbüchern dargestellt. Die Fehlerinformationen sollten drei Bereiche abdecken: (a) Es sollten Informationen gegeben werden, wie man gravierende Fehler vermeiden kann. (b) Das Handbuch sollte erklären, wie man einen einmal gemachten Fehler wieder rückgängig machen kann, und (c) es sollte darstellen, wie man allgemein Eingaben wieder rückgängig machen kann. Solche Fehlerinformationen müssen sinnvoll gestaltet werden. Sie sollten optisch hervorgehoben werden, es sollte genauer dargestellt werden, wie man Fehlern vorbeugen kann, welche Merkmale bestimmte Fehler haben, welche Ursachen sie aufweisen und wie man bei der Behebung bzw. Vorbeugung vorgehen kann.

3.6 Die Schulung unterschiedlicher Benutzergruppen

Oftmals hört man aus der betrieblichen Praxis die Frage, ob unterschiedliche Gruppen von Personen, wie Ältere, Ängstliche usw. genauso gut an einer Schulung teilnehmen können.

Die folgenden Gruppen und Personeneigenschaften können dabei unterschieden werden:

- *emotionale Faktoren:* Unterschied zwischen ängstlichen und weniger ängstlichen Personen; haben ängstliche Personen mehr Schwierigkeiten, die notwendige Computerkompetenz zu erwerben?

- *Einstellungsfaktoren:* Personen, die eine positive und eine negative

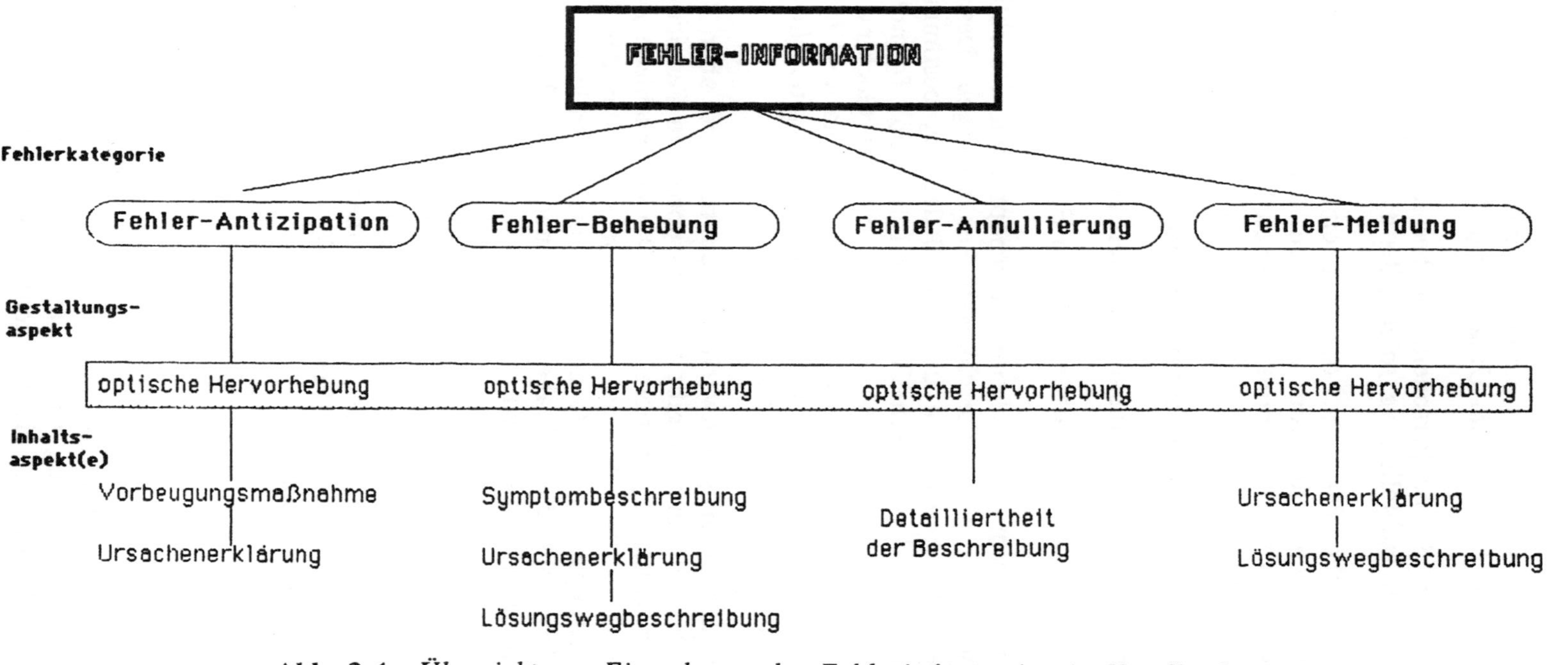

Abb. 3.4: *Übersicht zur Einordnung der Fehlerinformation in Handbüchern*

Einstellung gegenüber dem Computer haben; sind Personen mit negativer Einstellung schlechter im Umgang mit dem Computer?

- *Handlungsstile:* Solche Personen, die besonders genau und langfristig Pläne und Ziele aufstellen, vs. solche, die das nicht tun.

- *Lernstile:* Solche Personen, die erst einmal alles genau nachlesen wollen, vs. solche, die von vornherein exploratorisch ausprobieren wollen, wie man einen Computer bedienen kann; welche Gruppe kann leichter lernen?

- *Erfahrung mit dem Computer:* sind Erfahrene besser?

- *Alter:* können Ältere von einem Computertraining profitieren?

- *Geschlecht:* gibt es Unterschiede zwischen Frauen und Männern?

Wir können an diesem Punkt keinen erschöpfenden Überblick darüber geben, z. T. weil hier große Forschungslücken vorliegen. Deshalb können noch keine gesicherten Aussagen über die Bedeutung bestimmter Persönlichkeitsparameter in der Mensch-Computer Interaktion formuliert werden (vgl. v. Muylwjik, v.d. Veer, Waern, 1983, Schulte-Göcking, 1987, v.d. Veer et al., 1985). Eine intensivere Forschung wäre notwendig, um unterschiedliche Trainings- und Betreungsmethoden für unterschiedliche Personengruppen entwerfen zu können.

Im Prinzip erlaubt unser gegenwärtiger Kenntnisstand aber die folgende betriebspraktische Antwort: Es gibt keine Gruppe von Personen, die nicht von einem guten Training profitieren kann. Die Unterschiede zwischen den Gruppen sind wahrscheinlich umso größer, je schlechter das Training ist. Es gibt oft Leistungsunterschiede zwischen unterschiedlichen Gruppen am Anfang eines Trainings, die sich aber nach einem guten Training und einer bestimmten Übungszeit nivellieren.

Zunächst ist zu betonen, daß die meisten Personenmerkmale, wie z.B. Leistungsmotivation, Einstellungen, usw. nicht als völlig stabile, über verschiedene Situationen hinweg wirkende Faktoren angesehen werden dürfen. Persönlichkeitseigenschaften verändern sich über die Zeit, z.B. aufgrund bestimmter Arbeitsbedingungen (Frese, 1983), und sie manifestieren sich nur in bestimmten Situationen.

3.6.1 Ängstlichkeit

Es wird oft vermutet, daß Ängstlichkeit eine Rolle für den Lernprozeß spielt. Dies ist ja auch plausibel, da ängstliche Trainees zunächst einmal immer mit ihrer Angst fertig werden müssen und deshalb weniger Aufmerksamkeit auf die Aufgabe richten können. Überraschenderweise gibt es in diesem Bereich kaum Untersuchungen. Die wenigen Untersuchungen, die wir kennen, zeigen keinen Einfluß von Ängstlichkeit auf die Lernleistung in Computerkursen (Schulte-Göcking, 1987). Durch ein gutes Training läßt sich offensichtlich die Angst vor dem Computer nehmen. Allerdings handelt es sich bei der zitierten Studie um eine Untersuchung mit Freiwilligen: Wir können uns also nicht sicher sein, ob die Ergebnisse auf Betriebe übertragen werden können, bei denen die Teilnahme verpflichtend ist.

3.6.2 Einstellung gegenüber dem Computer

Einstellungen gegenüber der Technik allgemein und gegenüber dem Computer wird oft als Hinderungsgrund für ein aktives Mitmachen bei einer Schulung angesehen. Die Annahme ist plausibel, daß sich Einstellungen auf die allgemeine Lernhaltung der Trainees auswirken könnten. In einer Studie von Brodbeck (1987) zeigten sich aber nur sehr komplexe und schwer durchschaubare Zusammenhänge zwischen Einstellungen und tatsächlichem Verhalten. Unter anderem ließ sich aufzeigen, daß die untersuchten Benutzer eines Computertutorials ihre Einstellungen durch die praktische Auseinandersetzung mit dem Computer zum Positiven veränderten - dabei spielte es aber keine Rolle, ob sie zuvor eher positiv oder negativ gegenüber dem Computer eingestellt waren. Darüber hinaus zeigte sich kein Einfluß der Einstellung gegenüber dem Computer auf die Lernleistungen. Kurzum, Einstellungen lassen sich verändern, vor allem dann, wenn sie auf einem geringen Erfahrungshintergrund mit dem Gegenstand basieren. Die Trainingsleistung beeinträchtigen sie nicht.

3.6.3 Handlungsstile

Es wurden zwei unterschiedliche Handlungsstile von uns untersucht - Planorientierung beinhaltet, daß man Handlungspläne langfristig und detailliert aufstellt, Zielorientierung meint, daß die Ziele genau ausgestaltet werden und weit in die Zukunft hineinragen (Frese, Stewart & Hannover, 1987). Je nachdem, welche Anforderungen eine Situation stellt, ist der eine oder der andere Handlungsstil von Vorteil. Beim Training von computerspezifischem Wissen zeigt sich z.B., daß planorientierte Personen weniger Hilfestellung bei der Lösung von Arbeitsaufgaben benötigen (Schulte-Göcking, 1987).

In einer Untersuchung von v. Papstein & Frese (1988b) ergab sich, daß eine hohe Plan- und Zielorientierung den Transfer vom Training in die Arbeitssituation erhöhte. Zielorientierte Personen konnten eher von den Anwendungsmöglichkeiten in ihrem Arbeitsfeld ausgehen und die dabei entstehenden Überlegungen sehr gut in das Computertraining einbringen.

Wir sind der Auffassung, daß Handlungsstile durch Erfahrung und Übung modifiziert werden können. Es müßte sich also die Plan- und die Zielorientierung beim Umgang mit Computern erhöhen lassen können. Es sollte im Training nach Möglichkeiten gesucht werden, wie die Teilnehmer die Schulungsziele in ihre langfristigen Ziele einbauen können. Je detaillierter diese Überlegungen gemacht werden können, desto bessere Effekte dürften entstehen.

3.6.4 Lernstile

Hier hatten wir eigentlich Unterschiede in unseren Studien erwartet: Einige Personen gehen in die Schulung, indem sie sofort ausprobieren, wie man mit dem Computer vorgeht. Diese Lernart wurde "Learning by doing" genannt - es wird vorwiegend durch Ausprobieren Wissen aufgebaut. Alternativ dazu dominiert beim "Learning by studying" das Lernen mit Hilfe schriftlicher Information, die Trainees orientieren sich also am Studium der Handbücher (Prümper, 1987, Schulte-Göcking, 1987). Im Gegensatz zu unseren Erwartungen und den Erwartungen, die man auch in der Praxis häufig antrifft, zeigten sich aber keine großen Unterschiede zwischen diesen beiden Lernarten; sie eignen sich in etwa gleich gut für den Aufbau von computerspezifischem Wissen.

3.6.5 Erfahrung

Vorherige Erfahrung mit EDV hat mit ziemlicher Sicherheit einen hohen Einfluß darauf, wie gut man ein System erlernen kann. Dies ließ sich beim Lernen an Computertutorials aufzeigen (Brodbeck, 1987). Erfahrene Computerbenutzer benutzen effektivere Lernstrategien am Computer.

3.6.6 Alter

Man hört oft, daß Ältere sich nicht mehr zutrauen, die Bedienung eines Computers zu erlernen, und es wird oft die Frage gestellt, ob denn Ältere überhaupt noch in der Lage sind, von einer Schulung zu profitieren. Häufig wird dabei argumentiert, daß auch die intellektuellen Fähigkeiten im Alter abnehmen. Hier hat die Forschung erstaunliche Tatsachen aufgezeigt. Zunächst stellte sich heraus, daß die Art der Arbeit selbst einen Einfluß auf die Intelligenz hat (S. Greif, 1978, Kohn & Schooler, 1982, Schallberger, 1987). An Arbeitsplätzen, an denen man seine Intelligenz nicht anwenden kann, verkümmert auch die Intelligenz zu einem gewissen Grade. Ein zweites wesentliches Forschungsergebnis: Im Alter wird die Intelligenz nicht allgemein niedriger, außer man war in seinem Berufsleben besonders wenig kognitiven Anforderungen ausgesetzt. Auch im Alter kann man noch etwas Neues lernen. Mit zunehmendem Alter verändert sich zwar die Art der kognitiven Auseinandersetzung mit der Umwelt, aber nicht notwendigerweise die generelle Leistungsfähigkeit (auch wenn das Kurzzeitgedächtnis schlechter wird).

Eine mangelnde Leistung bei neuartigen Aufgaben und bei der Weiterbildung sollte eher mit motivationalen oder berufs- und statusbedingten Faktoren in Verbindung gebracht werden als mit einem allzu oft und fälschlicherweise angenommenen geistigen Abbau (Schuster-Oeltzschner, 1984). Das kann durchaus bedeuten, daß ältere Arbeitnehmer nicht mehr so motiviert sind, etwas völlig Neues zu lernen. Gerade im Alter hat man viele Routinen entwickelt und wie in Kap. 2 ausgeführt, ist es immer aversiv, wenn die bestehenden Routinen nicht mehr funktionieren. Zudem wird der mögliche Vorsprung, den die Alten vor den Jungen haben - nämlich die längere Berufserfahrung, durch die Einführung von neuen Techniken verringert oder sogar beseitigt. Deshalb ist es notwendig, gerade bei älteren Arbeitnehmern in besonderem Maße motivierend einzuwirken. Dabei hilft es, wenn das Training im besonderen Maße aufgabenorientiert ist, denn der ältere Arbeitnehmer hat oft ein besonders großes Wissen über die Aufgabe (Überblick dazu bei Benda, v. Jamnig & Staufer, im Druck).

3.6.7 Geschlecht

Es ist kaum möglich, etwas Abschließendes zu Geschlechtsunterschieden zu sagen. Frauen und Männer unterscheiden sich natürlich nicht in ihrer denkerischen und kognitiven Kapazität. Allerdings wurde verschiedentlich angemerkt, daß Frauen stärker intuitiv an den Computer herangehen (Turkle, 1984). Das bedeutet, daß sie z.B. Programmieraufgaben ähnlich gut wie Männer lösen, aber durch ein etwas ganzheitlicheres Programmieren. Manchmal sind die Ängste vor dem Computer auch bei Frauen etwas höher, und sie sind deutlich mehr an "learning by studying" orientiert (Schulte-Göcking, 1987).

Es ist plausibel anzunehmen, daß die aus der betrieblichen Praxis berichteten Unterschiede in der Schulungsbereitschaft zwischen Männern und Frauen eher einer unterschiedlichen Rollenzuweisung und einer damit verbundenen asymmetrischen Arbeitsteilung in unserer Gesellschaft geschuldet sind. Man denke nur an die Verteilung der Geschlechter in Sekretariaten, im höherem Management oder im Vorstand. Dies sind sicherlich Faktoren, die sich auf die Leistungsmotivation von Mann und Frau unterschiedlich auswirken und sich somit auch in der Lernhaltung und dem Lernerfolg äußern können. Deshalb ist es oft notwendig, Frauen auch stärker zu motivieren, sich "zu trauen", z.B. im Rahmen eines Fehlertrainings.

Insgesamt dürften die Persönlichkeits-, Alters- und Geschlechtsunterschiede von geringerer Bedeutung sein, als allgemein angenommen wird (Ausnahme: Plan- und Zielorientierung und vorherige Erfahrung mit dem Computer). Zwar ist die Forschungslage noch nicht gut genug, aber wir würden beim gegenwärtigen Stand nicht die Forderung aufstellen können, für verschiedene Gruppen gesonderte Trainingsprogramme zu entwerfen. Ein optimales Training, das auch die Transferüberlegungen miteinbezieht, dürfte in jedem Fall positive Auswirkungen aufweisen.

3.7 Zusammenfassung

Eine gute Schulung ist notwendig, weil nur durch sie Stressreduktion und effiziente Arbeit gewährleistet ist. Dabei sollte der Umfang der geschulten Qualifikation immer etwas höher sein, als es eigentlich für die bestimmte Arbeitsaufgabe notwendig ist. Wesentlich ist v.a. auch eine Integration des Funktionswissens über das System mit dem Fachwissen (Umsetzungswissen).

Das Ziel der Schulung besteht in der Entwicklung eines handlungsleitenden mentalen Modells. Dieses Modell sollte möglichst aktiv entwickelt werden. Explorationsverhalten wird am besten durch ein aktives Training gefördert.

In jedem Fall ist ein ganzheitliches Training einem sequentiellen Training überlegen, da hier ein umfassenderes und sinnvolleres mentales Modell aufgebaut werden werden kann.

Die Frage des Transfers des im Training Gelernten auf die betriebliche Alltagspraxis muß stärker als bisher beachtet werden. Wesentlich ist dafür die stärkere Betonung der Aufgabenorientierung. Das bedeutet, daß eine Aufgabenanalyse der Arbeit gemacht werden sollte, so daß das Training sich direkt auf die Aufgaben beziehen kann, indem die Beispiele aus dem Aufgabenbereich genommen werden. Neben der Aufgabenorientierung sind die organisationalen Voraussetzungen für einen guten Transfer zu schaffen. Das heißt, es müssen Übungsmöglichkeiten (evtl. in Form von Übungsnischen) bereitgestellt werden, lokale Experten sollten den Benutzer aufgabenorientiert beraten, Möglichkeiten zur Exploration sollten unterstützt werden, und schließlich ist der Handlungsspielraum zu erhöhen.

Auch der Fehlerproblematik sollte mehr Aufmerksamkeit gewidmet werden, da gerade Anfänger sehr viel Zeit mit ihren Fehlern verbringen. Dabei hat es sich als sinnvoll erwiesen, Fehlermanagement im Training zu vermitteln.

Die Fehlerproblematik ist auch bei Handbüchern zu beachten - hier geht es v.a. darum, daß häufige potentielle Fehler antizipiert und behandelt werden müssen. Andere Aspekte eines guten Handbuchs, das eine Einführung in das Training geben soll, sind verständliche Sprache, eine radikale Reduktion der Seitenzahl, klarer Aufgabenbezug der Kapitel, eine modulare Darstellung, Überblick und gutes Register und ein integriertes und strukturiertes Gesamtsystem.

Zur Frage von speziellen Schulungproblemen für bestimmte Benutzergruppen, wie z.B. Ältere vs. Jüngere, Frauen vs. Männer, Ängstliche vs. Nichtängstliche können wir aufgrund der noch fehlenden Forschung nicht abschließend Stellung nehmen. Dennoch erscheinen uns die Effekte von Personeneigenschaften auf den Trainingsverlauf und die Leistung nach dem Training geringer, als dies häufig vermutet wird. Ausnahmen, wie die Effekte von früheren Erfahrungen und Handlungsstilen (besonders Zielorientierung) scheinen hier eher diese Regel zu bestätigen.

3.8   Prinzipienkatalog: Aufbau von Qualifikationen

Ziele:

Effiziente Leistung

Handlungskontrolle und Stressreduktion

Lern- und Persönlichkeitsförderlichkeit

Devise:

Aufgabenbezogenes Lernen mit Transferwissen und Fehlertraining fördert Flexibilität, Kompetenz und Explorationsbereitschaft.

Mittel:

Ganzheitliches Training und Unterstützen von explorativem Vorgehen

- Grundlegendes Verständnis von der Arbeit am Computer vermitteln (Hintergrundwissen, Zusammenhänge, Metaphern und Analogien, Faustregeln)

- funktionale und nicht technische Modelle verwenden (Handlungsorientierung)

- selbständiges Erfahrungslernen ermöglichen, (Hypothesenbildung, Fehler zulassen, Orientierung an Arbeitsaufgaben)

- keine ausgesprochenen Techniker, sondern erfahrene Psychologen und Pädagogen einsetzen, bzw. Techniker entsprechend ausbilden

Transferwissen und aufgabenorientiertes Training

- Ausrichten des Trainings an den Aufgaben am Arbeitsplatz
  (Aufgabenanalyse)

- Trainingsaufgaben möglichst an der Praxis orientieren (praxisnahe Arbeitsbeispiele)

- Umsetzungswissen schaffen

- Trainingserfolg an den Transferleistungen und bereits während
  der Lernphase evaluieren

Fehlermanagement trainieren

- Fehler ermöglichen durch Exploration und Ermutigung

- frühzeitig Fehler explizit als Trainingsinhalt verwenden (z.B.
  typische Fehlerbeispiele und grundlegende mentale Modelle)

- Strategien zur Diagnose, zur Vermeidung, zum Management
  von Fehlern vermitteln (bei fortgeschrittenen Trainees)

- Anpassen der Trainingsinhalte durch Fehleranalysen (geeignete
  Metaphern, lehrreiche Fehler)

Organisationale Voraussetzungen für Transferleistungen schaffen

- Übung durch entsprechende Zeiteinteilung (Übungsnischen ermöglichen)

- aufgabenorientierte, dezentrale Beratung mit lokalen Experten
  aufbauen

- Aufbaukurse und Technikzirkel einrichten

- weitergehende Exploration des Systems durch entsprechende
  Arbeitsaufgaben fördern

- Handlungsspielräume durch entsprechende Arbeitsstrukturierung und Organisationsentwicklung schaffen

Kapitel 4

Optimierung des Arbeitsmittels Software

4.1 Einleitung

Waren anfänglich die bedeutendsten Erfolge auf die Miniaturisierung der Hardware bei gleichzeitiger Leistungssteigerung zurückzuführen, erkennt man nun zunehmend die herausragende Bedeutung der Softwareentwicklung. Lange Zeit wurde weit mehr Geld für die technische Ausgestaltung von Computern ausgegeben als für Funktionalität, Benutzbarkeit und dergleichen. Dies hat sich nun geändert. Die Kosten für die Software nehmen rapide zu, während sie sich für Hardware reduzieren.

Das Ziel dieses Kapitels besteht nun darin, dem Entscheidungsträger im Betrieb Kriterien zur Beurteilung der Software an die Hand zu geben. Dies kann ihm helfen, gute Software auszusuchen bzw. bei Auftragsarbeit dem Softwareentwickler Spezifikationen zu vermitteln.

Oft wird er allerdings feststellen, daß die meisten angebotenen Produkte noch gravierende Mängel aufweisen. Hier kann er zumindest Optimierungsentscheidungen treffen. Dazu sind hohe fachspezifische und psychologische Kenntnisse erforderlich. Letztere sind Gegenstand dieses Kapitels. Zu den psychologischen Kenntnissen gehört die Frage, wie das Werkzeug Software und Computer gestaltet sein soll, so daß der arbeitende Mensch damit seine Aufgaben erledigen kann. Dazu ist die sogenannte Schnittstelle Mensch-Computer der Software wesentlich.

Es haben sich verschiedene Begriffe für die Gestaltung der Schnittstelle eingebürgert: Gestaltung des Mensch-Computer Dialogs, der Mensch-Computer Interaktion, der Systemoberfläche oder der Mensch-Computer Kommunikation. Der Wissenschaftszweig, der sich damit beschäftigt, wird auch oft Software-Ergonomie genannt. In jedem Fall geht es darum, dem Menschen adäquate Werkzeuge zur Verfügung zu stellen. In diesem Kapitel wollen wir unsere Kriterien und Prinzipien aus den voranstehenden Kapiteln erneut aufnehmen, um sie in eine für die Systemoptimierung und Schnittstellengestaltung relevante Form zu überführen. Dabei werden wir auf Fragen der Hardware-Ergonomie kaum eingehen und sie nur gelegentlich streifen (vgl. hierzu Cakir, Hart & Stewart, 1980, Spinas, Troy & Ulich, 1983).

Die Diskussion über Software und auch die Einführungsprozesse von neuen
Techniken werden üblicherweise von Technikern und Ingenieuren dominiert. Dies ist natürlich völlig in Ordnung und bis zu einem gewissen Grade
auch funktional. Leider gibt es dabei aber auch einige Probleme. Techniker
haben oft eine bestimmte Sichtweise von den Schwierigkeiten der Benutzer.
Die Aufgabe der Techniker besteht darin, die Software nach internen Ge-
staltungsgesichtspunkten zu optimieren. Der Aufgabenbezug der Software
kommt dabei oft ein bißchen zu kurz, weil die Probleme, ein Programm
zum Laufen zu bringen, schon groß genug sind. Wenn nun Techniker unter
Zeitdruck arbeiten, konzentrieren sie sich natürlich auf das in ihren Augen
Wesentliche: die technischen Probleme. Aus ihrer Sichtweise heraus können
sie sich oft nicht vorstellen, wieviele Schwierigkeiten Benutzer mit den so
erstellten (oder adaptierten) Systemen bzw. deren Systemoberflächen haben.
Der Benutzer sieht ja im wesentlichen seine Arbeitsaufgabe im Vordergrund - also gerade nicht die technischen Bezüge. Da jeder innerhalb seines
Aufgabenkontextes denkt und handelt, gibt es Kommunikationsschwierig-
keiten, sofern es überhaupt zu einer Kommunikation zwischen Benutzern
und Technikern kommt.

Deshalb ist die Forderung laut geworden, die Entwicklung der Systemoberfläche von der übrigen Softwareentwicklung zu trennen und speziell aus-
gebildete Systemdesigner und Programmierer mit der Systemoberfläche zu
betrauen. Dies ist möglicherweise ein Schritt in die richtige Richtung,
obwohl wir ihn in der Bundesrepublik noch nie in der Praxis erlebt haben.
Möglicherweise wäre es aber sinnvoller, jeden in der Softwareentwicklung
Beschäftigten auch mit den Grundlagen der Mensch-Computer Interaktion
(so wie sie im folgenden dargestellt werden) vertraut zu machen.

Die Mensch-Computer Interaktion ist noch ein sehr junges Untersuchungs-
feld. Es gibt noch wenig Erfahrungen und systematische empirische Analysen. Andererseits existiert heute dank der außerordentlich stark ange-
stiegenen Investitionen im Softwarebereich eine Vielfalt von originellen und
leistungsfähigen Programmierungskonzepten, die sich prinzipiell zur be-
nutzergerechteren Gestaltung der Mensch-Computer Schnittstelle eignen
würden. Auch die Forschung hat in den letzten fünf Jahren Erhebliches
geleistet. Trotzdem müssen die in diesem Kapitel dargestellten Überlegungen zu einer adäquaten Software durch weitere empirische Forschung er-
härtet und ergänzt werden.

Dieses Kapitel ist leider nicht sehr leicht zu lesen. Gerade weil im Bereich
der Software-Ergonomie noch Systematisierungsversuche fehlen, werden
eine Fülle von sich überlappenden Begriffen angeboten, die einer Systematisierung harren. Andererseits kann man die Vor- und Nachteile einer bestimmten Software nur dann angemessen verstehen, wenn ein bestimmtes
Basiswissen zur Verfügung steht. Dieses Basiswissen soll in Ansätzen vermittelt werden. Dazu erschien es uns notwendig, die in der Literatur ver-

wendeten Begriffe aufzugreifen - wir versuchen allerdings in diesem
Kapitel eine erste Systematisierung. Notgedrungen sind unsere Bemerkungen in diesem Kapitel noch relativ abstrakt - sie müssen es sein, weil ja
allgemeine Kriterien dargestellt werden sollen, die bei vielen verschiedenen
Systemen greifen. Es ist die Aufgabe des Entscheidungsträgers sich zu fragen, was diese allgemeinen Kriterien für das jeweilige spezifische System
bedeuten. Um hier Anhaltspunkte zu liefern, geben wir Beispiele.

4.2 Kriterien für eine menschengerechte Gestaltung der Mensch-Computer Interaktion

Viele Fragen der Mensch-Computer Interaktion lassen sich entsprechend
Abb. 4.1 innerhalb der Triade A=Aufgabe, B=Benutzer und S=System diskutieren. Die Verbindung zwischen System und Aufgabe bestimmt die
Funktionalität des Systems, also inwieweit die Software aufgabenrelevant
und aufgabenadäquat ist. Die Verbindung zwischen System und Benutzer
beschreibt den Aspekt der Benutzbarkeit (im Englischen: usability, Shackel,
1985). Die Verbindung zwischen Benutzer und Aufgabe stellt schließlich
die Aufgabenbewältigung dar. Diese drei Begriffe - Funktionalität, Benutzbarkeit und Aufgabenbewältigung - sollen im folgenden kurz beschrieben
werden.

4.2.1 Die Begriffe Funktionalität, Benutzbarkeit und Aufgaben-bewältigung

Jede Aufgabenerfüllung läßt sich unterteilen in die primäre Aufgabe der
Erledigung der Aufgabe (d.h. hier sind alle Handlungen direkt auf die
Aufgabe bezogen) und die sekundäre Aufgabe (oder Zusatzaufgabe), die

Abb. 4.1: *Die Triade: Benutzer, System, Aufgabe*

durch die Bedienung der technischen Hilfsmittel, u.a. auch der Software, entsteht. Allgemein soll eine Software den Angestellten und Arbeiter bei der Aufgabenerledigung unterstützen und ihn möglichst wenig mit den zusätzlichen Aufgaben der Systembedienung belasten (vgl. für ein konkretes Beispiel, Göransson et al., 1987). Sowohl die Funktionalität als auch die Benutzbarkeit ist hoch, wenn diese Zusatzaufgaben gering sind.

Funktionalität: Funktionalität bezieht sich darauf, ob ein System die Aufgabenerledigung erlaubt und unterstützt. Demnach ist sie auf die Arbeitsaufgaben außerhalb des Systems gerichtet. Ein Kurzzeitkriterium für Funktionalität ist z.B., ob die Software real gegebene Arbeitsaufgaben tatsächlich hinreichend genau abbilden kann oder ob sie diese entstellt und kompliziert.

> **Beispiel:** *Durch ein Dispositionsprogramm, das angibt, zu welcher Zeit welcher Mischbetonfahrer wohin fahren sollen, werden bereits bei einer geringen Überlappung von 2 Minuten, neue Fahrzeuge angefordert. Früher hatten die Disponenten natürlich eine so kleine Überschneidung einfach nicht weiter zur Kenntnis genommen. Jetzt müssen sie jedesmal überprüfen, ob das Programm solche unsinnige Entscheidungen trifft und falls das der Fall ist, können sie das Programm "überlisten" - etwa indem sie 28 Minuten statt 30 Minuten Fahrzeit eingeben.*[1]

Oft benutzen Systeme eine andere Sprache, als es die Benutzer gewöhnt sind - dies schränkt die Funktionalität zumindest kurzfristig ein. Steht eine solche Funktionalität nur eingeschränkt zur Verfügung, wie es z.B. oft bei integrierten Softwarepaketen anzutreffen ist, so werden zwar einzelne Bestandteile des Systems verwendet, andere aber möglichst an Personen delegiert, die diese Aufgaben mit herkömmlicher Technologie bearbeiten. Dadurch entsteht dann oft eine niedrigere Rate der Verwendung von Programmen, als von den Softwareanbietern angenommen wird (Nielsen, Mack, Bergendorff & Grischkowsky, 1986).

Ein Langzeitkriterium der Funktionalität besteht darin, ob der Benutzer das System im Hinblick auf bestimmte Aspekte seiner Arbeitsaufgaben umgestalten kann. Manche Systeme sind so starr, daß es dem Benutzer nicht mehr möglich ist, die Systembedingungen seinen spezifischen Arbeitsanforderungen anzupassen. Dieser Aspekt der Gestaltbarkeit der Funktionalität durch den Benutzer ist in der Abb. 4.2 dargestellt.

Viele Programme sind zwar funktional, aber nicht gut benutzbar. Einerseits unterstützen sie die Erledigung ganz bestimmter Arbeitsaufgaben gut, andererseits sind sie aufgrund einer schlechten Dialoggestaltung nur schwer benutzbar. Frühere Kalkulationsprogramme hatten z.B. eine solche Eigen-

---

[1] Wir danken Frau Sonnentag für dieses Beispiel

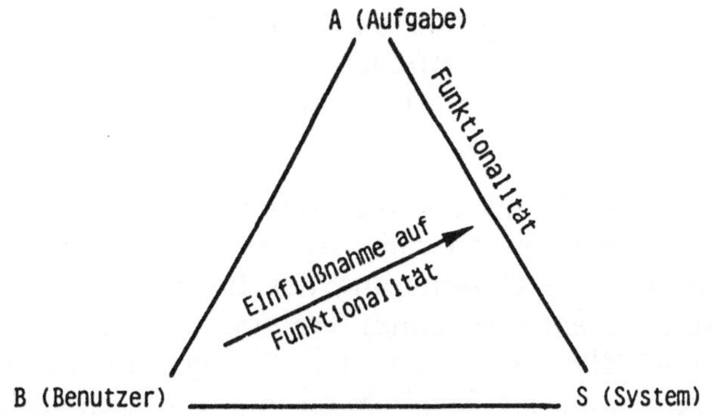

Abb. 4.2: *Einflußnahme des Benutzers auf die Funktionalität*

schaft ("Spreadsheet" Programme, vgl. Norman 1986), weil sie der von allen amerikanischen Betriebswirtschaftsstudenten in der Universität gelernten Systematik entsprachen; dennoch waren sie so kompliziert zu bedienen, daß sie nur als gering benutzbar eingestuft werden konnten.

> **Beispiel:** *Die meisten Großrechnerschnittstellen sind zwar funktional (also brauchbar zur Aufgabenerfüllung), aber nur wenig benutzbar. Die Benutzbarkeit ist so gering, daß es fast immer eines Speziali-sten bedarf, um überhaupt eine effektive Bedienung der Programme sicherzustellen.*

Benutzbarkeit: Wenn ein Programm leicht handhabbar ist, dann spricht man von guter Benutzbarkeit (vgl. Shackel, 1985). Viele Systeme orientieren sich immer noch am Beispiel der Programmierung und sind deshalb für den Nichtprogrammierer ausgesprochen schwer zu erlernen, die Rückmeldungen (z.B. Fehlermeldungen) sind nicht verständlich, kleinere Flüchtigkeitsfehler führen zu Systemzusammenbrüchen, und dieselben Befehle haben in unter-schiedlichen Zusammenhängen unterschiedliche Bedeutungen.

> **Beispiel:** *In einem Textverarbeitungsprogramm wird ein und die-selbe Tastenkombination für völlig unterschiedliche Funktionen be-nutzt. Im Editiermodus verwendet man die Tastenkombination zur Bewegung des Cursors; ist man hingegen in bestimmten Untermenüs, also in einem etwas anderen Teilbereich des Programms, dann führt dieselbe Tastenkombination zum Verlassen des Programms mit der Konsequenz, daß die geleistete Arbeit an einem Text verloren gehen kann.*

Kurzfristig gesehen ist die leichte Erlernbarkeit eines Systems von großer Bedeutung. Hier kann die Benutzbarkeit dadurch festgestellt werden, wie lange ein Benutzer braucht, um den Umgang mit dem System zu erlernen. Langfristig sollte darüberhinaus eine individuelle Anpassung des Systems an den Benutzer und an seinen Arbeitsstil möglich sein. Sowohl kurz- als auch langfristig stellt sich die Frage, ob ein System eine leichte Korrektur von Fehlern erlaubt und Flüchtigkeitsfehler nicht unnötig (z.B. durch Systemzusammenbrüche oder komplizierte zusätzlich notwendige Handlungen) "bestraft".

Benutzbarkeit bezieht sich auf die Interaktion zwischen Benutzer und System, die sich durch die Veränderung von Systemeigenschaften optimieren lassen. Im Prinzip ist eine Optimierung der Interaktion von Benutzer und System auch durch ein entsprechendes Training der Benutzer möglich (vgl. Kap. 3). Es sollte allerdings von der Dialogschnittstelle des Systems gefordert werden, soweit als möglich an die Interaktionsbedürfnisse der Benutzer angepaßt zu sein. Salopp ausgedrückt: Der Benutzer soll nicht zuerst ein Informatikstudium absolvieren müssen, ehe er das System benutzen kann. Im Einzelfall sollte sich der Systemdesigner eher für Dialogformen entscheiden, die die Erlernbarkeit des Systems erhöhen.

Aufgabenbewältigung: Die Aufgabenbewältigung besteht bei den meisten Arbeitsplätzen zunächst einmal unabhängig von der Software, denn die entsprechenden Aufgaben wurden ja zumeist auch schon vor Einführung des neuen Systems ausgeführt. Allerdings können Teilaufgaben durch das neue System verändert werden. Wesentlich für unseren Zusammenhang hier ist die Frage, ob das System die Aufgabenbewältigung unterstützt oder stört. Eine solche Störung kommt z.B. dann zustande, wenn das System den Benutzer dazu zwingt, Umwege zu machen (vgl. Rödiger, 1985 für empirisch auftretende Beispiele). Dies ist in Abb. 4.3 dargestellt und wird im nachfolgenden Beispiel exemplarisch erläutert.

> **Beispiel:** *In einer Lagerverwaltung erfolgte die Nachbestellung automatisch, wenn sich eine Reparatur eines Stücks nicht mehr lohnte. Dieser Automatismus ließ sich nicht ausschalten. Manchmal schien es dem Lagerverwalter aus guten Gründen aber sinnvoller, das Stück doch noch zu reparieren, anstatt gleich ein neues zu bestellen. In einem solchen Fall war der Lagerverwalter allerdings*

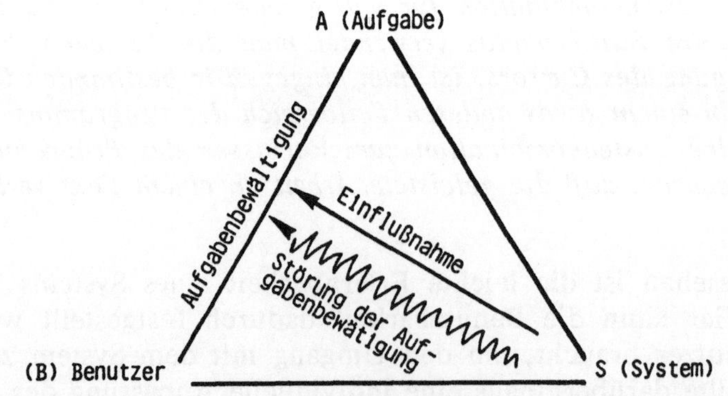

Abb. 4.3: *Einflußnahme des Computersystems auf die Aufgabenbewältigung*

gezwungen, falsche Daten in das System einzugeben. Denn nur wenn er statt einer Woche Lieferzeit sechs Wochen eingab, erlaubte das System auch eine weitere Reparatur. Nur durch Tricks war es dem Lagerverwalter also möglich, seine Aufgabe sinnvoll zu erledigen.

4.2.2 Die Begriffe Passung, Kontrollierbarkeit und Fehlerbehandlung

Die drei Hauptkriterien Funktionalität, Benutzbarkeit und Aufgabenbewältigung lassen sich durch drei zusätzliche Kriterien beschreiben: Passung, Kontrollierbarkeit und Fehlerbehandlung. Diese Begriffe sollen hier nur ganz kurz definiert werden, um sie dann weiter unten ausführlich zu erläutern.

Zunächst geht es immer darum, eine gute Passung zwischen den beiden Endpunkten der in Abb. 4.1 aufgeführten Bereichen zu finden. Eine Passung des Systems an die Aufgabe bedeutet z.B., daß das System mit Bezug auf eine Familie von genau spezifizierten Aufgaben entwickelt wurde.

Allerdings kann eine Passung der Software an den Benutzer nie vollständig sein, weil es immer wieder neue Aufgaben und Anwendungen sowie individuelle Eigenheiten einer Person gibt, mit denen bei der Erstellung der Software nicht gerechnet werden konnte. Deshalb ist das zweite Kriterium Kontrollierbarkeit, d.h. inwieweit kann der Benutzer das System den eigenen Bedürfnissen entsprechend aktiv verändern.

Selbst wenn die Passung und die Kontrollierbarkeit optimal sind, kommt es im betrieblichem Alltag immer wieder zu Fehlern. Fehler sind sehr häufig beim ungeübten Computerbenutzer. Sie verbringen manchmal 50% ihrer Zeit mit dem Korrigieren von Fehlern bzw. mit Versuchen, aus Fehlerzuständen herauszukommen. Selbst Geübtere benötigen in manchen Experimenten noch etwa 26% ihrer Zeit mit Fehlerkorrektur (Card, Moran & Newell, 1983). Bei manchen Befehlen sind 20 - 50% der Eingabeversuche fehlerhaft (Kraut, Hanson & Farber, 1983). Selbst Computerexperten machen noch eine Reihe von Fehlern. Deshalb ist es notwendig, die Behandlung des Fehlerproblems explizit als Kriterium aufzunehmen.

Diese drei Kriterien Passung, Kontrollierbarkeit und Fehlerbehandlung können nun quer zu Funktionalität, Benutzbarkeit und Aufgabenbewältigung gestellt werden. So entsteht eine Ordnung, wie sie in Tab. 4.1 aufgeführt ist. Entsprechend dieser Ordnung ist z.B. Funktionalität dann gegeben, wenn eine Passung von System und Aufgabe, eine hohe Kontrollierbarkeit (Anpaßbarkeit) und eine gute Fehlerbehandlung besteht. Ähnlich läßt sich Benutzbarkeit durch eine gute Passung des Systems an den Benutzer, hohe Individualisierbarkeit und Flexibilität des Systems und durch Fehlerrobustheit und Fehlermanagement beschreiben.

Tab. 4.1: *Kriterienmatrix für Softwaregestaltung*

	Passung	Kontrollierbarkeit	Fehlerbehandlung
Funktionalität	①	④	⑦
Benutzbarkeit	②	⑤	⑧
Aufgabenbewältigung	③	⑥	⑨

Im Rahmen dieser Matrix (Tab. 4.1) lassen sich nun die meisten wichtigen Kriterien der Software-Ergonomie behandeln. Dies soll als nächstes geschehen.

Von besonderer Bedeutung für die Kriteriendiskussion sind die DIN-Normen zu den Grundsätzen der Dialoggestaltung (vgl. Dzida, 1985). Da wir uns an verschiedenen Punkten auf die DIN-Normen beziehen werden, sollen sie noch vor unserer weiteren Diskussion im Kasten 4.1 dargestellt werden. Die DIN-Normen zu den Grundsätzen der Dialoggestaltung haben natürlich einen besonders hohen Einflußgrad, denn es wird bei der Qualitätsprüfung von Software zunehmend mehr die Frage gestellt, ob sie die entsprechenden Normen erfüllt. Sie bieten eine Meßlatte, die bisher noch nicht allzu viele Programme leicht überspringen können.

Kasten 4.1: DIN-Norm 66234, Teil 8, Bildschirmarbeitsplätze

Die DIN-Norm 66234, Teil 8 behandelt den Dialog zwischen Mensch und Dialogsystem. Ziel ist es, die Eigenschaften des Dialogsystems an die psychischen Eigenschaften der Benutzer anzupassen. Objektive Verfahren zur Überprüfung der Einhaltung der Leitlinien sind derzeit noch nicht verfügbar (z.B. quantifizierbare Größen, anwendungsspezifische Anforderungen).

Die folgenden fünf Grundsätze ergonomischer Dialoggestaltung werden anhand von Leitsätzen und Beispielen erläutert:

Aufgabenangemessenheit: Die Arbeitsaufgaben lassen sich durch das System leicht erledigen, ohne daß es den Arbeitenden durch Dialogeigenschaften belastet, z.B. wenn das Dialogsystem Tätigkeiten selbst ausführt, die sich aus technischen Eigenheiten des Systems ergeben (etwa Plazierung des Cursors an einer Stelle, die vom Arbeitsablauf des Benutzers gesehen sinnvoll ist).

Selbstbeschreibungsfähigkeit: Auf Verlangen des Benutzers können Einsatzzweck, Leistungsumfang, Hilfen, Beispiele und Erläuterungen zu bestimmten Optionen des Dialogsystems präsentiert werden. (Beim Anlegen einer neuen Datei können dem Benutzer Auskünfte über Vorgehensweisen, Zugriffsrechte etc. gegeben werden.)

Steuerbarkeit: Die Ablaufgeschwindigkeit, die Reihenfolge oder Art und Umfang von Ein- und Ausgabe ist beeinflußbar. (Durch Suchfunktionen können bestimmte Stellen im Dialog aufgesucht werden.)

Erwartungskonformität: Benutzer entwickeln aufgrund ihrer bisherigen Berufspraxis, der Schulung und der Arbeit an einem System bestimmte Erwartungen. Das System soll nun diesen Erwartungen entsprechen. (Dem Benutzer werden Zustandsmeldungen des Systems stets in der gleichen Form und an der gleichen Stelle am Bildschirm gegeben.)

Fehlerrobustheit: Bei fehlerhaften Eingaben werden keine undefinierten Systemzustände erzeugt, und das beabsichtigte Arbeitsergebnis kann mit minimalem Korrekturaufwand erreicht werden. (Das Dialogsystem stellt eine ungültige Eingabe fest, es markiert das entsprechende Feld und positioniert den Cursor an den Anfang des Feldes.)

4.2.3 Passung

Zunächst erläutern wir den Begriff Passung und beziehen diesen Begriff dann auf die Funktionalität, Benutzbarkeit und Aufgabenbewältigung.

Passung beinhaltet den Versuch, das System und die Arbeitsaufgabe (A-S Passung), das System und den Benutzer (S-B Passung) und die Arbeitsaufgabe und den Benutzer (A-B Passung) jeweils anzunähern. Genauer gesagt bedeutet eine hohe Passung, daß die von jeder Seite jeweils eingebrachten mentalen Modelle in hoher Übereinstimmung sind.

4.2.3.1 Das Problem der Passung

Wie schon in Kapitel 3 dargestellt, wird unter mentalem Modell die Vorstellung verstanden, die sich ein Mensch von einem Objekt macht. Dabei interessiert uns das handlungssteuernde mentale Modell (man kann auch ein erklärendes und beschreibendes Modell davon unterscheiden, vgl. Kapitel 3). Sowohl der Benutzer wie auch der Konstrukteur des Programms haben immer bestimmte Modelle vor Augen, wie das Computersystem funktioniert (bzw. funktionieren soll) und wie man mit ihm umgehen muß (Carroll, 1984, Jagodzinski, 1983, Rohr & Tauber, 1984). Dieses innere Modell kann im Sinne einer Metapher konstruiert sein, z.B. das System funktioniert so wie eine Schreibmaschine. Es kann aber auch im Sinne einer Serie von Wenn-dann-Regeln konstruiert sein, z.B. "Wenn ich 'CTRL g' eingebe, dann wird ein Buchstabe gelöscht". Es kann schließlich auch im Sinne eines intuitiven Verstehens organisiert sein - ich kann es mir anschaulich-denkend vorstellen, wie ich bei einem Löschprozeß vorgehen muß, ohne es verbalisieren zu können. Wie schon ausgeführt, sind die meisten mentalen Modelle dabei nicht im Sinne eines wissenschaftlichen Modells zu interpretieren. Sie sind meistens nicht vollständig, sie sind instabil und Teile werden oft vergessen, sie haben keine klaren Grenzen, sie sind oft sogar abergläubisch, und in den meisten Fällen merkt man sich nur die wichtigsten Teilbereiche (Norman, 1983a).

Benutzer und Softwareentwickler haben unterschiedliche mentale Modelle, denn sie beziehen sich auf unterschiedliche Bereiche. Dies ist in der Abb. 4.4 dargestellt. Der Softwaredesigner hat ein mentales Modell davon, wie die Software aussehen soll, die er selbst erstellt. Dabei spielt auch eine Rolle, welche Vorstellungen er von dem Benutzer hat. Wir wissen inzwischen, daß diese Vorstellungen meist relativ oberflächlich und oft sogar falsch sind. Die Softwaredesigner kennen meistens den Benutzer nicht sehr gut, und auch die Aufgabenstruktur ist ihnen nicht genau genug bekannt (Gould & Lewis, 1983, Hammond, Jörgensen, MacLean, Barnard & Long, 1983, Maaß et al., 1987). Die geringe Kenntnis des Benutzers und der Aufgabenstruktur ist aus den organisatorischen Bedingungen der Softwareentwicklung verständlich. Denn sie müssen sich zunächst auf ihre eigenen Aufgaben konzentrieren - und diese sind im wesentlichen technischer Art. Darüberhinaus arbeiten Softwareentwickler üblicherweise unter hohem

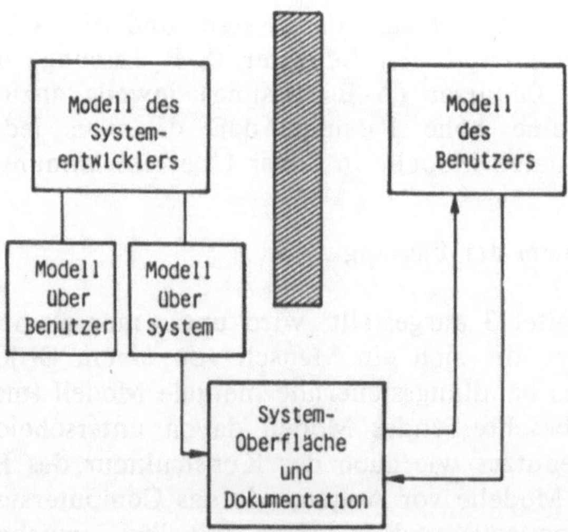

Abb. 4.4: *Unterschiedliche mentale Modelle von Designern und Benutzern*

108

Zeitdruck und sind froh, wenn die entwickelte Software wenigstens technisch richtig läuft. Fragen der Software-Ergonomie haben unter diesen Bedingungen einen geringeren Stellenwert.

Darüber hinaus wird in manchen Firmen der Softwareentwickler auch organisatorisch vom Kunden isoliert. In vielen Firmen wird der Kundenbezug nur der Marketingabteilung überlassen, während die Abteilung für Softwareentwicklung überhaupt keinen Bezug zum Benutzer hat. Deshalb erhält der Softwareentwickler auch keine Rückmeldungen - falsche Vorstellungen können sich auf immer verselbstständigen. Es stünde solchen Firmen gut an, auch für Softwareentwickler einen Mischarbeitsplatz mit Benutzerbezug zu schaffen.

Der Softwaredesigner kommuniziert nicht direkt mit dem jeweiligen Benutzer, sondern nur indirekt über die Systemoberfläche (bzw. über die Dokumentation). In Abb. 4.4 wird dies sowie die Barriere, die den Entwickler vom Benutzer trennt, dargestellt. Der Benutzer hat eigene a priori Vorstellungen davon (ein eigenes mentales Modell), wie das System aufgebaut sein sollte. Durch die Interaktion mit der Systemoberfläche entwickelt der Benutzer nun Ideen darüber, welche Vorstellungen sich der Designer über das System gemacht hatte. Die Systemoberfläche ist der einzige Zugang, den der Benutzer vis-à-vis dem Designer hat, denn er kann ja nicht direkt mit dem Designer kommunizieren. Kein Wunder, daß der Versuch, aus der Systemoberfläche die Prinzipien zu entnehmen, oft eher einem Prozeß des "Erratens" gleicht. Die Designprinzipien sollten deshalb so deutlich wie möglich auf der Systemoberfläche präsentiert werden.

Entsprechend Tab. 4.2 gibt es verschiedene Aspekte der Passung: Wenn die Passung zwischen System und Aufgabe gut ist, dann besteht eine Aufga-

Tab. 4.2: *Passung*

	Passung
Funktlonalltät	A - S (Aufgabe-System) Aufgabenangemessen-heit ①
Benutzbarkelt	S - B (System-Benutzer) Transparenz, Interne Konslstenz und Selbstbeschrelbungs-fählgkelt ②
Aufgaben-bewältlgung	A - B (Aufgabe-Benutzer) Keine Störung der Aufgabe durch Software, Konslstenz mit dem Fachwlssen ③

benangemessenheit des Systems. Wenn die Passung des Systems an den Benutzer gut ist, dann kann man von einer guten Erlernbarkeit des Systems, von Transparenz und von interner Konsistenz sprechen. Kann ein System sehr gut mit dem Fachwissen einer Person in Verbindung gebracht werden und trägt es damit dazu bei, daß die Aufgabenbewältigung nicht gestört wird, so kann dies als Konsistenz mit dem Fachwissen (Maaß, Rosson & Kellogg, 1987) bezeichnet werden.

Im folgenden wollen wir nun die einzelnen Kästchen der Tab. 4.2 durchgehen und die jeweiligen Kriterien konkret anhand von Beispielen diskutieren.

4.2.3.2 Passung und Funktionalität: Aufgabenangemessenheit

Funktionalität bedeutet, daß ein System die Aufgabenerledigung erlaubt und unterstützt. Deshalb muß es aufgabenangemessen arbeiten. Aufgabenangemessenheit wird im Rahmen der DIN-Norm folgendermaßen definiert (DIN 66234, Teil 8, S. 2): "Ein Dialog ist aufgabenangemessen, wenn er die Erledigung der Arbeitsaufgabe des Benutzers unterstützt, ohne ihn durch Eigenschaften des Dialogsystems unnötig zu belasten."

Aufgabenangemessenheit besteht also nur dann, wenn die Erledigung der Arbeitsaufgabe erleichtert wird. Zum Beispiel sollten alle vorbereitenden Arbeiten, die nichts mit der direkten Erledigung der Arbeitsaufgabe zu tun haben, möglichst kurz sein, bzw. selbständig durch das System ausgeführt werden.

> **Beispiel:** *Es sollten möglichst nur wenige Schritte ausgeführt werden müssen, bis man vom Anschalten des Computers bis zum Aufruf der richtigen Datei kommt.*

Leider steht es selbst in der Textverarbeitung, die noch am ehesten als Paradebeispiel für gute Funktionalität dienen kann, nicht zum besten. Hier werden Benutzer oft durch Systemeigenschaften belastet.

> **Beispiel:** *Selbst relativ moderne Textverarbeitungsprogramme machen es z.B. ausgesprochen schwer, Tabellen zu erstellen. So fehlt oft eine Funktion, die es erlaubt, Boxen (also Spaltenblöcke) zu kopieren. Oder die Tabulatoren beziehen sich nicht auf die richtige Schriftgröße, und die Tabelle zeigt dann linksseitig Flattersatz, wenn unterschiedliche Schriftgrößen verwendet werden.*

> **Beispiel:** *Bei einem Schreibsystem konnten wir beobachten, daß die Sekretärin die Zeilen abzählte, weil auf dem Bildschirm keine Angabe stand, um den Seitenumbruch festzustellen - die einzige Rückmeldung bei einer neuen Seite war ein Piepston.*

110

Beispiel: *Ein Trennungsprogramm trennt z.B. "entwickeln" fälsch-licherweise als "entwic-keln". Die Trennung wird selbst bei der Bestätigung nicht am Bildschirm angezeigt; deshalb muß der Benutzer jede Trennung nachkontrollieren.*

Positive Beispiele für Funktionalität werden u.a. in der DIN-Norm beschrieben:

> **Beispiel:** *Bei der Speicherung einer Datei, braucht sich der Benutzer nicht um die Organisation der Daten auf dem Speichermedium kümmern.*

> **Beispiel:** *"Die für ein zu bearbeitendes Bildschirmformular benötigte Informationsmenge ist so umfangreich, daß sie auf einer Bildschirmseite nicht untergebracht werden kann. Der Dialog muß dann in mehrere Dialogschritte aufgeteilt werden. Bei der Gestaltung des Dialoges wurde darauf geachtet, daß die logisch zusammengehörigen oder meist benötigten Daten auf jeweils einer Bildschirmseite untergebracht sind. Zur Erleichterung der Orientierung über die Teilbereiche kann der Benutzer im Dialog eine Übersicht anfordern, um flexibel von einem Teilbereich auf einen anderen übergehen zu können." (DIN-Norm, 66234, Teil 8, S. 2)*

Fazit: Um eine Passung des Systems an die Aufgabe zu erzielen, sollte das Systemdesign bereits bestehende und erfolgreiche aufgabenspezifische Tätigkeitsabläufe berücksichtigen. Darüberhinaus sollte das System an jedem Punkt die Aufgabenerfüllung unterstützen und deren Bewältigung erleichtern.

4.2.3.3 Passung und Benutzbarkeit: Interne Konsistenz, Transparenz und Erlernbarkeit

Im folgenden wird der Aspekt Passung und Benutzbarkeit (vgl. Tab. 4.2) untersucht. Hier geht es um die Frage, ob das System leicht benutzbar ist - sicherlich eine der zentralen Fragen der Software-Ergonomie. Die folgenden Aspekte gehören dazu: 1) hohe Transparenz des Systems, 2) hohe interne Konsistenz des Systems und 3) leichte Erlernbarkeit (dazu verhilft der Aspekt Selbstbeschreibungsfähigkeit).

Eine Passung von System und Benutzer wäre am einfachsten, wenn sich das
System dem bereits vor der Systembenutzung bestehenden mentalen Modell
des Benutzers anpassen würde. Dies ist natürlich nicht möglich[2].

Konsistenz

Konsistenz bedeutet, daß eine einmal eingeführte Art des Dialogs auch für
das gesamte System gilt (besser noch für eine Familie von Systemen). Das
System sollte also den Benutzer nicht verwirren oder nur halbwahre Erklärungen geben. Ulich (1985) erinnert in diesem Zusammenhang an zwei
Aspekte: Die Antwortzeiten des Systems sollten möglichst gleichbleibend
und vorhersagbar sein. Der Benutzer sollte das Antwortverhalten des
Systems verstehen können; ähnliche Aktionen des Benutzers sollten ähnliche
Reaktionen des Systems hervorrufen. Ein konsistentes System widerspricht
also den einmal entwickelten Erwartungen des Benutzers nicht mehr. Es gilt
das *"Prinzip der geringsten Verwunderung"*.

Manchmal kann alleine die Benennung der Befehle zu Schwierigkeiten
führen.

> **Beispiel:** *In einem direkt manipulierbaren Programm heißt eine
> Funktion "Duplizieren". Man würde nun vermuten, daß hier ein alter
> Datei-Inhalt und der "duplizierte" neue bestehen bleiben. In Wirk-
> lichkeit ist es aber genau genommen ein "Verschieben", d.h. der alte
> Inhalt wird an die neue Stelle gesetzt - und wird gleichzeitig an
> der alten Stelle gelöscht. Wir konnten einige Fehler aufgrund
> solcher und ähnlicher Fehlbenennungen beobachten.*

Ein weiteres Merkmal von Konsistenz ist die Optimierung von Aufmerk-
samkeitserfordernissen. Wichtige Rückmeldungen und Warnhinweise sollten
gut sichtbar an denselben Stellen auf der Bildschirmmaske ausgegeben
werden. Der Benutzer sollte nicht ständig den gesamten Bildschirm darauf
absuchen müssen, ob sich irgendwo irgendetwas Wichtiges versteckt.

Konsistenz soll das Gedächtnis entlasten, denn bei einem inkonsistenten
System müssen alle einzelnen Anwendungsfälle separat im Gedächtnis ge-

---

[2] Einen Zugang zur Passung erhofften sich Anhänger der sogenannten künstlichen Intelligenz:
Danach soll sich das Computersystem ein Modell von den Vorstellungen des Benutzers machen
können und dann entsprechend den Dialog mit dem Benutzer analog zur menschlichen Kommunikation gestalten. Diese Hoffnungen wurden inzwischen wohl von den meisten Systemdesignern
zumindest für die mittelfristige Zukunft aufgegeben. Darüberhinaus dürfte die Transparenz und
Konsistenz eines solchen Systems gering sein, weil das System sich an die Voraussetzungen des
Menschen anpaßt. Nach jedem Anpassungsprozeß würde es ja dann anders reagieren als vorher -
ein deutlicher Bruch der Konsistenz.

speichert werden, während das konsistente Modell die Bildung von Ober-
begriffen erlaubt.

In den DIN-Normen wird Konsistenz unter dem Begriff "Erwartungskonformität" diskutiert (auch wenn sich bei genauerer Lektüre der Beispiele
herausstellt, daß unter dem Begriff der Erwartungskonformität sowohl
Konsistenz als auch Transparenz subsumiert wurden - eine leichte begriffliche Unschärfe dieser Norm). "Ein Dialog ist erwartungskonform, wenn er
den Erwartungen der Benutzer entspricht, die sie aus Erfahrungen mit bisherigen Arbeitsabläufen oder der Benutzerschulung mitbringen sowie den
Erfahrungen, die sie sich während der Benutzung des Dialogsystems und im
Umgang mit dem Benutzerhandbuch bilden." (DIN-Norm 66234, Teil 8,
S.4)

> **Beispiel:** *"Der Benutzer arbeitet in einem Dialogsystem mit
> verschiedenen Anwendungsprogrammen. In allen Arbeitssituationen
> kann der Benutzer in einer einheitlichen Sprache mit dem System
> kommunizieren, weil für die Führung des Dialogs immer die gleiche
> Syntax verwendet wird." (DIN-Norm 66234, Teil 8, S. 4)*

> **Beispiel:** *"Dem Benutzer werden Zustandsmeldungen des Systems
> stets in derselben Zeile ausgegeben." (DIN-Norm 66234,Teil 8, S.4)*

Konsistenz muß genauso, wenn nicht sogar noch etwas stärker als andere
Kriterien anhand eines konkreten Produkts in der Praxis erprobt werden.
Das ergibt sich aus der Beobachtung, daß das Konsistenzempfinden eines
Systemdesigners in der Regel ganz anders ist als das des Endbenutzers.
Sogar zwischen Endbenutzern mit unterschiedlichen Arbeitsaufgaben lassen
sich teilweise unterschiedliche Konsistenzerwartungen an ein und demselben
System vermuten. Deshalb ist es notwendig, empirische Untersuchungen mit
unterschiedlichen Programmen und mit verschiedenen Benutzern durchzu-
führen, um inkonsistente Systembereiche zu entdecken (vgl. mehr dazu in
Abschnitt 4.5.2).

Abschließend sei angemerkt, daß es die unterschiedlichen Arbeitsaufgaben,
die unterschiedlichen Arbeitsstrategien und die Erfahrungen des Benutzers
im Umgang mit untereinander oft hochgradig inkonsistenten Programmen
schwer machen, ein einheitliches Maß für Konsistenz zu finden.

Transparenz

Transparenz beinhaltet, daß der Benutzer leicht ein adäquates inneres
Modell des Systems entwickeln kann (Maaß, 1983). Nach Keil-Slavik und
Holl (1987, S. 3) bezieht sich Transparenz "auf die Erschließbarkeit des
Systems durch den Benutzer". Wenn man zur Abb. 4.4 zurückgeht, wird
deutlich, was damit gemeint ist. Je klarer der Systemdesigner dem Benutzer
durch die Systemoberfläche vermittelt, welches Modell dem System zugrun-

deliegt, desto besser ist die Transparenz des Systems. Ähnlich wie ein gut
sortierter Werkzeugkasten sollten Befehle und Funktionen angeordnet sein.
Das Werkzeug sollte nicht verstreut auf dem Tisch herumliegen. Andererseits ist es auch nicht notwendig, daß es in seiner Gesamtheit stets sichtbar
ist, solange es nach Funktionsgruppen geordnet ist.

Darüberhinaus soll Transparenz die Orientierung bei der Handlungsplanung und -ausführung und der Rückmeldungsverarbeitung erleichtern
(z.B. durch eine Präsentation sinnvoll ausgewählter Optionen am Bildschirm
oder durch sofortige Rückmeldungen direkt nach einer Teilhandlung).

Fehlende Transparenz läßt sich oft im Bereich der Abstimmung zwischen
der Präsentation eines Texts auf dem Bildschirm und dem Drucken erkennen.

> **Beispiel:** *Bei einem Textverarbeitungssystem beobachteten wir, daß
> nach Benutzen des Tabulators und eines Unterstreichungsbefehls auf
> dem Rand plötzlich Unterstreichungen auftauchten. Diese waren
> aber auf dem Bildschirm nicht zu erkennen, sondern erst wenn das
> Dokument ausgedruckt wurde. Probleme dieser Art führen dazu, daß
> viele Briefe und Dokumente drei- bis viermal ausgedruckt werden,
> bevor sie wirklich "stimmen" - ein eklatanter Widerspruch zu dem
> Konzept des papierlosen Büros.*

Zwei positive Beispiele aus der DIN-Norm (wie schon erwähnt, wird auch
Transparenz in der DIN-Norm unter Erwartungskonformität gefaßt):

> **Beispiel:** *"Bevor der Benutzer seinen Dialog aufnimmt, hat er die
> Möglichkeit, ein aktuelles Bild vom Zustand des Systems zu
> bekommen. Er wird über Systemausfälle, Verfügbarkeit des Systems
> und Sondersituationen (z.B. Ausfall von Transaktionen und Dateien,
> unterrichtet." (DIN-Norm 66234, Teil 8, S. 4)*

> **Beispiel:** *"Durch eine Analoganzeige erfährt der Benutzer, wie weit
> das Anwendungsprogramm in der Verarbeitung fortgeschritten ist."
> (DIN-Norm 66234, Teil 8, S. 5)*

Konsistenz und Transparenz bedingen sich z.T. gegenseitig. Im Regelfall ist
ein inkonsistentes System auch intransparent und umgekehrt. Es kommt
manchmal aber auch zum Auseinanderfallen der beiden Begriffe. Zum Beispiel sind manche direkt manipulierbare Systeme zwar transparent, aber
nicht notwendigerweise auch konsistent. Ein konsistentes System kann noch
intransparente Züge aufweisen, wenn es z.B. die Systemcharakteristika nicht
deutlich werden läßt.

Erlernbarkeit und Selbstbeschreibungsfähigkeit

Transparenz und Konsistenz erleichtern die Erlernbarkeit eines Systems,
weil sie offenlegen, welche Systemeigenschaften wesentlich sind und weil

dieses Offenlegen einheitlich passiert, so daß nicht eine Unmenge von nicht miteinander in Verbindung stehenden Regeln gelernt werden muß.

Beispiele für mangelnde Selbstbeschreibungsfähigkeit lassen sich viele finden.

> **Beispiel:** *Bei einem Textverarbeitungsprogramm sollte eine Datei mit dem Namen DESIGN geladen werden. Dieser Versuch scheiterte mehrmals, obwohl der Name der Datei vorhanden war. Es stellte sich heraus, daß das Textverarbeitungsprogramm den Namen "DE-SIGN." (also mit Punkt) verlangte. Nur so konnte es feststellen, daß kein "Nachname" nach dem Punkt (z.B. DESIGN.TXT) zu erwarten war. Keine Rückmeldung hat dem Benutzer diese Erwartung des Textverarbeitungssystems erklärt.*

Welche ökonomischen Konsequenzen es hat, wenn die Erlernbarkeit schlecht ist, verdeutlicht das folgenden Beispiel.

> **Beispiel:** *Bei einem Großrechnersystem zur Reisebuchung ergab es sich aus historischen und organisatorischen Gründen, daß der Kaufmann im Reisebüro vor Ort jeweils unterschiedliche Eingabemasken für verschiedene Reiseveranstalter ausfüllen mußte. Lange Zeit wurden keine Anstrengungen unternommen, die Eingabemasken zu standardisieren. In dieser Branche muß sehr schnell gehandelt werden. Einige Masken waren schwieriger und nur mit erheblich größerem Zeitaufwand zu erlernen als andere. Diese wurden von den Angestellten des Reisebüros einfach weniger genutzt - zum Schaden der Reiseveranstalter, deren Reiseofferten eigentlich in nichts hinter den anderen zurückblieben.*

In diesem Beispiel zeigt die Praxis durch den direkten Vergleich zweier Systeme, daß es sich ausgezahlt hätte, wenn leichtere Erlernbarkeit im Systemdesign angelegt gewesen wäre.

Neben der Transparenz und Konsistenz wird Erlernbarkeit durch die Selbstbeschreibungsfähigkeit eines Systems gefördert. Selbstbeschreibungsfähigkeit ist sinnvoll, da man davon ausgehen kann, daß selbst nach einem intensiven Training die Passung von Benutzermodell und System nicht vollständig ist. Vieles wird nicht richtig verstanden oder selten genutzt und daher vergessen. Der Benutzer sollte sich in der Arbeit mit dem System weiterentwickeln können. Deshalb sollte das System über seine Funktionsweise, über den Umfang der Arbeitsmittel und über Voraussetzungen für die Anwendung im Sinne einer Selbstbeschreibungsfähigkeit Auskunft geben können (DIN-Norm, 1988). Das beinhaltet vor allem, daß das System auf Anforderung durch den Benutzer zusätzliche Information geben sollte:

- Z.B. über jede Aktion resp. über jeden Befehl und über jedes Objekt, das der Benutzer manipulieren kann (Hilfesysteme, z.B. Eingabe von

"?" vor dem entsprechenden Befehl oder der Funktion); dabei steht im Vordergrund, daß die Funktionsweise erklärt und einige Anwendungsbeispiele gegeben werden.

- Über die Bedienung der Hilfe- und Hinweisfunktionen.

- Über eventuell erforderliche Grund- und Zusatzinformationen in Handbüchern mit Angabe von Stichworten. Und/oder problemloses Verzweigen in entsprechende Komponenten des Lernprogramms (Tutorials).

- Über den Aufbau und die Funktionsweise der Rückmeldungen und Fehlermeldungen.

Die Informationen sollten in der betreffenden Landes- und Fachsprache (falls angebracht) formuliert sein, an übliche Allgemein- und Fachkenntnisse anknüpfen und in ihrer Art und ihrem Umfang vom Benutzer beeinflußbar sein (z.B. auch seinem Übungsniveau gerecht werden). Die Anforderung von Information sollte durch eine spezielle Taste eingeleitet werden und zu jedem für den Benutzer sinnvollen Zeitpunkt des Dialoges aktiviert werden können (vgl. "Support", Ulich, 1985).

Allerdings ist hier noch auf ein Problem hinzuweisen: Zusätzliche Informationen sind nicht immer hilfreich. Am besten läßt sich dies bei den Handbüchern verdeutlichen. Sehr umfangreiche Handbücher sind einfach nicht mehr brauchbar - die Tendenz geht eher in die Richtung, "minimale Handbücher" (Carroll et al., 1986) zu entwickeln (vgl. 3.5). Deshalb sollte auch bei diesen Vorschlägen mitbedacht werden, an welchem Punkt die Informationen zu einer überfordernden Informationsflut beitragen und wie man durch hierarchische Anordnung dem Experten helfen kann, so daß er nicht mehr für eine einfache Gedächtnishilfe lange Texte lesen muß.

Fazit: Die Passung der Benutzbarkeit ist über die Begriffe Konsistenz, Transparenz und Selbstbeschreibungsfähigkeit zu erläutern. Die Konsistenz geht nach dem Prinzip der geringsten Verwunderung vor, die Transparenz nach dem Prinzip der einfachsten Darstellung der Systemcharakteristika und die Erlernbarkeit bedeutet, daß ein Novize ein System schnell erobern kann (und dabei hilft die Selbstbeschreibungsfähigkeit eines Systems). Systeme der direkten Manipulation sind eher transparent und leichter erlernbar.

4.2.3.4 Exkurs: Direkt manipulierbare Systeme

Systeme der direkten Manipulation erhöhen die Erlernbarkeit und die Konsistenz und Transparenz eines Systems; deshalb soll in einem Exkurs au solche Systeme eingegangen werden. Im Gegensatz zu den digitalen Systemen, wie etwa einem befehlsorientierten System, geben direkt manipulierbare Systeme eine unmittelbare Anschauung von analogen Modellen der "normalen" Arbeitswelt. Zum Beispiel wird in solchen Systemen ein Schreibtisch auf dem Bildschirm repräsentiert. Es gibt auch einen Papierkorb und man kann einen Text durch Verschiebung auf dem Bildschirm quasi in den Papierkorb befördern. Man muß sich also keine Befehlssequenzen merken - alles ergibt sich aus der unmittelbaren Anschauung.

Der Begriff der direkten Manipulation wurde von Shneiderman (1982b, 1983a) geprägt (vgl. für eine formale Definition Fähnrich & Ziegler, 1985). Die folgenden Aspekte sind dafür charakteristisch: Die jeweiligen Objekte des Benutzerinteresses werden kontinuierlich repräsentiert. Eine komplexe Syntax von Befehlen (wie in den traditionellen Systemen) wird bei der direkten Manipulation durch objektorientierte Aktionen ersetzt; dabei werden die Auswirkungen von Operationen direkt sichtbar. Eine wesentliche Devise für direkte Manipulation lautet dabei "What you see is what you get", d.h. alles, was auf dem Bildschirm steht, kann direkt verändert werden. Das Feedback ist echt. Der Bildschirm repräsentiert, was man auf dem Blatt Papier nach dem Ausdrucken erhält. Somit modelliert ein direkt manipulierbares System eine eigene Welt, in der sich der Benutzer mit Hilfe grafischer Repräsentationen zurechtfinden kann.

Als - wenn auch nicht an jedem Punkt - gelungene Beispiele für objektorientierte Systeme können das Xerox Star System und der Macintosh von Apple mit ihren Metaphern wie Papierkorb, Aktenordner, Textblatt etc. gelten. Die Maus ist dort ein Eingabeinstrument, das es erlaubt, mit einem Pfeil direkt auf dem Bildschirm herumzufahren und bestimmte Felder zu berühren. Durch Knopfdruck können dann die Funktionen ausgeführt werden. Ein Textblatt wird zum Beispiel in den Papierkorb befördert, indem man mit dem Pfeil auf das Textblatt fährt, einen Knopf auf der Maus drückt, das Textblatt sozusagen mit dem Pfeil zum Papierkorb schiebt und dort den Knopf wieder losläßt. Wenn diese Prozedur ein Versehen gewesen sein sollte, dann läßt sich der Papierkorb ein zweitesmal ansteuern. Diesesmal wird der Pfeil auf den "Papierkorb" geführt. Ein Knopfdruck und der Papierkorb entleert seinen Inhalt in ein dafür vorgesehenes Feld.

Im Gegensatz zu Systemen der direkten Manipulation werden bei befehlsorientierten Systemen eher abstrakte Repräsentationen von Funktionen und Objekten verlangt. Die Erlernbarkeit eines System der direkten Manipulation ist besser, da sich die Funktionen von direkt manipulierbaren Systemen an einem vereinfachten Modell eines Schreibtisches im Büro orientieren. Es lassen sich also bekannte Handlungsmuster direkt auf die Interaktionsformen am Computer übertragen. Altmann (1987) hat mit Bezug auf ein Handlungsmodell in Abb. 4.5 grafisch dargestellt, warum Direktheit den Benutzer unterstützt. Da man direkt Informationen einholen und seine Handlungen direkt entwickeln kann, sind auch die jeweiligen Handlungsfolgen und die Informationsaufnahme leichter zu erlernen. Es wird vom Benutzer insgesamt weniger kognitiver Aufwand verlangt.

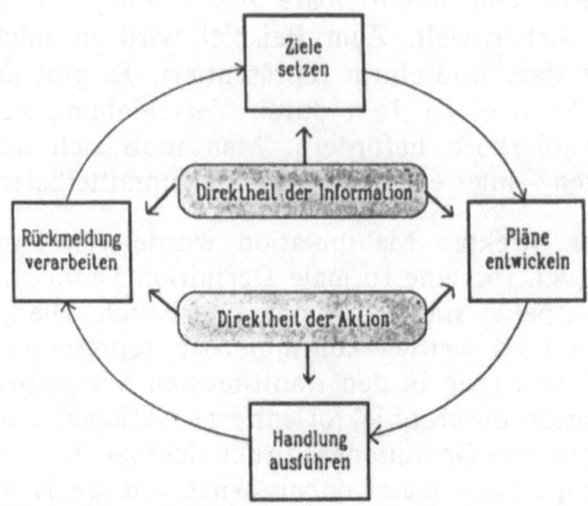

Abb. 4.5: *Unterstützung des Benutzers durch Direktheit des Systems (Altmann, 1987, S. 109)*

Die Transparenz des Systems ist höher, da sich der Designer und auch der Benutzer an dem allgemeinem Fachwissen orientieren können. Im Prinzip ist auch die Konsistenz des Systems relativ hoch, allerdings gibt es hier einige Probleme (vgl. Frese & Altmann, im Druck). Zum Beispiel hat das Macintosh System auch ein Lineal. Dieses Lineal hat aber einige Funktionen, die es auf dem Schreibtisch nicht ausfüllt, z.B. werden damit die Tabulatoren und die Abstände eingestellt. Prompt ergaben sich hier einige Fehler, denn diese Funktionen sind inkonsistent mit den Alltagsvorstellungen des Begriffs Lineal.

Eine dafür relevante Studie zur Erlernbarkeit (Altmann, 1987, Frese, Schulte-Göcking & Altmann, 1987) ist insofern von besonderem Interesse, als sie, gemessen an anderen Untersuchungen, von einer eher längeren Trainingsdauer ausging - die Untersuchungspartner erhielten sieben Doppelstunden Einzelunterricht. Nach vier- bis sechsstündiger Trainingsdauer ließen sich Leistungsvorteile bei der Gruppe erkennen, die das direkt manipulierbare Textverarbeitungssystem lernten (eine Vergleichsgruppe lernte ein traditionelles System mit einer Kombination aus Menü- und Befehlssprache). Dieses Ergebnis scheint im Gegensatz zu dem Ergebnis von Whiteside et al. (1985) zu stehen, die keine leichtere Erlernbarkeit der Systeme direkter Manipulation fanden. Whiteside et al. trainierten aber insgesamt nur eine Stunde. In den ersten Stunden zeigte sich nun auch bei der Studie von Altmann keine leichtere Erlernbarkeit der Systeme direkter Manipulation. Erst nach der sechsten Stunde sind diese Effekte überall deutlich.

4.2.3.5 Passung und Aufgabenbewältigung: Konsistenz mit dem Fachwissen

Zunächst sollte die Software mit dem jeweiligen Fachwissen konsistent sein. Dies ist dann gegeben, wenn die entsprechenden Fachbegriffe auch in der Software richtig verwendet werden und wenn sich die Objekte der Software adäquat verhalten.

> **Beispiel:** *In einem konventionellem Bürosystem sind Ablagen nach der Hierarchie Schrank, Ordner, Mappe und Schrifstück geordnet. In einer Bürosoftware gab es nun die Möglichkeit, Mappen auch in anderen Mappen abzulegen, d.h. es gab eine hierarchische Ordnung von Mappen. Dieses Tätigkeitsmodell über Ablage und Suche entspricht zwar einer mengentheoretischen Logik, nicht aber der üblichen Verfahrenslogik im Büro. Mappen, die sich aus Versehen in anderen Mappen befanden oder von "Ortskundigen" dorthin verfrachtet wurden, konnten von vielen Mitarbeitern nicht mehr aufgefunden werden (Lang, 1987).*

Die allgemeine Frage ist also: Entsprechen die Modelle oder Metaphern, die der Software zugrundeliegen, dem Fachwissen? Besonders wichtig ist natürlich, daß das System die Auseinandersetzung mit der Aufgabe nicht stören, sondern unterstützen sollte. D.h. die Software sollte an dem bestehenden Fachwissen ansetzen und dieses vervollständigen.

Eine Voraussetzung für die Anpassung der Software an das Fachwissen ist die Durchführung einer genauen Aufgabenanalyse (vgl. Frieling, 1975, Kannheiser, im Druck) vor der Entwicklung der Software. Dies wird leider allzu oft vergessen. Eine Aufgabenanalyse sollte dabei nicht nur die offiziell festgelegten Aufgaben erfassen, sondern auch die darüberhinaus bestehenden. Meist ist hier ein deutlicher Unterschied. Aufgaben sind bis zu einem bestimmten Grad bereits kognitiv verarbeitete Aufträge, die von dem Unternehmen an einen Arbeitenden vergeben werden. Das bedeutet, daß zur Aufgabenbestimmung bereits Interpretationsprozesse durch den "Auftragnehmer" stattgefunden haben und zu ihrer Erledigung durchaus unterschiedliche Vorgehensweise, ja sogar unterschiedliche Ziele (z.B. bezüglich der Qualität der Arbeit) gewählt werden können. Eine Aufgabe ist also die Übernahme eines Auftrags durch eine Person oder eine Gruppe von Personen. Zur Aufgabenanalyse gehört auch, welche Tätigkeiten zur Erfüllung der Aufgaben gemacht werden müssen und welche Wissensbestandteile notwendig sind. Dabei ist von einer hierarchischen Struktur der Aufgaben auszugehen.

Fazit: Die Aufgabenerfüllung soll durch das System unterstützt und nicht gestört werden. Die Software sollte einen klaren Bezug zum Fachwissen aufweisen.

4.2.4 Kontrollierbarkeit

Kurzfristig stellt sich zunächst die Frage, wie gut die Passung des System
ist. Oft läßt sich aber nicht von vornherein entscheiden, welche Funktione
langfristig besonders wichtig sind. Dies erweist sich häufig erst in de
Praxis, etwa in der Auseinandersetzung mit einer spezifischen Aufgabe
Nur wenn man dann das Programm selbständig verändern und damit de
Situation anpassen kann, läßt sich die Funktionalität langfristig erhöhen
Aus diesem Grund sollte auf eine hohe Kontrollierbarkeit hingearbeite
werden. Dabei ist es nicht unbedingt notwendig, daß der jeweilige Benutze
das System selbst verändern kann. Oftmals verlangen Veränderungen de
Systems ein gewisses Können, das zumindest der Anfänger noch nicht auf
bringt. Entsprechende Hilfe sollte dem Anfänger also gerade bei der An
passung des Systems an seine Bedürfnisse gewährt werden. Allerdings sollt
die Kontrollierbarkeit auch nicht so schwer sein, daß nur noch ein Pro
grammierer Veränderungen anbringen kann. Denn gerade der direkte Auf
gabenbezug steht ja im Vordergrund. Deshalb können lokale Experten den
Benutzer mehr helfen, weil sie den Aufgabenbezug besser verstehen als ein
zentrale Programmierabteilung (abgesehen von den zusätzlichen Kosten, di
eine Umprogrammierung erfordert). Insgesamt ist anzustreben, die Kontrol
lierbarkeit ohne große Softwarekenntnisse zu erreichen.

4.2.4.1 Das Konzept der Kontrollierbarkeit

Im Sinne einer langfristigen Anpassung der Funktionen und der Benutzbar
keit eines Programms ist die Kontrollierbarkeit zentral für die Mensch-
Computer Interaktion (Frese, 1987, vgl. auch Kapitel 5). Kontrollierbarkei
bedeutet, daß der Benutzer die Software an seine Bedürfnisse und an seine
Aufgaben anpassen kann. D.h. Kontrollierbarkeit ist Eigenkontrolle, die
Kontrolle des Benutzers über die Software. Unter Kontrollierbarkeit wird
entsprechend der Abb. 4.6 verstanden, daß der Benutzer Entscheidungs-
möglichkeiten über die Reihenfolge, den Zeitrahmen und den Inhalt hat.
Diese Entscheidungsmöglichkeiten beziehen sich auf die Handlung. Jede
Handlung besteht nun aus Zielen (oder einer Aufgabe), aus Plänen zur
Zielerreichung und aus der Rückmeldung (Feedback) von der Umgebung
(Frese & Sabini, 1985) (vgl. Kasten 1.4. über Handlungsregulationstheorie).
Die Handlungen werden unter bestimmten organisationalen und Arbeitsbedingungen durchgeführt. Kontrolle über ein System besteht dann, wenn
der Benutzer entscheiden kann, wie, unter welchen Zeitbedingungen, mit
welchen Schritten er seine Handlungen ausführt und unter welchen Bedingungen er dies tut.

Zum Beispiel kann Kontrollierbarkeit bedeuten, daß der Benutzer die
Reihenfolge der Abarbeitung von Schritten selbst bestimmt (und nicht etwa
der Computer die Reihenfolge vorgibt), daß der Computer keinen Zeittakt

Handlungssequenz	Entscheidungsmöglichkeiten		
	Reihenfolge	Zeitrahmen	Inhalt
Ziele (Aufgaben)			
Pläne			
Rückmeldung (Signale)			
Bedingungen			

Abb. 4.6: *Aspekte der Kontrollierbarkeit (nach Frese, 1987)*

vorschreibt, sondern der Benutzer über Zeitsouveränität verfügt oder daß der Benutzer bestimmt, welche Schritte im Rahmen seiner Pläne zur Aufgabenerfüllung notwendig sind (der Computer gibt diese also nicht vor).

Auch die DIN-Norm (1988) verwendet einen ähnlichen Begriffe, nämlich Steuerbarkeit. Dieser Begriff entspricht in weiten Teilen unserem Begriff der Kontrollierbarkeit. Wir ziehen den Begriff Kontrollierbarkeit vor, weil er etwas breiter ist und es dazu bereits eine umfangreiche psychologische Literatur gibt, auf die man sich beziehen kann (genaueres bei Frese, 1987).

Entsprechend der Tab. 4.3 bedeutet im Falle der Funktionalität Kontrollierbarkeit, daß das System an die Aufgabe angepaßt werden kann. Kontrollierbarkeit beinhaltet bei der Benutzbarkeit, daß ein System an die Bedürfnisse des Benutzers flexibel und individuell angepaßt werden kann. Bei der Aufgabenbewältigung unterstützt das System die Individualisierbarkeit der Aufgabe und die Anpaßbarkeit des Systems an das jeweils spezifische Fachwissen.

Im folgenden sollen nun die spezifischen Bereiche der Tab. 4.3 im einzelnen diskutiert werden.

Tab. 4.3: *Kontrollierbarkeit*

	Kontrollierbarkeit	
Funktionalität	Anpaßbarkeit	①
Benutzbarkeit	Individualisierbarkeit des Systems, Flexibilität	②
Aufgabenbewältigung	Anpaßbarkeit an das Fachwissen und an individuelle Aufgabe	③

4.2.4.2 Kontrollierbarkeit und Funktionalität: Anpaßbarkeit

Kontrollierbarkeit erhöht die Funktionalität eines Systems, wenn der
Benutzer Veränderungen zur Anpassung des Programms an die Arbeitser-
fordernisse vornehmen kann (Kästchen 1 in Tab. 4.3). Dieser Aspekt wird
auch in Abb. 4.2 angesprochen. Anpaßbarkeit in unserem Sinn kann z.B.
bedeuten, daß man die Bildschirmmaske verändern oder neue Menüs
entwickeln kann, die der jeweiligen Arbeitsaufgabe angemessen sind. Auch
die Möglichkeit der Erstellung von Makros, mit denen man zusätzliche
Hilfen programmieren kann, ist hier gemeint. Im Prinzip kann also bei
jedem Problem mit der Funktionalität eines Systems die Frage gestellt
werden, ob man durch Anpaßbarkeit die Funktionalität doch wieder erhöhen kann. Da die meiste Software (oft selbst die für Firmen individuell
hergestellte) große Anteile von Standardsoftware enthält, ist dieser Aspekt
der Kontrollierbarkeit besonders wichtig.

Der Anteil der fehlenden Kontrollierbarkeit an der Funktionalität läßt sich
in dem folgenden Beispiel sehen:

> **Beispiel:** *Üblicherweise wird am Ende einer Textbearbeitung ein
> Trennungsprogramm aufgerufen. Aus programmtechnischen Gründen
> kann der Trennungslauf nicht unterbrochen werden. Üblicherweise
> wird jeder einzelne Trennungsvorschlag durch die Benutzer
> bestätigt. Dabei erkennen die Schreibkräfte oft noch einzelne
> Tippfehler. Diese können sie aber nicht sofort korrigieren, ohne den
> Trennungslauf abzubrechen. Das führt häufig dazu, daß sie nach
> dem Abschluß des Trennungslaufs vergessen haben, wo der Fehler
> steht. Höhere Kontrollierbarkeit würde hier erlauben, den Tren-
> nungslauf zu unterbrechen und Tippfehler direkt zu verbessern.*

Hier wieder einige positive Beispiele, die wir der DIN-Norm (zur Steuerbarkeit) entnommen haben.

> **Beispiel:** *"Die Konstruktionsaufgabe erfordert es, nicht wie üblich
> vom Grundriß auszugehen, sondern zunächst die Fassade zu ent-
> werfen, da die umliegenden Baulichkeiten zu berücksichtigen sind
> Der Benutzer führt deshalb zunächst die Dialogschritte aus, die für
> den Entwurf der Fassade erforderlich sind, und berücksichtigt die
> konstruktiven Details später beim Grundrißentwurf, soweit dort
> erforderlich." (DIN-Norm 66234, Teil 8, S.2)*

> **Beispiel:** *"Der Benutzer erkundigt sich während einer Anfrage nach
> der augenblicklichen Belastung einer Datenbank, um abzuschätzen
> wie viele Anfragen heute noch bearbeitet werden können." (DIN-
> Norm, 66234, S.2)*

Fazit: Langfristig muß es möglich sein, das System den Spezifika der jeweiligen Arbeitsaufgabe anzupassen.

4.2.4.3 Kontrollierbarkeit und Benutzbarkeit: Individualisierbarkeit und Flexibilität

Für den Zusammenhang von Kontrollierbarkeit und Benutzbarkeit ist es wesentlich, individuelle Arbeitsstrategien verwenden und die Software flexibel nutzen zu können. Der Vorteil der *Individualisierung* der Arbeitsstrategien wurde von Ulich (1983) herausgestellt und auf die Mensch-Computer Interaktion erweitert (Ulich, 1985). Individualisierungsmöglichkeiten beinhalten, daß der einzelne Anwender das System nach eigenem Belieben einrichtet und verwendet. Experimentelle Befunde (Ackermann & Ulich, 1987, Ackermann & Nievergelt, 1985, vgl. auch Kasten 4.2) und Felduntersuchungen (Zülch & Starringer, 1984) deuten auf eine höhere Produktivität von Individualisierungsstrategien gegenüber konventionellen Arbeitsgestaltungen hin. Dies macht insofern Sinn, als der Arbeitende oft dann effizientere Strategien verwendet, wenn diese sich an seinen psychophysischen und kompetenzmäßigen Voraussetzungen orientieren. Darüber hinaus bleiben selbstentwickelte Strategien besser im Gedächtnis und resultieren in einer höheren Motivation, sich mit einem Werkzeug zu beschäftigen.

Kasten 4.2: Individualisierung von Computeranweisungen

Ackermann und Ulich (1987) beschäftigen sich mit der Frage, wie sich eine individualisierte Gestaltung von Dialogsystemen auf die Effizienz und die Beanspruchung bei der Arbeit am Computer auswirkt. Eine individualisierte Arbeitsgestaltung lehnt die Idee eines "one-best-way" von Arbeitstätigkeiten ab (vgl. Kasten 1.1 über Taylorismus). Individualisierung ist eigentlich verwandt mit dem Konzept der differentiellen und dynamischen Arbeitsgestaltung von Ulich (1978, 1983), wonach dem Benutzer mehrere unterschiedliche Arbeitsstrukturen offeriert werden, die langfristig die Qualifikationen des Arbeitenden erhöhen. Der Benutzer kann sich entsprechend seinen individuellen Bedürfnissen die geeignetsten Arbeitsmittel heraussuchen oder selbständig konstruieren.

Viele Schwierigkeiten bei der Mensch-Computer Interaktion resultieren aus einer Diskrepanz zwischen den Strategien individueller Handlungsregulierung und dem in einem Computerprogramm angebotenen Aktionsgefüge.

Mit dem Computerspiel PRIMP-1 (Programmable Robot for the Investigation of Mental Processes) wurden benutzerdefinierte und von anderen festgelegte Dialogformen verglichen. Bei dem Computerspiel geht es darum, einen Roboter durch ein Labyrinth zu führen, das drei verschiedene Räume mit Weinflaschen enthält. Die Weinflaschen müssen nach ihrem Inhalt - voll, halbvoll, leer - sortiert und auf Regale gelegt werden. Sechs ver-

Beispiel: *"In einem menügesteuertem Dialog ist es möglich, durch
Eingabe eines Kommandos oder eines Suchbegriffs in ein anderes
Menü zu springen oder in eine andere Dialogtechnik überzuwech-
seln, z.B. in den durch Kommandos gesteuerten Dialog." (DIN-
Norm 66234, Teil 8, S. 3)*

Beispiel: *"Der Benutzer unterbricht einen Dialog, weil er z.B. wegen
einer Telefonauskunft den Bildschirm für einen anderen Dialog benötigt. Anschließend setzt er seinen unterbrochenen Dialog dort fort,
wo er unterbrochen wurde." (DIN-Norm 66234, Teil 8, S. 3)*

Beispiel: *Der Benutzer entwickelt sich seine eigenen Makro-
Routinen, seine eigenen Menüs und seine eigenen Bildschirmmasken.*

Beispiel: *Auf lange Sicht sollten im System Möglichkeiten gegeben sein, bestimmte Voreinstellungen abzuändern. Z.B. sollte sich das Set von derzeit aktivierten Arbeitsmitteln auf dem "Schreibtisch" verändern lassen.*

Die *Flexibilität* des Einsatzes einer Software ist ähnlich wie Individualisierung von der Kontrollierbarkeit abhängig. Die Flexibilität der Dialogstruktur wurde z.B. von Spinas (1987) untersucht. Solche Dialogstrukturen, die als flexibler eingeschätzt wurden, erlaubten Sprünge nach vorne, hinten und horizontal. Diese Dialogstrukturen wurden auch als besonders positiv eingeschätzt. Andere Dialogstrukturen konnte man nur in einer Richtung durchlaufen und sie wurden deshalb von den Benutzern als weniger positiv empfunden.

Beispiel: *Zur flexiblen Nutzung von verfügbaren Informationen ist es notwendig, zu jedem Zeitpunkt in jede relevante Informationsquelle Einblick nehmen zu können, ohne umständliche, den direkten Arbeitsablauf störende Aktionen durchführen zu müssen. Gerade bearbeitete Vorgänge müssen kurzfristig beiseite gelegt werden können, damit etwas anderes erledigt werden kann. Viele Arbeiten erfordern kurze Tätigkeiten, die an ganz anderen Objekten durchgeführt werden. Das problemlose Einfügen bestimmter, evtl. kurzfristig noch zu erstellender Arbeitsergebnisse in gerade laufende Vorgänge muß möglich sein. Z.B. ist es hilfreich, ohne Umstand einen Taschenrechner, ein Wörterbuch, Terminplanung, Adressenverzeichnisse und dergleichen aufrufen zu können, ohne den gerade bearbeiteten Vorgang verlassen zu müssen.*

Fazit: Je mehr ein System es erlaubt, die Funktionen den Bedürfnissen und Voraussetzungen der jeweiligen Person anzupassen, desto besser kann man es langfristig verwenden. Dazu gehört, daß man entsprechend flexibel mit dem System umgehen kann.

4.2.4.4 Kontrollierbarkeit und Aufgabenbewältigung: Anpaßbarkeit der Software an Fachwissen und an individuelle Arbeitsaufgaben

Die Software muß mit dem Fachwissen sinnvoll "synergetisch" zusammenwirken. Da sich die Fachaufgaben und auch die Fachkompetenz mit der Zeit verändern, muß die Software anpaßbar (kontrollierbar) sein. Die Arbeitswissenschaft schlägt vor, die Aufgabe selbst bis zu einem gewissen Grade individualisierbar zu machen (vgl. Kasten 1.2: Der soziotechnische Systemansatz). Die Softwareprodukte dürfen diese Individualisierungsmöglichkeit gegenüber der Aufgabe nicht beeinträchtigen.

Es gibt einen gewissen Überlappungsbereich in der Kontrollierbarkeit mit Bezug auf Funktionalität und mit Bezug auf Aufgabenbewältigung. Bei der

Funktionalität ging es mehr darum, wie der Benutzer die Funktionalität der Software beeinflussen kann. In diesem Abschnitt steht im Vordergrund, daß die Software dem Benutzer die Aufgabenerledigung entsprechend seinem eigenen individuellen Arbeitsstil erlauben muß.

Die Verzahnung von Fachwissen und Software wird oft von Expertensystemen erhofft (vgl. Waterman, 1986). Allerdings gibt es auch hier unterschiedliche Konzepte bezüglich der Kontrollierbarkeit von Expertensystemen (z.B. Coombs & Alty, 1984). Während z.B. Feigenbaum & McCorduck (1984) davon ausgehen, Expertensysteme sollten den Experten ersetzen, sprechen andere davon, daß Expertensysteme nur Unterstützungsfunktion haben sollten, damit der Benutzer das System immer kontrollieren kann (Coombs & Alty, 1984, Zimolong, Nof, Eberts & Salvendy, 1987).

Dies bedeutet z.B. bei der Benutzung von großen Datensystemen, daß das Expertensystem zwar die Bedienung erleichtert, aber der Benutzer auch den jeweiligen Suchvorgang selbst gestalten kann, wenn er dies wünscht. Zwei Gründe dafür: Am Arbeitsplatz gibt es immer festgelegte Verantwortlichkeiten. Verantwortlich kann nun nur ein Mensch sein (Fitter & Sime, 1980). Man mag zwar einwenden, daß die Verantwortung für ein Expertensystem beim Programmierer liegt. Dies ist allerdings oft schwer zu realisieren, da die schwierigen Programme auch für den Programmierer nicht mehr einfach durchschaubar sind. Fitter & Sime zitieren Fälle, in denen die Ingenieure, die das System programmiert hatten, selbst experimentieren mußten, um herauszufinden, wie sich das System verhält. Wenn nun das Expertensystem weiterlernen kann - was von Expertensystemen eigentlich gefordert wird -, dann ergeben sich hier moralische und auch rechtliche Fragen. Der zweite Grund ist pragmatischer. Die meisten Expertensysteme sind so eingeschränkt verwendbar und haben eine so geringe Datenbasis, daß sie den Experten gar nicht ersetzen und nur in einem eingeschränkten Sinn unterstützend wirken können.

Fazit: Eine Software sollte an das eigene Fachwissen über die Arbeitsaufgabe anpaßbar sein und einer Individualisierbarkeit der Arbeitsaufgabe nicht im Wege stehen. Dies gilt auch für Expertensysteme.

4.2.5 Fehlerbehandlung

Auch bei der Arbeit mit dem besten System treten Fehler auf. Der Benutzer muß mit den Fehlern umgehen können. Deshalb ist der dritte große Bereich, der hier diskutiert werden muß, die Fehlerbehandlung.

An dieser Stelle ist es notwendig, eine Bemerkung von Lewis & Norman (1986) zu wiederholen: Eigentlich sind die meisten "Fehler" nicht als wirkliche Fehler der Benutzer zu bezeichnen, sondern eher als Unverständnis der Computerprogramme. Würde man z.B. einem anderen Menschen statt "5.

Mai" "Mai, 5" schreiben, würde er dies sicherlich richtig verstehen - dies gilt aber nicht für die meisten Computerprogramme. Die Softwarerückmeldung sollte also nicht lauten: "Fehler: Sie haben das Datum falsch eingegeben", sondern eher "Dieses Programm kann ihre Eingabe nicht richtig interpretieren; bitte helfen Sie mir". Wir wollen nun nicht etwa vorschlagen, solche anthropomorphen Fehlermeldungen in die Software einzubauen. Sie wären ja auch nicht richtig, denn sie implizieren fälschlicherweise eine intentionale Handlung eines Computerprogramms; es ist ja immer nur die Intention des Programmierers, die "abgearbeitet" wird und nicht die Intention des Programms. Dennoch ist es eigentlich immer auch ein Softwareproblem, wenn Benutzer nicht richtig "verstanden" werden, denn schließlich soll ja das Programm dem Menschen dienen und nicht umgekehrt. Wenn wir im folgenden nonchalant von "Benutzerfehlern" sprechen, dann soll mitbedacht werden, daß es sich in sehr vielen Fällen um Softwareprobleme handelt. Genau genommen sind Fehler immer als Mismatch-Situationen (Unvereinbarkeiten, Unklarheiten, Unsicherheiten) im Gesamtsystem zu sehen. Das Gesamtsysstem Mensch-Computer beinhaltet sowohl den Menschen als auch den Computer (Rasmussen, 1985).

Die Behandlung von Fehlern kann im Prinzip immer in zweierlei Weise erfolgen: Zum einen durch Fehlervermeidung und zum zweiten durch Fehlermanagement (Frese & Peters, 1988, Frese & Altmann, im Druck). Zumeist versuchen Softwaregestalter das Auftauchen eines Fehlers zu vermeiden.

Da allerdings in der Arbeit trotzdem noch Fehler entstehen, ist es sinnvoll, das Prinzip der Fehlervermeidung durch das Prinzip des Fehlermanagement zu ergänzen. Fehlermanagement bedeutet, daß nicht das Auftauchen eines Fehlers vermieden wird, sondern dem Benutzer Strategien an die Hand gegeben werden, wie er die negativen Konsequenzen eines Fehlers vermeiden kann. Ein Beispiel für eine solche Unterstützung des Fehlermanagements: Manche Programme stellen eine Sicherheitskopie zur Verfügung, so daß man auch dann noch auf eine Datei zurückgreifen kann, wenn sie aufgrund eines Fehlers verlorenging. Auch die sogenannte UNDO-Taste unterstützt Fehlermanagement. Wenn der Schreibende ein Wort, einen Satz oder sogar einen ganzen Text mit der Löschtaste gelöscht hat, dann kann er dies mit der UNDO-Taste wieder rückgängig machen.

Fehlermanagement beinhaltet die folgenden Aspekte: (a) Nach einem Fehler sollten die Fehlerrückmeldungen deutlich und klar sein; sie sollten auch vermerken, welche weiteren, noch nicht überschaubaren Konsequenzen aufgrund des Fehlers entstanden sein könnten. (b) Es sollte die Möglichkeit bestehen, wieder zum Ausgangspunkt zurückzukommen, ohne daß durch den Fehler etwas unwiederbringlich verlorengeht oder sich verändert. (c) Das System sollte auch bei fehlerhafter und bruchstückhafter Erinnerung den Benutzer unterstützen. (d) Die Benutzer müssen Kontrolle über das System ausüben können, um es an die persönlichen Fehlertendenzen anzupassen.

Ein Beispiel für einen Benutzerfehler und für eine schlechte Unterstützung durch die Software: Während einer der Autoren diesen Text schrieb, passierte ihm der folgende Fehler: Er benutzte den automatischen Suchbefehl, um einen Begriff zu suchen, der sich weiter unten im Text befand. Die Antwort des Systems war: "Ich kann Ihren Suchbegriff nicht finden." Der Autor vermutete zunächst, er habe möglicherweise den Begriff falsch geschrieben, und er versuchte es noch einmal. Insgesamt hatte er sehr große Mühe herauszufinden, warum sich dieser Fehler eingeschlichen hatte. Die Auflösung war: Er hatte vorher eine andere Option eingestellt. Der Suchbefehl ging dadurch nicht mehr, wie normalerweise, nach unten, sondern nach oben (immer bezogen auf den Stand des Cursors). Diese von ihm selbst vorgenommene Veränderung der Option hatte der Autor zu diesem Zeitpunkt allerdings längst vergessen - dies war auch kein Wunder, denn eine solche Veränderung der Option benutzt er sehr selten.

An diesem Beispiel lassen sich verschiedene Aspekte verdeutlichen:

1)   Es passiert häufig, daß man selten ausgeführte Aktivitäten vergißt.

2)   Hätte das Programm eine gute Fehlerrückmeldung gegeben, wäre z.B. folgende Meldung gekommen: "Der gesuchte Begriff läßt sich nicht finden. ACHTUNG: Sie haben nur 'nach oben' gesucht."

3)   Wäre das System fehlerrobust gewesen, hätte es nach einer vergeblichen Suche nach unten auch eine Suche nach oben durchgeführt. Wichtig ist hier natürlich, daß dem Benutzer dieser abweichende Suchprozeß auch mitgeteilt worden wäre.

4)   Im Sinne eines Fehlermanagements wäre das folgende Angebot im Zusammenhang mit der Rückmeldung gegeben worden: "Der gesuchte Begriff läßt sich nicht finden. Wollen Sie auch "nach unten" suchen? J=Ja, N=Nein."

Warum kommt es nun zu Fehlern? Wie schon ausgeführt, sind Fehler immer auf das Gesamtsystem zurückzuführen. Sie können als "Mismatch"-Situation interpretiert werden - irgendwie haben die Systembestandteile nicht sinnvoll zusammengewirkt (Rasmussen, 1985).

Fehler tauchen immer wieder auf. Sie sind selbst in solchen Systemen angelegt, die eigentlich fehlerfrei arbeiten sollten. In der Mensch-Computer Interaktion gibt es besonders viele Gründe für Fehler. Es werden z.B. immer wieder Veränderungen in der Software angebracht oder neue Releases werden installiert - diese führen dann zu Benutzerfehlern. Es werden immer wieder neue Arbeitsaufträge gegeben, die der entsprechende Benutzer noch nicht völlig kennt - auch dies ein Grund für häufige Fehler. Jedes Softwareprogramm hat bestimmte Probleme, die zu Fehlern führen.

Es lassen sich darüberhinaus aber auch eine Reihe von menschlichen Charakteristika angeben, die zu Fehlern führen können. Um einem Mißverständnis vorzubeugen: Wir behaupten nicht, daß der Mensch ein besonders fehleranfälliges Wesen ist. Im Gegenteil: Die meisten seiner Strategien sind erstaunlich rational und erfolgreich. Dennoch zeigt der menschliche kognitive Apparat auch besonders fehleranfällige Bereiche. Der wichtigste Grund dafür ist die beschränkte Informationsverarbeitungskapazität des Menschen. Darunter ist die Beschränktheit des bewußten Arbeitsgedächtnisses zu verstehen. Der Mensch kann nur ein paar Informationen gleichzeitig in seinem Kopf manipulieren und überdenken. Werden es zuviele, wird die Aufmerksamkeit unwillkürlich auf die wichtigsten gelenkt; andere, die als weniger wichtig erscheinen, entfallen und werden nicht mehr beachtet.

Aus der Beschränktheit der Informationsverarbeitungskapazität entstehen also Aufmerksamkeitsprobleme. Wir nehmen dann z.B. Rückmeldungen nicht wahr, weil wir mit etwas anderem beschäftigt sind. Novizen haben oft das Problem, daß sie nicht auf den Bildschirm schauen, weil sie sich ganz auf das Eingeben eines Befehls konzentrieren. Darüberhinaus entstehen dastellt hatte. Es passiert sehr häufig, daß wir uns an bestimmte Teile eines Planes nicht mehr erinnern können, den wir eigentlich erledigen wollten - wir haben uns ganz einfach auf etwas anderes konzentriert. Die Verbindung unseres Langzeitgedächtnisses mit dem Arbeitsgedächtnis ist nicht sehr gut; deshalb vergessen wir oft, was wir eigentlich tun wollten.

Ferner besteht die menschliche Art der Handlung darin, grobe Entwürfe zu machen, aber nicht alles genau vorherzuplanen. Diese Vorgehensweise ist auch meistens richtig. Dennoch kann es passieren, daß wir etwas Wichtiges einfach nicht mitbedacht haben und es deshalb nicht tun. Bei jeder Programmierung oder jedem komplexeren Problem kann man solche Fehler beobachten. Darüberhinaus passieren Fehler aufgrund von zu geringem Wissen, besonders beim Anfänger. Wir wissen einfach nicht, daß es einen bestimmten Befehl gibt, mit dem man eine Aufgabe hätte besser lösen können. Schließlich gibt es noch Fehler in der Motorik: Vertippen beim Schreibmaschineschreiben oder Stolpern über einen Stein. Alle diese Gründe führen zu Fehlern bei der Benutzung von Software.

Was kann man nun tun, um das Auftreten von solchen Fehlern zu verringern oder deren negative Folgen zu minimieren? Dieser Frage wenden wir uns als nächstes zu.

In Tab. 4.4 werden, wie zuvor, die Aspekte der Fehlerbehandlung auf die Bereiche Funktionalität, Benutzbarkeit und Aufgabenbewältigung bezogen. Es zeigt sich, daß sowohl Fehlervermeidung als auch Fehlermanagement bei allen drei Aspekten - der Funktionalität, Benutzbarkeit und der Aufgabenbewältigung - gleichermaßen erfolgen kann. Aus diesem Grund werden wir im folgenden unseren Text etwas anders gliedern als die vorhergehenden Teile dieses Kapitels, weil sonst zu große Überschneidungen zwischen den Unterabschnitten entstehen würden: Zunächst soll das Problem der Fehlerrückmeldungen und der Fehlererkennung diskutiert werden (Fehlerdiagno-

Tab. 4.4: *Fehlerbehandlung*

	Fehlerbehandlung	
Funktionalität	Fehlermanagement und Fehlervermeidung	(1) Fehlerdiagnose
Benutzbarkeit	Fehlerrobustheit/ -vermeidung Fehlermanagement: Fehlertransparenz und -hilfen Fehlerreversibilität	(2) Fehlervermeidung
Aufgaben- bewältigung	Fehlervermeidung Fehlermanagement (Fehlerinformation)	(3) Fehlermanagement

stik). In einem zweiten Schritt werden Softwaremaßnahmen zur Fehlervermeidung und in einem dritten zum Fehlermanagement präsentiert. Alle diese Punkte beziehen sich gleichermaßen auf Funktionalität, Benutzbarkeit und Aufgabenbewältigung.

4.2.5.1 Fehlerdiagnostik

Es ist leider keine menschliche Stärke, Fehler zu diagnostizieren. Wir bleiben meist zunächst einmal dem für den Fehler verantwortlichen mentalen Modell verhaftet und versuchen mit der Hypothese auszukommen, daß wir gar keinen Fehler gemacht haben. Eine erste Fehlerkorrektur besteht deshalb oft darin, die fehlerhafte Handlung noch einmal (allerdings mit mehr Verve) zu wiederholen, etwa indem man nach einem Fehler dieselben Tasten noch einmal drückt, aber diesmal mit einem härteren Tastenanschlag. Norman (1984) hat für diese Beharrungstendenz den Begriff kognitive Hysterese geprägt. Es gibt zwei Gründe dafür:

a) Menschen besitzen eine Tendenz, nach bestätigender, nicht aber nach falsifizierender (nicht bestätigender) Evidenz zu suchen. Wir suchen also immer das, was mit unseren Überlegungen und Hypothesen übereinstimmt und nicht das, was diese Hypothesen widerlegt.

b) Unvollständige Erklärungen für Fehler werden akzeptiert, auch wenn sie nur Teilaspekte und möglicherweise gerade nicht die wesentlichen Ursachen des Fehlers abbilden. Eine erste Erklärung genügt uns meistens; wir suchen dann nicht weiter.

Fehlerdiagnose ist die erste Voraussetzung dafür, aus Fehlern lernen zu können und für das Management von Fehlern. Aus diesen Gründen sind

130

Fehlertransparenz und Fehlerhilfen so wichtig. Nur Programme mit hoher Fehlertransparenz und guten Fehlerhilfen verbessern die Möglichkeiten, die Fehler zu erkennen, um aus ihnen zu lernen. Fehlertransparenz liegt dann vor, wenn der Benutzer im Fehlerfall recht genau erfährt, (a) daß ein Fehler entstanden ist (Unterstützung der Fehlerdiagnose), (b) welcher Fehler vorliegt und wie die Fehlersituation beschaffen ist, (c) wie man aus der Fehlersituation wieder herauskommt und (d) was man aus dem Fehler lernen kann. Die Fehlertransparenz wird im wesentlichen durch Fehlerhilfen hergestellt, die entweder durch das System (Fehlerrückmeldungen) oder durch die Dokumentation bzw. das Handbuch gegeben werden (vgl. auch Kap. 3.5). In der folgenden Diskussion konzentrieren wir uns auf die Rückmeldungen des Systems.

Da die Fehlerdiagnose für den Menschen so schwierig ist, müssen die Fehlerrückmeldungen von besonderer Klarheit sein (einen guten Überblick über Rückmeldungen gibt Dean, 1982): a) Klarheit, daß überhaupt ein Fehler geschah; b) Klarheit, warum er passierte; c) Klarheit, wie man wieder aus der Fehlersituation herauskommt und welche Schritte zur Beseitigung der Folgen notwendig sind (Lewis & Norman, 1986, Shneiderman, 1982a, Smith & Mosier, 1986).

a)   Manche Programme melden keine Fehler, auch wenn eigentlich ein Fehler vermutet werden kann.

> **Beispiel:** *In einem Statistikprogrammpaket wird eigentlich verlangt, daß nach einem COMPUTE Befehl ein ASSIGN MISSING Befehl angehängt wird. Sonst werden fehlende Daten einfach falsch mitverrechnet (denn auch fehlende Daten erhalten einen bestimmten numerischen Wert zugeordnet, der allerdings fiktiv ist - und dieser fiktive Wert wird dann z.B. in einen Mittelwert mit einberechnet). Es gibt aber keine Fehlermeldung, wenn der ASSIGN MISSING Befehl vergessen wird. In einem solchen Fall sollte die Software von vornherein den ASSIGN MISSING Befehl automatisch ausführen (was in der neuesten Version inzwischen auch getan wird).*

b)   Die Rückmeldung sollte informativ sein. Der Inhalt der Fehlermeldungen sollte sich dabei an den Aufgaben des Benutzers orientieren und nicht an den im Programm niedergelegten Routinen und Prozeduren.

> **Beispiel:** *Bei einem erfolglosen Zugriff auf einen externen Speicher (z.B. Diskettenlaufwerk) sollte nicht die Meldung kommen: "Nicht bereit! Fehler bei Lesevorgang in Laufwerk a: Abbruch, Ignorieren, Wiederholen?" Sondern eher: "Ihre Eingabe erfordert Informationen von der Diskette in Laufwerk a:. Dort ist keine Diskette eingelegt (resp. keine Textdatei mit dem Namen xy; keine Programmdatei für die Anwendung xy;...). Sie können den Ansprechversuch:*

- wiederholen mit Eingabe von w

- abbrechen mit Eingabe von a."

Soweit möglich, sollte jede Aussage kurz und aufgabenorientiert sein. Also nicht "Fehler 22", sondern z.B. "Die Eingabe muß eine Zahl sein".

c) Der Benutzer muß erkennen können, wie er wieder aus der Fehlersituation herauskommt. Also nicht "Error 54", sondern z.B. "Falls Abbruch erwünscht, drücken Sie x, falls nicht erwünscht, drücken Sie y."

Wichtig bei der Rückmeldungsformulierung ist, daß die gegebenen Informationen aus der Sicht des Benutzers eindeutig interpretiert werden können und zwar seinem Arbeitszusammenhang entsprechend. Deshalb gibt es unterschiedliche Bedürfnisse je nach Benutzerkreis. Ein Experte braucht meist nur eine kurze Information. Hingegen benötigt der Anfänger eine ausführliche Erklärung, wie der Fehler zustandekam und was daraus zu lernen ist. Es bietet sich deshalb ein hierarchisch aufgebautes Fehlerrückmeldesysstem an: Es wird zunächst eine sehr kurze Fehlermeldung gegeben; wenn man eine Hilfetaste drückt, werden ausführlichere Erläuterungen gegeben. Herkömmliche Hilfesysteme werden oft nur von Experten wirklich genutzt (Houghton, 1984).)

Fehlerrückmeldungen haben nicht nur eine informative Bedeutung, sondern oft auch eine emotionale. Denn jede Rückmeldung aus der Umgebung hat neben der informative Seite ("was habe ich falsch gemacht?"), auch einen emotionalen Aspekt ("wie konnte ich das nur falsch machen?"). Oftmals gehört es zum Training dazu (vgl. Kapitel 3), die Scheu vor Fehlern abzubauen und Fehler als positiven Anreiz zum Weiterlernen anstatt als Rückmeldung über das eigene Unvermögen, etwas richtig zu machen, zu interpretieren. Aber auch Rückmeldungen können dabei helfen. Rückmeldungen sollten z.B. nicht evaluativ sein, etwa "Fehler: ....", oder "Falscher Eintrag" oder "disastrous string overflow, job abandoned", sondern höflich und positiv formuliert sein. Denn, wie schon ausgeführt, genau genommen müßte sich ja der Systemdesigner dafür entschuldigen, daß sein Computersystem diese spezifische menschliche Handlung nicht richtig "interpretieren" kann.

Fazit: Menschen haben häufig Schwierigkeiten bei der Fehlerdiagnose; deshalb müssen die Fehlerrückmeldungen ausgesprochen klar und eindeutig sowie in einem positiven Ton gehalten sein.

4.2.5.2 Fehlervermeidung

Fehler können besonders in der jetzigen Phase der Einführung von Computern häufig auftreten, denn die meisten Benutzer haben die Erledigung ihrer Arbeitsaufgaben noch ohne EDV-Unterstützung gelernt und routinisiert. Viele Arbeitsvorgänge im Büro haben eine charakteristische Gestalt.

Weicht die Gestalt bei der Bearbeitung des gleichen Vorgangs am Computer sehr stark von der herkömmlichen Arbeitsgestalt ab, dann kommt es anfänglich vermehrt zu Handlungsfehlern. Sie vermindern die Funktionalität und Benutzbarkeit eines Systems erheblich.

> **Beispiel:** *Der übliche Vorgang beim Tippen eines Briefes folgt einer ganz bestimmte Reihenfolge von Tätigkeiten. Das gewünschte Papierformat wird eingelegt. Die Tabulatoren werden bestimmt. Der Adressatenkopf wird direkt dort hingeschrieben, wo er sich letztendlich befinden sollte. Die Adresse wird oft erst in dem Moment herausgesucht, in dem der Adressenteil geschrieben wird. Absätze, eingerückte Spalten, Anlagen (z.B. Grafiken oder Tabellen) werden dann eingefügt, wenn es sich im Arbeitsverlauf anbietet. Das ist oft eben genau an der Stelle der Fall, wo sich diese Dinge im fertigen Produkt auch tatsächlich befinden sollen. Die meisten Textverarbeitungsprogramme unterstützen eine solche Vorgehensweise nur wenig. Die Arbeitsabfolge hat sich deutlich verändert. Zunächst muß z.B. eine Datei aufgerufen werden und ein Dateiname wird vergeben. Die Formatierung (Tabulatoren, Absatzgestaltung, Schrifttypen und dergleichen) muß oft entweder geschlossen am Anfang oder erst ganz am Ende durchgeführt werden. Der Bildschirm präsentiert häufig nicht das Bild, das der Drucker am Schluß ausgibt. Beim Eintippen auftretende Veränderungswünsche im Format muß man sich oft merken, um sie später "en bloc" durchzuführen.*
>
> *Man kann die Adresse nicht direkt einlesen. Es müssen erst Variablennamen definiert werden, die als Platzhalter fungieren, erst dann kann eine Adresse in einem gesonderten Vorgang (Datenbankaufruf, Adressensuche, Übertragen) in den Briefkopf eingefügt werden. Oft lassen sich Grafiken und Tabellen nicht direkt in die Textdatei übernehmen. Ein neues Programm muß aufgerufen werden, damit diese an die Textdatei angehängt werden können.*
>
> *Vor dem Drucken wird eine erneute Formatierung notwendig, entweder um einen bestimmten Drucker ansprechen zu können oder um die interne Zeichendarstellung des Computers auf die entsprechenden Ausgabekanäle vorzubereiten. Eventuell nach dem Druck anfallende Korrekturen bezüglich der Gestaltung werden häufig über den Daumen gepeilt am Bildschirm vorgenommen, da dieser nicht genau das Druckbild repräsentiert. Das Resultat sind viele Fehler. Es wird z.B. vergessen, eine Datei vor dem Drucken erneut aufzubereiten, die Wirkung von bestimmten Formatierungen kann erst nach dem Drucken richtig eingeschätzt werden und erfordert dann eine erneute Korrektur.*

Im Prinzip gibt es zwei Möglichkeiten, Fehler zu vermeiden: Zum einen durch gute Softwaregestaltung im Sinne von hoher Konsistenz und Transparenz sowie leichter Erlernbarkeit eines Systems und zum anderen durch Fehlerrobustheit.

Die gerade geschilderten Fehlermöglichkeiten müssen entweder verhindert oder durch entsprechende Fehlermanagementstrategien unterstützt werden. Eine gute Möglichkeit, Fehler der in dem Beispiel beschriebenen Art zu vermeiden, bietet der Interaktionsmodus "direkte Manipulation". Ein solches System erhöht ja die *Konsistenz* und *Transparenz* sowie die *Erlernbarkeit*.

Ein System der direkten Manipulation ermöglicht dem Benutzer die genaue Kenntnis darüber, wie das gerade Geschriebene auf einem Blatt Papier aussehen wird. Wenn z.B. etwas formatiert wird, dann verändert sich auch der Brief auf dem Bildschirm entsprechend dem "What-you-see-is-what-you-get"-Prinzip. Wird etwas unterstrichen, erscheint es auch auf dem Bildschirm unterstrichen, usw. Ein solches System führt zu weniger Fehlern (Frese & Altmann, im Druck). Allerdings ergeben sich aus diesem System bestimmte eigene Fehlerarten, die z.B. dann entstehen, wenn das Prinzip nicht ganz durchgehalten wird. Zum Beispiel gibt es Benutzer, die mit dem Lineal am Bildschirm abmessen, wie groß der Abstand zwischen zwei Worten ist. Leider wird hier aber das "What-you-see-is-what-you-get"-Prinzip gebrochen - die Abstände auf dem Bildschirm stimmen mit dem Papierausdruck nicht überein.

Die *Fehlerrobustheit* eines Systems erleichtert die Benutzbarkeit; hier werden besonders antizipierbare Flüchtigkeitsfehler vermieden. Fehlerrobustheit liegt vor, wenn der Benutzer trotz kleiner Fehler oder Ungenauigkeiten sein Handlungsziel erreicht. Ein typisches häufig zitiertes

> **Beispiel:** *Das Programm sollte die folgenden Dateneingaben gleichermaßen "verstehen":*
>
> *4.5.89*
>
> *4/5/89*
>
> *4. 5. 89*
>
> *04.05.89, usw.*
>
> *Ein anderes Beispiel: "Der Benutzer gibt in ein Informationssystem das Stichwort 'DATEKS' ein. Das Dialogsystem erkennt den Tipp-fehler und gibt ein Menü mit folgenden Alternativen aus:*
>
> *1=DATEX-P*
>
> *2=DATEX-L*
>
> *3=DATEX-Dienste*
>
> *4=   (Feld für Neueingabe)*

Der Benutzer kann eine der Korrekturalternativen oder das Feld für Neueingabe wählen."(DIN-Norm 66234, Teil 8, S. 5)

Im Sinne der Fehlerrobustheit sollten also kleine Tippfehler, kleine Ungenauigkeiten, usw. vom System "interpretiert" werden. Wichtig ist dabei, daß das System eine Rückmeldung über die angenommene "Interpretation" gibt. Zusätzlich sollte durch solche Methoden nicht etwa die Kontrollierbarkeit eingeschränkt werden: Manchmal möchte ein Benutzer ja z.B. absichtlich etwas falsch schreiben.

Fazit: Durch Erhöhung der Transparenz, der Konsistenz und der Erlernbarkeit sowie durch Fehlerrobustheit lassen sich Fehler vermeiden. Bei Fehlerrobustheit ist zu fordern, daß bestimmte antizipierbare Flüchtigkeitsfehler nicht zum Stillstand von Operationen führen und mit einer Art Durchführungsverweigerung des Computers quittiert werden.

4.2.5.3 Fehlermanagement

Die Textverarbeitung ist ein gutes Beispiel für die Unterstützung von Fehlermanagement. Viele Sekretärinnen sind begeistert davon, Briefe nicht mehrmals schreiben zu müssen, wenn sich irgendwo ein Fehler eingeschlichen hat, sondern die Texte durch Lösch- und Einfügebefehle leicht verändern zu können. Im Sinne des Fehlermanagement sind die meisten Textverarbeitungssysteme am Personal Computer also positiv zu bewerten. Ähnliches gilt auch für Kalkulationsprogramme, denn auch hier erlaubt eine leichte Veränderbarkeit der Formeln eine Neuberechnung von komplexen Vorgängen.

Fehlermanagement bedeutet also, daß man die negativen Effekte von Fehlern verringert - nicht notwendigerweise die Fehler selbst. Eine Voraussetzung von Fehlermanagement ist natürlich die Möglichkeit, einen Fehler überhaupt zu diagnostizieren (vgl. Abschnitt 4.2.5.1). Fehlermanagement wird durch Fehlerreversibilität und durch gezielte Gedächtnisstützen gefördert.

Fehlerreversibilität

Im alltäglichen Handeln sind Fehlgriffe an der Tagesordnung. In der bisherigen "handgreiflichen" Auseinandersetzung mit einer eher materiellen Welt (z.B. Ordner, Bleistifte und Papier, technischen Werkzeugen etc.) ist die Reversibilität bestimmter Aktionen zumindest bei zeitlich eng umgrenzten Tätigkeiten möglich und wird oft auch bewußt im Arbeitsprozeß eingesetzt (Korrekturen, Probieren, ob etwas paßt). Neuzeitliche technische Instrumente aller Art insbesondere Automobile, Flugzeuge, Fertigungsmaschinen, Kraftwerke zeichnen sich daduch aus, daß selbst kleine Aktio-

nen bzw. Mißgriffe bei der Handhabung sehr einschneidende Folgen haben
können.

Dem Computer gebührt nun insofern eine Sonderstellung unter den technischen Geräten, als bei ihm eigentlich alle Prozesse prinzipiell auch wieder
rückgängig gemacht werden können. Diese Fähigkeit sollte im Arbeitsprozeß ausgiebig genutzt werden. Am Computer kann man z.B. Prozesse simu-
lieren oder etwas ausprobieren, ohne daß man die Zeichnung bereits aus-
druckt, die Berechnung dem Vorgesetzten schickt oder einen Brief druckt.

> **Beispiel:** *Eine "UNDO"-Funktion macht den letzten Schritt eines
> Dialoges wieder rückgängig. Sie nutzt sozusagen die Reversibilität
> als besondere Eigenschaft der Computerwirklichkeit aus. Macht man
> einen Fehler, dann kann man sofort zurückkehren zu dem ursprüng-
> lichen Zustand.*

Dies ist im Sinne des Fehlermanagement ausgesprochen positiv; allerdings
stellt sich die Frage, ob man die UNDO-Funktionen nicht erweitern sollte,
so daß ganze Befehlssequenzen wieder rückgängig gemacht werden können
(Yang, 1988). In der Praxis allerdings richten sich die Möglichkeiten des
UNDO-Befehls meistens nach der Programmierlogik des Softwareentwick-
lers und zu selten nach der Arbeitslogik des Benutzers.

> **Beispiel:** *Eine andere Möglichkeit bietet eine Softwaregestaltung,
> die das Rückgängigmachen von komplexen Aktionen, z.B. von um-
> fangreichen Löschvorgängen, bis zu einem gewissen Grade erlauben
> - etwa am Anfang des nächsten Tages. Das erfordert allerdings
> recht aufwendige Speichermöglichkeiten.*

Fazit: Benutzbarkeit im Sinne von Fehlerreversibilität erhöht sich, wenn
die computerspezifischen Fähigkeiten (Datenkopien, Protokollfiles, Rekon-
struktion von Dialogen) an der Benutzerschnittstelle mit Hilfe von
"UNDO"-Funktionen und/oder bestimmten Wiederaufsetzpunkten auf einem
geführten Dialog genutzt werden können.

Unterstützung des Gedächtnisses

Man kann auch dann von Fehlermanagement sprechen, wenn das System
den Benutzer bei Suchprozessen unterstützt. Das menschliche Gedächtnis
macht ja keine schematischen Abbilder der Realität (etwa ähnlich einem
Fotoapparat), sondern die Gedächtnisinhalte werden immer wieder aktiv
mit neuen Inhalten verbunden, neu rekonstruiert und Wesentliches neu
herausgearbeitet. Deshalb ist die Präzision der Gedächtnisinhalte meist
gering. Wir wissen oft nicht mehr den ganzen Namen einer Person, evtl.
aber noch den ersten Buchstaben oder daß sie in München gearbeitet hat
und jetzt in Würzburg wohnt, usw. Daraus ergibt sich der Vorschlag,
bestimmte Suchvorgänge (von Schlüsselnummern, Adressen, Dokumenten

etc.) nach Kriterien zu ermöglichen, die üblicherweise im menschlichen Handeln durchaus erfolgreich sind. "Der Dokumentenname fing mit 'A' an und hatte ein 'ct' in der Mitte. Das Dokument befindet sich entweder im Ordner 'Ausgang' oder in der Ablage 'Kunden'. Es wurde im Frühjahr, Ende April erstellt." In einigen Programmen kann man mit Hilfe des Betriebssystems und/oder speziellen "Utilities" auch tatsächlich auf diese Art und Weise nach bestimmten Dateien suchen. Dazu ist aber leider bisher noch ein zu hohes Maß an Erfahrung und Kompetenz im Umgang mit der "Computerlogik" erforderlich.

Fazit: Dem Benutzer sollten Hilfen zur Verfügung gestellt werden, mit denen er Dokumente, Adressen und Programme, deren genaue Namen er vergessen hat, finden kann.

4.2.5.4 Funktionalität, Benutzbarkeit, Aufgabenorientierung und Fehlerbehandlung

Bei Funktionalität steht im Vordergrund, daß Benutzerfehler die Aufgabenerledigung nicht gefährden dürfen, bzw. daß die Software nicht dazu beiträgt, zusätzliche Fehler zu begünstigen, etwa dadurch, daß der Überblick bei komplizierten Aufgaben erschwert wird. Im Falle der Benutzbarkeit beinhaltet die Fehlervermeidung auch Fehlerrobustheit, während sich Fehlermanagement in Fehlertransparenz, Unterstützung für das Gedächtnis und der Möglichkeit manifestiert, Fehler wieder rückgängig machen zu können. Die Fehlerbehandlung unterstützt dann die Aufgabenbewältigung, wenn man gute Informationen bei Fehlern in der Aufgabenerfüllung erhält und wenn das System hilft, die Fehlerhäufigkeit bei der Aufgabenbewältigung zu verringern bzw. im Falle eines Fehlers, die negativen Konsequenzen zu vermeiden (Fehlermanagement).

4.2.6 Eine allgemeine Kriteriumsmatrix

In Tab. 4.5 sind die Inhalte von Tab. 4.1 bis Tab. 4.4 zur Passung, Kontrollierbarkeit und Fehlerbehandlung zusammengefaßt. In diesen Rahmen einer Kriterienmatrix lassen sich nun die meisten wichtigen Kriterien der Software-Ergonomie systematisch integrieren. Die von uns hier behandelten Richtlinien sind natürlich nicht die einzigen Checklisten, die für das Aufspüren und Lösen der Probleme einer benutzergerechten Softwaregestaltung entwickelt wurden. Derzeit gibt es eine Reihe von Veröffentlichungen, die sich mit unterschiedlichen Aspekten der Mensch-Computer Interaktion befassen und entsprechende Richtlinien enthalten (Branscomb & Thomas, 1984, Davis & Swezey, 1983, Döbele-Berger, Martin & Martin, 1984, Dzida, 1985, Engel & Granada, 1975, Hannemeyr & Innocent, 1985, Maguire, 1982, Morland, 1983, Smith & Mosier, 1986, Spinas, Troy &

Ulich, 1983, Triebe, Wittstock & Schiele, 1987, Williges & Williges, 1983,
Ulich, 1985). Sie alle können an dieser Stelle nicht ausreichend diskutiert
werden. Ihre Ergebnisse gingen aber in die hier dargestellten Überlegungen
mit ein.

Das Problem der meisten dieser Kriterienlisten besteht darin, daß sie die
unterschiedlichen Richtlinien nicht in eine Ordnung bringen, sondern nebeneinander stellen. Dies führt zu einem "Wust" an Kriterien, der kaum
mehr überblickbar ist. Wir meinen, daß sich die wichtigsten Kriterien
innerhalb unserer Kriterienmatrix (Tab. 4.5) recht gut darstellen und integrieren lassen. Ein anderer Versuch eines integrativen Ansatzes wird in
Kasten 4.3 präsentiert.

Tab. 4.5: *Kriterienmatrix für Softwaregestaltung*

	Passung	Kontrollierbarkeit	Fehlerbehandlung
Funktionalität	A - S (Aufgabe-System) Aufgabenangemessen- heit	Anpaßbarkeit	Fehlermanagement und Fehlervermeidung
Benutzbarkeit	S - B (System-Benutzer) Transparenz, interne Konsistenz, Erlernbarkeit und Selbsterklärungsfähig- keit	Individualisierbar- keit des Systems, Flexibilität	Fehlerrobustheit Fehlermanagement: Fehlertranzparenz und -hilfen Fehlerreversibilität
Aufgaben- bewältigung	A - B (Aufgabe-Benutzer) Konsistenz mit dem Fachwissen	Anpaßbarkeit an das Fachwissen und an individuelle Aufgabe	Fehlervermeidung Fehlermanagement (Fehlerinformation

Kasten 4.3: Software-Ergonomie Kriterien von Balzert (1987)

Nach Balzert (1987) sollten explizit festgelegte Gestaltungsziele zum Ausgangspunkt jeder ergonomischen Gestaltung gemacht werden. Definierte -
Gestaltungsziele sollen nicht nur als Vorgabe für die Softwarekonstruktion,
sondern gleichzeitig auch zur Evaluation, zur Normung und Standardisie-
rung dienen. Um dies zu erfüllen, müssen Gestaltungszielmodelle eine
überschaubare Anzahl von Güteeigenschaften beschreiben, orthogonale
Güteeigenschaften auf einem angemessenen Abstraktionsniveau enthalten,
technisch realisierbar sein und sich auf Erkenntnisse relevanter Wissenschaften stützen.

Balzert leitet insgesamt 23 Gestaltungsziele aus der Arbeitswissenschaft und
der kognitiven Psychologie ab. Sie lassen sich in vier Gruppen unterteilen:

Persönlichkeitsförderlichkeit, Zumutbarkeit, Unterstützung der Mensch-Computer Kommunikation und Unterstützung der menschlichen Informationsverarbeitung (vgl. Abb. 4.7 und 4.8). Zusammenhänge zwischen den Gestaltungszielen werden aufgezeigt.

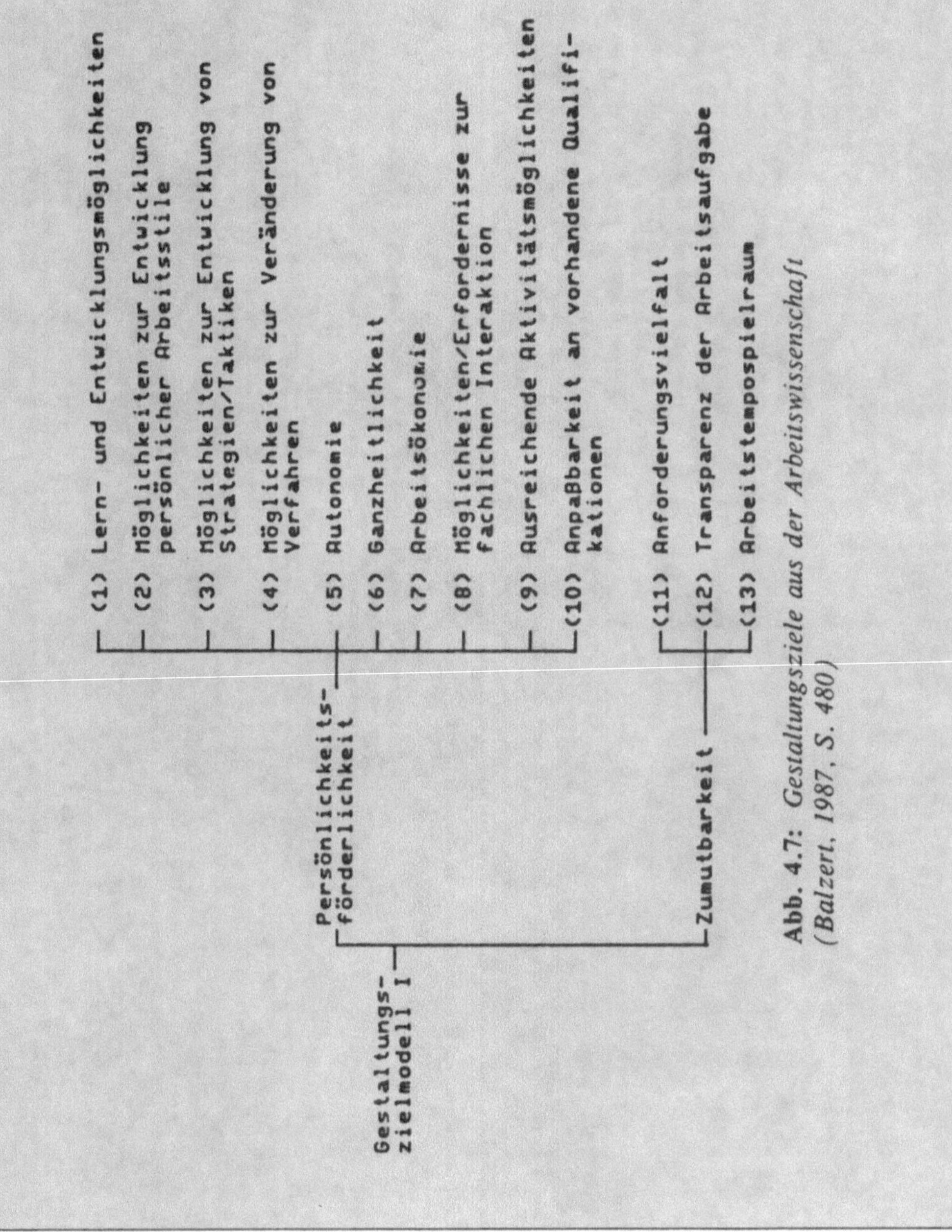

Abb. 4.7: *Gestaltungsziele aus der Arbeitswissenschaft (Balzert, 1987, S. 480)*

Fortsetzung
Kasten 4.3: Software-Ergonomie Kriterien von Balzert (1987)

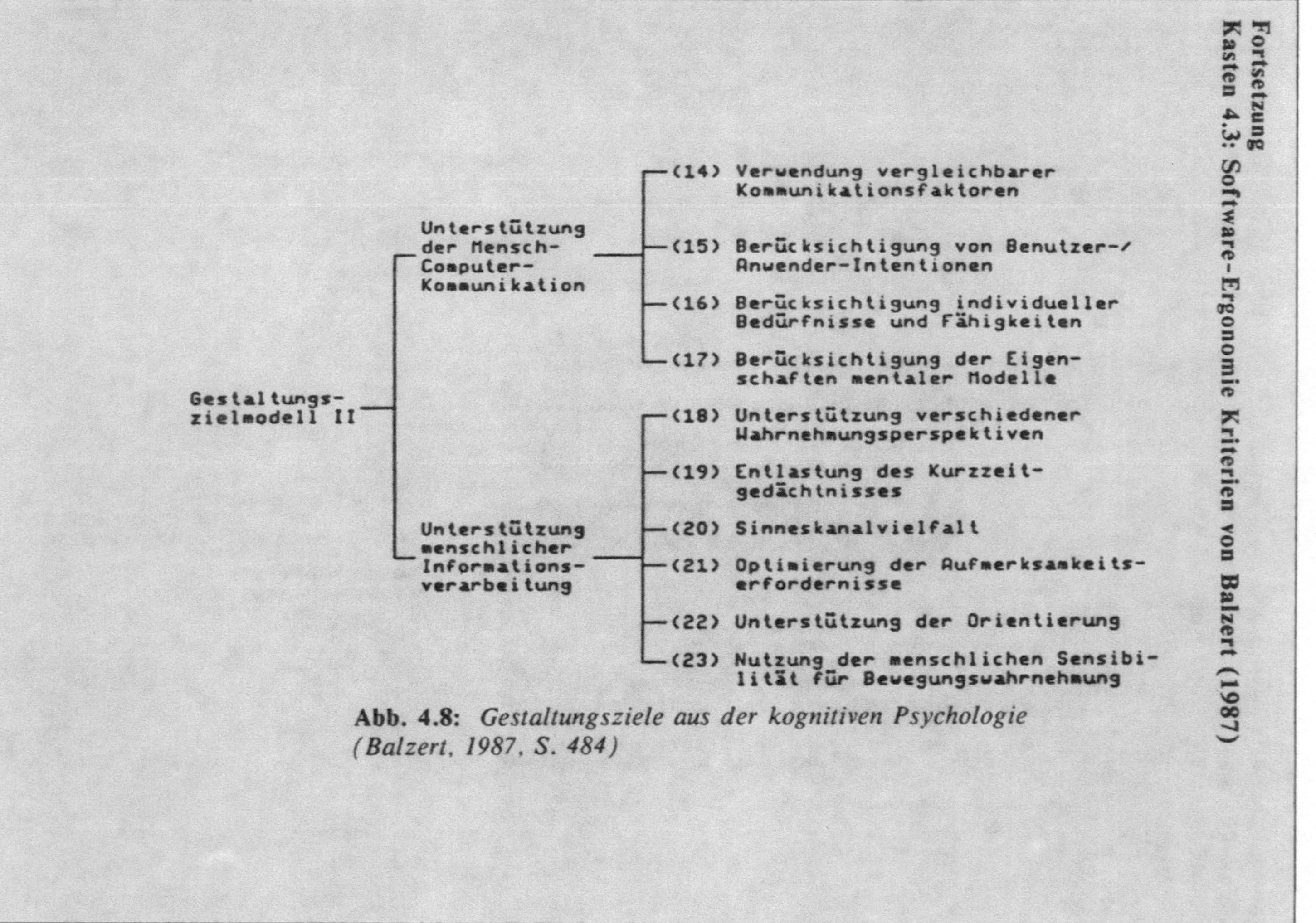

Abb. 4.8: *Gestaltungsziele aus der kognitiven Psychologie
(Balzert, 1987, S. 484)*

4.2.6.1 Das Trade-off Problem

Es ist nun natürlich anzustreben, daß ein Computerprogramm möglichst alle
Kriterien erfüllt. Versucht man dieses, stellt sich aber schnell heraus, daß
es zu Widersprüchen zwischen unterschiedlichen Kriterien kommen kann.
Hier gibt es, um mit Norman (1983b) zu sprechen, "trade-offs". Norman hat
z.B. die "trade-offs" von menügesteuerten vs. befehlsgesteuerten Systemen
dargestellt (vgl. auch Kapitel 4.3.1). Wir sehen in unserem Zusammenhang
im wesentlichen drei trade-off Bedingungen:

(1) Kontrollierbarkeit vs. Fehlervermeidung

(2) Kontrollierbarkeit vs. Passung (besonders das Konzept der Erlernbar-
     keit)

(3) Benutzbarkeit vs. Funktionalität

Zu (1): Man könnte versucht sein, Fehlermöglichkeiten durch vollständige
Systemsteuerung der Benutzung anzustreben. In der Tat wird oft von Systemdesignern so argumentiert. Hier widersprechen sich also das Kriterien
der Kontrollierbarkeit und der Fehlervermeidung. Es gibt verschiedene
Möglichkeiten der Auflösung dieses Widerspruchs: Zum einen dürften unterschiedliche Personengruppen von Kontrollierbarkeit unterschiedlich profitieren. Shneiderman (1987) hat vorgeschlagen, daß eine Steuerung durch
das System für den Novizen positiv sein kann, der Experte aber Möglichkeiten zur Kontrolle erhalten sollte. Wir stimmen dieser Anschauung in
weiten Teilen zu (interessanterweise gibt es keine empirischen Untersuchungen dazu). Allerdings würden wir zusätzlich betonen, daß der
Benutzer bereits relativ früh die Möglichkeit erhalten sollte, die Einsatzbe-
dingungen selbst zu beeinflussen. Außerdem sollte er am Anfang auch
Fehler machen dürfen, so daß sich sein mentales Modell elaboriert und eine
entsprechende Kompetenz zur Behandlung von Fehlern ausbildet (vgl.
Kapitel 3 über Schulung).

Zum zweiten kombiniert das Konzept Fehlermanagement die Vermeidung
der negativen Konsequenzen von Fehlern und die Kontrollierbarkeit. Fehlermanagement reduziert zwar nicht die Fehler, aber zumindest die negativen Folgen davon. Gleichzeitig erhöht Fehlermanagement die Kontrollierbarkeit - man hat ja nun die Möglichkeiten, auf Fehler zu reagieren, und
sie werden dadurch beherrschbar.

Zu (2): Es gibt das Konzept des "ease-of-use", das für eine leichte Erlernbarkeit des Systems eintritt. Unter bestimmten Umständen kann leichte
Erlernbarkeit in einen Gegensatz zur Kontrollierbarkeit geraten. Kontrollierbarkeit bedeutet ja häufig, daß man das System selbst verändern kann -
sicherlich oft eine komplexe Aufgabe. Wenn ein Programm nun keine Ver-
änderungsmöglichkeiten erlaubt, ist es leichter erlernbar, aber dies wird

dann mit geringerer Funktionalität, Benutzbarkeit und Aufgabenbezogenheit erkauft. Deshalb plädieren wir für einen Kompromiß zwischen Erlernbarkeit und Kontrollierbarkeit. Jedes System sollte eine "default"-Option besitzen, die, ohne weitere Veränderung, leichte Erlernbarkeit für den Novizen ermöglicht. Allerdings sollte dies nur eine der möglichen Optionen sein - die Optionen sollten ausschaltbar sein, wie z.B. Menüs oder Hilfen, und sie sollten veränderbar und damit kontrollierbar sein. Auch hier dürfte der Experte wieder stärker von der Kontrollierbarkeit profitieren als der Novize.

Zu (3): Einfach zu bedienende Systeme sind oft nicht sehr mächtig; sie haben also nur geringe Funktionalität. Da Funktionalität auch Flexibilität beinhaltet und die Bedienung der Flexibilität nicht sehr einfach zu erlernen ist, kann es hier zu einem Widerspruch zwischen Benutzbarkeit und Funktionalität (Mächtigkeit) kommen (Maaß, 1986a). Auch dieser Widerspruch ist am besten mit Optionen aufzulösen. Es müssen für den Anfänger oder den ungeübten Benutzer des Systems aufgabenorientierte, sinnvolle und leichter zu erlernende Optionen geschaffen werden, die man im Sinne der Mächtigkeit des Systems wieder verändern kann. Zu betonen ist in diesem Zusammenhang, daß nicht notwendigerweise der Benutzer selbst Veränderungen anbringen können muß. Lokale Experten können diese aufgabenspezifischen und brauchbaren Veränderungen für den Benutzer zusammenstellen.

4.2.6.2 Gegenseitige Beeinflussung von Benutzbarkeit, Funktionalität und Aufgabenbewältigung

Benutzbarkeit, Funktionalität und Aufgabenbewältigung sind nicht immer ganz leicht zu unterscheiden; außerdem beeinflussen sie sich gegenseitig. Zum Beispiel sind Verständlichkeit von Rückmeldungen und Selbstbeschreibungsfähigkeit Aspekte der Benutzbarkeit. Dennoch bestehen diese nicht gänzlich unabhängig von der Arbeitsaufgabe (und damit von der Aufgabenbewältigung). Ähnlich gibt es Überschneidungen zwischen Funktionalität und Aufgabenbewältigung. Wenn die Funktionalität sehr gering ist, dann wird das System auch die Aufgabenbewältigung beeinträchtigen (zumindest wenn man gezwungen ist, mit dem Computer zu arbeiten). Schließlich ist manchmal aufgrund von niedriger Benutzbarkeit auch die Funktionalität eines Systems eingeschränkt - wenn etwa ein inhaltlich gutes Programm schlechte Systemrückmeldungen gibt und der Benutzer deshalb Fehler macht.

Fazit: Unsere Diskussion zeigt also, daß es zwar Widersprüche und "tradeoffs" zwischen den verschiedenen Kriterien geben kann; diese sind allerdings im Prinzip überwindbar. Ist es nun möglich, alle die genannten Kriterien zu erfüllen? Im Prinzip glauben wir, daß dies möglich ist, auch wenn wir zugeben müssen, daß wir kein Programm kennen, das allen Kriterien genügt. Hier ist der Entscheidungsträger vor Ort zu einer Optimierungsentscheidung gezwungen, er sollte das System verwenden, das möglichst viele Kriterien erfüllt. Um eine solche Entscheidung zu erleichtern, sollen im folgenden noch einige Systembereiche genauer dargestellt werden.

4.3   Formen und Mittel der Interaktion am Computer

Im allgemeinen entwickeln die Benutzer ihre mentalen Modelle während der Interaktion mit einem System. Deshalb ist die Oberfläche eines Systems von großer Bedeutung für die Benutzbarkeit, die Fehlerbehandlung und indirekt auch für die Funktionalität. Die Oberfläche eines Systems bestimmt sich im wesentlichen aus dem zugrundeliegenden Interaktionsmodus.

4.3.1   Interaktionsmodus

Es werden menüorientierte, befehlsorientierte, natürlichsprachliche und direkt manipulierbare Interaktionsmodi unterschieden (vgl. Shneiderman, 1987).

4.3.1.1   Menü- vs. befehlsorientierte vs. natürlichsprachliche Interaktionsmodi

In Menüs werden die verfügbaren Befehle aufgelistet. Entweder lassen sich die Menüs "herunterrollen" (z.B. in der Macintosh Bedienoberfläche) oder sie werden permanent auf dem Bildschirm dargestellt (vgl. z.B. WordStar). Die Menübestandteile werden entweder als bildhafte Metaphern (Icons) dargestellt, oder es werden einzelne Befehle mit einer kurzen Erläuterung gegeben. Einige Menüs enthalten lediglich die verfügbaren Befehle und dienen somit dem Benutzer als Merkhilfe. Die einzelnen Befehle eines Menüs lassen sich entweder mit einer "Maus", mit dem Finger (auf einer "touch-screen", also ein auf Berührung reagierender Bildschirm), einem Lichtgriffel, durch Positionierung des Cursors über die Tastatur oder durch Eingabe bestimmter Buchstaben- und Zahlenkombinationen aktivieren.

Kasten 4.4: Wiedererkennen versus Reproduktion

Die Gedächtnispsychologie hat bewiesen, daß Menschen sehr viel leichter etwas wiedererkennen als frei reproduzieren können. Zum Beispiel fällt es uns leicht, ein Haus als das Haus eines Freundes wiederzuerkennen. Es ist sehr viel schwerer, dieses Haus einem Dritten gegenüber zu beschreiben.

In reinen Befehlssprachen muß der Benutzer die unterschiedlichen Befehle genau wissen (sie sind den Programmiersprachen ähnlich). Oft werden die befehlsorientierten Benutzeroberflächen um bereits benannte oder nachträglich benennbare Funktionstasten ergänzt. Diese ähneln nun wiederum einer Menüstruktur. Das Menü wird sozusagen auf der Tastatur präsentiert.

Ein Unterschied zwischen der befehlsorientierten und der menü-orientierten Systemoberfläche besteht darin, daß bei der Menüsteuerung ein Satz von Befehlen auf Menüs (Menü kommt aus dem Englischen und heißt Speisekarte) ständig nachlesbar ist, während sich der Benutzer bei der befehlsorientierten Steuerung auf sein Gedächtnis verlassen muß. Menügesteuerte Systeme sind für den Anfänger leichter zu erlernen als befehlsorientierte. Das läßt sich dadurch erklären, daß sich die Gedächtnisleistungen bei der Menüsteuerung lediglich aus Wiedererkennungsleistungen zusammensetzen, während sie bei der befehlsorientierten Steuerung im wesentlichen aus Erinnerungsleistungen (Reproduktion) bestehen (vgl. Kasten 4.4).

Man könnte nun vermuten, daß hier Benutzerunterschiede bestehen. So argumentiert Nickerson (1986), daß menügesteuerte Systeme für den Anfänger und befehlsorientierte Systeme für den Experten besser geeignet sind. Eine Reihe von Untersuchungen stützen aber die entgegengesetzte These, daß leicht erlernbare Systeme auch leichter im Dauergebrauch sind, und zwar sowohl für Novizen als auch für Experten (vgl. Roberts & Moran, 1983, Whiteside et al., 1985, Norman, 1983b).

Es wird oft gewünscht, ein System für natürliche Interaktionsformen zu entwickeln, z.B. für Dialoge, Diskurse, Frage- und Antwortmuster, der gesprochenen Sprache vergleichbar. Die Hoffnung hat sich hier auf natürlichsprachliche Systeme gerichtet. In geschriebener oder neuerdings auch in akustisch verbalisierter Form würden dabei dem Computer Direktiven entsprechend einem zwischenmenschlichen Dialog vermittelt werden. Bis heute gibt es allerdings noch keine Systeme, die dem Anspruch eines natürlichsprachigen Systems wirklich gerecht werden könnten. Die Tatsache, daß viele Benutzer von sogenannten natürlichsprachlichen Systemen vor allem durch die überraschend restriktive "Sprache" abgeschreckt werden (Hauptmann & Green, 1983), läßt einen praktischen Einsatz solcher Systeme noch nicht ratsam erscheinen.

Darüberhinaus gibt es ein Experiment, in dem die Unterlegenheit eines natürlichsprachlichen Systems gegenüber einem herkömmlichen System festgestellt wurde. Small & Weldon (1983) haben dabei einen Trick angewendet: In der natürlichsprachigen Situation wurden die Anforderungen der Versuchsperson einem unbekannten menschlichen Versuchsleiter überspielt. Die Versuchsperson meinte also mit dem Computersystem zu "sprechen", kommunizierte aber in Wirklichkeit mit einem versteckten menschlichen Versuchsleiter. Dieser reagierte auf die Anfragen und beantwortete sie. Erstaunlicherweise funktionierte dieses System nicht sehr gut. Es produzierte zwar genauso wenig Fehler wie ein befehlsgesteuertes System, es war aber langsamer.

Auch Shneiderman (1980) argumentiert gegen natürlichsprachige Systeme, weil sie in jedem Fall eine restriktivere Grammatik und Wortgebrauch als die Alltagssprache haben und deshalb zu einem negativen Transfer von der Alltagssprache auf das natürlichsprachige System führen (vgl. auch Scapin, 1981). Außerdem werden hier die Unterschiede zwischen Computern und Menschen verwischt und natürlichsprachliche Systeme sind sehr unzuverlässig und werden es auch bleiben.

Ein spezielles Thema der befehlsorientierten Systeme: Namensgebung

Carroll (1982) argumentiert, daß Namen nicht völlig willkürlich festgelegt werden. Deshalb sollte mehr Aufmerksamkeit auf die Entwicklung der sprachlichen Symbole in der Mensch-Computer Interaktion gelegt werden. Im Training führt eine inadäquate Namensgebung zu Verwirrungen, "Merkschwächen" und falscher Nutzung. So zeigte sich, daß kongruente Benennungen von Positionierungsfunktionen (z.B. up/down, raise/lower) zu besseren Behaltensleistungen und zu einer effektiveren Nutzung beitragen, als inkongruente (z.B. up/lower).

Wird die Namensgebung durch den Benutzer vorgenommen, werden die effektivsten Namen von denjenigen Benutzern vergeben, die eine gute Kenntnis des Programmkontextes besitzen (vgl. Jones & Landauer, 1985). Der Benutzer sollte demnach am Anfang mit verbal und funktional gut unterscheidbaren Befehlen konfrontiert werden. Es sollten ihm zunächst bereits sinnvolle Namen zur Vergabe angeboten werden. Ein hierarchisch organisiertes System von Namensgebungen und Abkürzungen ist dabei am vorteilhaftesten (Walker & Olson, 1988)

Eine wichtige Forschungsrichtung der Menügestaltung konzentriert sich auf die Frage, wie einzelne Komponenten arrangiert werden sollten. Viele Autoren sind sich darüber einig, daß die Tiefe (d.h. die Anzahl verschachtelter Hierarchiestufen oder Submenüs) nicht allzu groß sein sollte. Deshalb wurden oft sehr breite (d.h. viele Befehle pro Menü und Submenü) Menüs entwickelt (vgl. Kiger, 1984, Landauer & Nachbar, 1985, Tullis, 1985). Aber könnte es nicht sein, daß es eine optimale Menübreite für den Benutzer gibt? Henneman & Rouse (1984), Tullis (1985) und Landauer & Nachbar (1985) argumentieren: "Je breiter, desto besser." Kigers Untersuchungen zeigen hingegen auf, daß sich die Breite eines Menüs an dem Mittelwert von acht Komponenten orientieren sollte. Das geht einher mit der von G.A. Miller (1956) aufgestellten Schätzung über die Kapazität des Arbeitsgedächtnisses von sieben Komponenten. Offensichtlich kann man etwa sieben Komponenten am besten überblicken. Diese Effekte dürften am deutlichsten bei Novizen auftreten.

4.3.1.2 Direkt manipulierbare Systeme

Wir haben schon verschiedentlich auf die von Shneiderman (1982b, 1983a, 1987) beschriebenen Systeme der direkten Manipulation hingewiesen. Objektorientierte Aktionen erlauben es, die Auswirkungen von Operationen direkt am Bildschirm nach der Devise "What-you-see-is-what-you-get" mitzuverfolgen.

Für den Anfänger ergeben sich aus dieser Vorgehensweise einige Vorteile. Er kann die Funktionen von direkt manipulierbaren Systemen relativ schnell erlernen, da sie sich z.B. an einem vereinfachten Modell eines Schreibtisches im Büro orientieren. Er kann bekannte Handlungsmuster direkt auf die Interaktionsform am Computer übertragen und erhält sofortige Rückmeldungen über den Erfolg seiner Handlung.

Direkt manipulierbare Benutzeroberflächen haben auch einige Nachteile. Zum Beispiel kann eine repetitive Operation viel leichter mit einer Formel (symbolischer Algorithmus) durchgeführt werden (Hutchins, Hollan & Norman, 1986). Hohe Genauigkeit, z.B. beim Erstellen architektonischer Grundrißzeichnungen mit millimetergenauen Abweichungsparametern, kann oft nur durch befehlsorientierte Komponenten erzielt werden. Abschließend sei angemerkt, daß bei direkt manipulierbaren Systemschnittstellen zwar das Gefühl der Kontrolle vermittelt wird, aber die tatsächliche Kontrolle des Benutzers erstreckt sich lediglich auf die sichtbaren und teilweise vorgegebenen Objekte, nicht aber auf die Programme des Computers.

4.3.2 Interaktionsinstrumente

In den letzten Jahren hat sich die Entwicklung von Ein- und Ausgabe-
instrumenten für den Computer nicht ganz an die rapide Entwicklung der
Mikroprozessoren anpassen können. Ein Grund dafür liegt in der be-
schränkten Verarbeitungskapazität des menschlichen Benutzers. Aber auch
eine mangelnde Bereitschaft zur Umgewöhnung der althergebrachten Arbeitsroutinen bremst die Einführung neuartiger Interaktionsinstrumente.
Obwohl z.B. die Dvorac-Tastatur (d.h. eine Tastatur, deren Tasten nach
neuen ergonomischen Erwägungen, z.B. Benutzungshäufigkeit, angeordnet
sind) eine deutliche Reduktion der Eingabezeit und der Eingabefehler auf-
weist, bleibt die Sholes-Tastatur (d.h. die übliche Schreibmaschinentastatur
mit dem QWERTZ- Tastenfeld) ein unumstößlicher Standard (Shneiderman,
1987).

Vier Aspekte der Ein- und Ausgabeinstrumente sind besonders wichtig:

- Tastatur und Funktionstasten

- Zeigeinstrumente

- Bildschirme

- Fenster (windows)

Auf sprachliche Ein- und Ausgabeinstrumente wurde an anderer Stelle bereits hingewiesen (vgl. auch Shneiderman, 1987, S. 249 ff). Für eine Diskussion über Disketten, Drucker, Plotter und dergl. als Interaktionsinstrumente wird ebenfalls auf Shneiderman (1987) verwiesen.

4.3.2.1 Tastatur und Funktionstasten

Die Schreibmaschinentastatur ist das gebräuchlichste Eingabeinstrument für
den Computer. Damit lassen sich vom geübten Benutzer bis zu 15 Zeichen
pro Sekunde eingeben. Bei speziellen Tastaturen z.B. für das Erstellen von
Gerichtsprotokollen müssen mehrere Tasten gleichzeitig angeschlagen werden, damit ein Zeichen gedruckt wird. Damit lassen sich bis zu 30 Zeichen
pro Sekunde eingeben. Allerdings sind dazu monatelanges Training und
ständige Übung erforderlich.

Bei der Computertastatur ist darauf zu achten, daß sie stabil genug ist, um
z.B. auch ohne feste Unterlage benutzbar zu sein. Ein Überangebot an speziellen Funktionstasten sollte vermieden werden. Üblicherweise befindet
sich auf einem Computer-"Keyboard" eine Schreibmaschinentastatur, ein
Zahlenblock von 0 bis 9, ein Tastenblock zur Cursor-Steuerung, ein Funktionstastenblock und diverse Steuerungstasten wie z.B. die ENTER-Taste,
ESC-Taste, Alt-Taste, STRG-Taste etc..

Kontroversen unter Ergonomen löst immer wieder die Frage nach der Anordnung und der Größe einzelner Sondertasten aus. Unbestritten ist z.B., daß die ENTER-Taste etwas größer sein sollte als alle übrigen Tasten. Darüberhinaus sollten in ihrer unmittelbaren Nähe keine weiteren Sondertasten liegen. Ähnliches gilt für die Umschalttaste (Groß/Kleinschreibung) und die Steuerung- oder Control-(STRG-)Taste. Anzeigeleuchten für die Umschalttaste und den kombinierten Zahlen- resp. Cursorblock sind ebenfalls von Vorteil. Der momentan gültige Status wird zurückgemeldet und muß nicht erst durch Probieren herausgefunden werden.

Beim Anschlagen der einzelnen Tasten ist es wichtig, für einen angemessenen Druckwiderstand zu sorgen. Sobald tatsächlich ein Zeichen eingegeben wurde, sollte dies durch eine merkliche Reduzierung des Druckwiderstands zusammen mit einem leichten Klick angezeigt werden. Bei der QWERTZ-Tastatur sollten auf der F- und der J-Taste kleine Erhebungen angebracht sein, so daß der Benutzer spüren kann, ob sich alle Finger in der richtigen Ausgangsposition befinden. Auch hier gilt die Devise, daß möglichst schnelle und eindeutige Rückmeldungen gegeben werden sollten.

Funktionstasten sind ein kritisches Thema. Dabei geht es einerseits um ihre Anordnung. Der Funktionstastenblock sollte sich am besten auf der linken Seite der Zeichentasten befinden, mit zwei Reihen zu je fünf Funktionstasten. Generell ist wichtig, daß die Funktionstasten von der Ausgangsstellung auf dem Zeichentastenfeld aus möglichst leicht erreichbar sind. Andererseits geht es um die Belegung der Funktionstasten mit bestimmten Funktionen. Konsistenz ist hier sehr wichtig. Bei allen Anwenderprogrammen sollte z.B. die Hilfe-Funktion auf der gleichen Funktionstaste (z.B. F1) liegen. Eine Anzeige am Bildschirm oder austauschbare Belegstreifen auf der Tastatur erleichtern es besonders dem Anfänger, zwischen den Funktionstasten zu unterscheiden. Bei individuell belegbaren Funktionstasten sollte jeweils am unteren Bildschirmrand eine Rückmeldung über den Zustand und die Funktion der Tastenbelegung gegeben werden.

Ein Problem der Funktionstasten ist, daß das Tastenfeld verlassen werden muß; meist konzentriert man sich dann auf die Funktionstasten. Deshalb erfreut sich die Alternative des gleichzeitigen Drückens der STRG-Taste und einer Buchstabentaste durchaus einiger Beliebtheit. Das erfordert zunächst ein wenig Übung, aber der Vorteil ist, daß man die Tastatur zur Befehlseingabe nicht mehr verlassen muß. Darüberhinaus können bestimmte Buchstabentasten oder eine spezifische räumliche Anordnung von Sonderfunktionen mnemotechnische Unterstützung anbieten. Z.B. wird die STRG-Taste + H für Hilfe verwendet, und beim Textverarbeitungsprogramm WordStar wird ein sogenannter "Bewegungsdiamant" angeboten, der es erlaubt, unterschiedlich weitgreifende Cursorbewegungen - buchstaben-, wort-, zeilen- und bildweise - in alle vier Richtungen zu unternehmen. Dem Computernovizen erscheinen allerdings gesonderte Funktionstasten wesentlich anschaulicher und in der Bedienung akzeptabler.

Die Anordnung der Cursor-Tasten ist weitestgehend standardisiert und orientiert sich an den vier Bewegungsrichtungen "+". Allerdings gibt es auch bei den Cursor-Tasten einige exotische Anordnungen, deren Fehleranfälligkeit eigentlich unmittelbar einleuchten müßte (vgl. Shneiderman, 1987, S. 236). Die Geschwindigkeit der Wiederholungsfunktion, bei anhaltendem Niederhalten der Cursor-Taste, sollte vom Benutzer reguliert werden können. Obwohl Gould et al. (1985) keine Produktivitätssteigerung beim Editieren von Texten feststellen konnten, wenn dem Benutzer die freie Wahl bei der Geschwindigkeitsregulierung gelassen wurde, plädieren wir dafür. Zum Beispiel ist es bei der Auswahl von Befehlen innerhalb eines Menüs wichtig, sehr schnell an eine bestimmte Stelle des Bildschirms zu gelangen. Beim Editieren kommt es auf persönliche Vorlieben oder auf Gewöhnung durch das Arbeiten mit anderen Systemen an, wie schnell die Cursor-Steuerung sein soll. Somit sollte sich die Geschwindigkeit der Cursorbewegungen in Abhängigkeit von der Arbeitsaufgabe regulieren lassen.

4.3.2.2 Zeigeinstrumente

Bei häufigem Auswählen aus Menüs, beim Ausfüllen von Masken oder bei der direkten Manipulation von grafischen Objekten am Bildschirm sind analoge Zeigeinstrumente, z.B. Maus, Lichtgriffel oder "touch-screen" gegenüber dem Cursor im Vorteil.

Shneiderman stellt sechs typische Aufgaben zusammen, bei denen sich Zeigeinstumente im Vergleich zur Tastatur besser bewähren:

- Auswahl von Befehlen und Objekten direkt am Bildschirm

- Positionierung des Cursorzeichens am Bildschirm

- Markierung von unterschiedlichen Objekten, z.B. beim Unterstreichen von ausgewählten Textpassagen

- Richtungsangabe für eine Bewegung, z.B. Verschieben eines Objektes bei Zeichenprogrammen

- komplexe Positionierung und Bewegungsmanipulation, z.B. beim Rekonstruieren von kurvenreichen Linien auf einer Landkarte

- analoge Quantifizierung von bestimmten Parametern, z.B. Regulierung von Geschwindigkeit oder Lautstärke.

(vgl. Shneiderman, 1987, S. 237)

Mit dem Lichtgriffel und am "touch-screen" können direkt am Bildschirm Eingaben vorgenommen werden. Mit der Maus, dem "Joystick", dem "trackball" und dem Grafiktablett werden Bewegungen auf dem Tisch oder auf einer speziellen Unterlage analog mit Hilfe eines Orientierungspunktes auf den Bildschirm übertragen.

Lichtgriffel und "touch-screen" sind sehr ermüdend für den Arm, da der Arm ständig von der Schreibunterlage auf den Bildschirm gerichtet werden muß. Insbesondere beim "touch-screen" kommt es zu unpräzisen Eingaben. Für den Anfänger und vor allem bei den oben genannten Aufgaben sind diese Interaktionsinstrumente gegenüber der Tastatur allerdings oftmals einfacher anzuwenden.

Unter den indirekten Eingabeinstrumenten hat sich die Maus im Bürobereich bewährt. Der Arm und die Hand können in einer komfortablen Position neben der Tastatur verbleiben. Die Knöpfe der Maus lassen sich einfach bedienen. Die Bewegungen auf dem Bildschirm sind präzise. Dennoch wird oftmals als störend empfunden, daß das Verbindungskabel über den Schreibtisch gelegt werden muß, daß die Maus teilweise abgesetzt werden muß, um längere Strecken auf dem Bildschirm zurückzulegen. Das Hauptproblem für geübte Schreibmaschineschreiber ist die Tatsache, daß die Tastatur verlassen werden muß, um die Maus zu bedienen. Bei sehr kurzen Distanzen zwischen wenigen Objekten haben die Cursor-Tasten sogar einen Geschwindigkeitsvorteil gegenüber der Maus.

Zusammenfassend läßt sich feststellen, daß es von den Arbeitsaufgaben abhängt, welches Eingabegerät verwendet werden sollte. Während einer deutlich abgrenzbaren Handlung sollte kein Wechsel zwischen Eingabeinstrumenten stattfinden müssen. Beim Editieren von Text z.B. wird der ständige Wechsel von Tastatur zur Maus und umgekehrt als störend empfunden.

4.3.2.3 Bildschirme

In den letzten Jahren wurden die Computerbildschirme entschieden verbessert. Dennoch ergeben umfangreiche Untersuchungen, daß das Lesen am Computerbildschirm langsamer ist als das herkömmliche Lesen von Text auf Papier (Gould, et al., 1987).

Augenbelastungen, Stress und Strahlungsbelastung sind andere Themen, die bei den Fachleuten vermehrt Beachtung finden.

Angesichts der unterschiedlichen Bildschirmtechnologien, deren Entwicklung noch nicht abgeschlossen ist, und des beschränktem Raumes, das hardware-ergonomischen Fragen in diesem Buch gewidmet ist, beschränken wir uns auf die Darstellung von einigen Mindestanforderungen, die ein Bildschirm erfüllen sollte. Es lohnt sich, diese Ausführungen zu komplettieren durch die Lektüre von sogenannten Bildschirmchecklisten (z.B. die von TCO, o.J., der schwedischen Angestelltengewerkschaft) und ergänzender Literatur (Cakir, Hart & Stewart, 1980, Shneiderman, 1986, Spinas, Troy & Ulich, 1983).

Monochrome Bildschirme:

Sie reichen für eine Vielzahl von Anwendungen bereits aus. Im allgemeinen werden sie bei ständiger Benutzung gegenüber den Farbbildschirmen sogar bevorzugt. Nachstehende Charakteristika sind wichtig: (vgl. Shneiderman, 1986, Smith & Mosier, 1986). Es sollte jeweils eine Maximierung oder eine individuelle Aussteuerung angestrebt werden.

Bildschirmgröße: "Je größer, desto besser", lautet die Devise. Zumindest sollte gefordert werden, daß der Bildschirm genügend Platz für eine oder besser noch zwei ganze Textseiten bietet und noch bestimmte Optionen (z.B. Menüs, Ikonen, Rückmeldungszeilen u. dgl.) anzeigen kann.

Flimmerunterdrückung: Dabei geht es um die Bildfrequenz. Nur wenige Hersteller bieten eine ausreichende Bildfrequenz von mehr als 70 Hertz an. Bei dieser Bildschirmqualität sind wahrscheinlich auch keine Unterschiede zur Lesegeschwindigkeit gegenüber Papier zu finden (Gould et al., 1987).

Bildaufbaurate: "Je kürzer, desto besser." Es wird oft als störend empfunden, wenn man einige Sekunden warten muß, bis der gesamte Bildschirminhalt präsentiert wird. Sollte es aufgrund der Kapazität der Bildschirmkarte bei bestimmten Programmen nicht innerhalb weniger Sekunden möglich sein, den Bildschirm aufzubauen, dann sollte zumindest eine bestimmte Abfolge beim Aufbau sinnvoller Bildelemente eingehalten werden, z.B. zunächst die Schreibtischoberfläche, dann die verfügbaren Optionen, dann das Textblatt etc.

Bewegungswiedergabe: Abrupte Bewegungen sollten vermieden werden. Weiterhin ist es für den Betrachter angenehmer, wenn nicht ständig der gesamte Bildschirminhalt bewegt wird, sondern nur einzelne Elemente daraus. Beim Rollen von Zeilen wird ein sanftes Gleiten des Textes als weniger störend empfunden als ein zeilenweiser Neuaufbau.

Auflösung: Möglichst hohe Auflösung stellt sicher, daß selbst kleine Zeichen prinzipiell gut erkannt werden können. Viele Bildschirme haben immer etwas Verschwommenes an sich. Das führt sehr schnell zur Übermüdung der Augen und zur Verringerung der Lesegeschwindigkeit (vgl. Gould et al., 1987). Technisch allerdings dürfte einer hohen Bildschirmauflösung eigentlich nicht mehr viel im Wege stehen.

Flacher Bildschirm: Bei einem flachen Bildschirm treten an den Rändern keine Verzerrungen auf.

Fremdlichtreflexion: Die Bildschirmoberfläche sollte keine Reflexionen von Lampen, Tageslicht, heller Kleidung oder Gegenständen auf dem Schreibtisch aufweisen. Inzwischen werden Sichtblenden angeboten, die nachträglich am Bildschirm angebracht werden können.

Kontrast und Helligkeit: Zeichen und Hintergrund sollten deutlich abgrenzbar sein. Neben einer Maximierung ist vor allem die individuelle Einstellbarkeit von Bedeutung. Dunkle Zeichen auf hellem Hintergrund sind bei hohem Kontrast am besten, sowohl in der subjektiven Einschätzung als auch für die Lesegeschwindigkeit (Gould et al., 1987).

Erschütterungstoleranz: Bei einigen Bildschirmen kommt es zu störenden Verzerrungen, wenn sie gedreht oder verschoben werden.

Farbbildschirme

Für Farbbildschirme gelten die gleichen Kriterien wie für Monochrombildschirme. Farbbildschirme sind im allgemeinen etwas aufwendiger konstruiert und erfüllen oft die oben angesprochenen Kriterien. Wichtig ist, daß sie auch auf einen monochromen Betrieb umgestellt werden können.

Der ästhetische Wert bei der Verwendung von unterschiedlichen Farben ist umstritten und findet eher bei der Computeranimation und bei Computerspielen den allgemeinen Zuspruch der Anwender. Anfänglich sind viele Benutzer sehr angetan von Farbbildschirmen. Erst im Dauergebrauch stellt sich heraus, daß die Augen belastet werden und höhere Aufmerksamkeitsanforderungen durch einen oftmals übertriebenen Gebrauch von unterschiedlichen Farben entstehen. Grelle Farben und starke Kontraste zusammen mit einem blitzartigen Bildaufbau rufen z.B. ständig eine Orientierungsreaktion beim Benutzer hervor. Eine Orientierungsreaktion ergibt sich unwillkürlich, wenn ein Umweltereignis schnell und auffällig eintritt. Die Reaktion darauf entspricht einer anhaltenden Alarmbereitschaft. Solche "Alarm"-Signale sollten nur in Ausnahmefällen benutzt werden. Lediglich bei der Bearbeitung von Aufgaben, bei denen Farbunterschiede notwendige Informationenen übermitteln, sollten starke Farbunterschiede eingesetzt werden, z.B. bei der Erstellung von Grafiken, Landkarten und Konstruktionszeichnungen oder im Bereich der medizinischen Diagnose.

4.3.2.4 Fenster (windows)

Fenster erlauben dem Benutzer, sozusagen mehrere Bildschirme aufzumachen. Fenster werden vor allem zur Erfüllung multipler Aufgaben benötigt (Gaylin, 1986, Miyata & Norman, 1986). Dieser Text wurde z. B. in einem Fenster eingegeben, gleichzeitig konnte dabei in einem anderen Fenster die Gliederung des Gesamtbuches oder eines beliebigen Kapitels bearbeitet werden. Oder es wird in einem Fenster eine betriebswirtschaftliche Aufgabe und in einem zweiten die entsprechende Datenpräsentation für einen Vortrag bearbeitet.

Die Möglichkeit, sich auf dem Bildschirm Fenster zu kreieren, ist ohne Zweifel günstig. Allerdings benötigt man eine entsprechend große Bild-

schirmfläche. Die Fenster können entweder nebeneinander stehen oder sich
z.T. überlappen (es gibt auch Fenster, die sich völlig überlappen, aber dies
scheint keine sehr günstige Fenstertechnik darzustellen). Je nach Aufgabe
ist die überlappende Fensterdarstellung günstiger als die nebeneinander-
stehende (Bly & Rosenberg, 1985).

Fazit: Generell sollten Interaktionsinstrumente im jeweiligen Aufgabenbereich getestet werden, ob sie tatsächlich den Ansprüchen gerecht werden.
Es sollte möglichst selten zwischen Tastatur und Zeigeinstrumenten ge-
wechselt werden müssen. Bildschirme sollten anhand von Checklisten auf
ihre Eignung überprüft werden. Nicht nur die Maximierung vorliegender
Kriterien ist anzustreben, sondern auch eine individuelle Aussteuerung von
Bildschirmeigenschaften. Schließlich sollte die Technik multiple Fenster
unterstützen.

4.4 Eingliederung der Software-Kriterien: Zur Organisation, zur Arbeitsaufgabe und zu Benutzerunterschieden

Haben wir bisher die Mensch-Computer Interaktion ohne einen weiteren
Bezug zur Organisation, in die der Arbeitsplatz eingegliedert ist, diskutiert,
so ist an dieser Stelle die allgemeine Überlegung aus Kapitel 1 zu wiederholen: Der entscheidendste und wichtigste Bereich ist nicht die Gestaltung
der Mensch-Computer Interaktion im einzelnen, sondern die Gestaltung der
Organisation, des Arbeitsablaufs und der Arbeitsaufgabe. In Abb. 4.9 (aus
Nullmeier, 1988) wird dieser Aspekt betont.

In Abb. 4.9 ist der wesentliche Ansatzpunkt für die Arbeitsgestaltung
skizziert: Zunächst muß eine sinnvolle Mensch-Mensch Funktionsverteilung
innerhalb einer Organisation entwickelt werden. Dabei gilt das Prinzip der
Konstruktion von ganzheitlichen Aufgaben, d.h. die Aufgaben für den
jeweiligen Angestellten sollten das Ereichen eines abgeschlossenen Ziels
ermöglichen. Sodann stellt sich die Frage, wie die Arbeitsabläufe gestaltet
sein sollen. Erst dann kann man sinnvoll das Problem der Mensch-Rechner
Funktionsverteilung lösen. Hier gibt es oftmals Tendenzen, den Menschen
nur als Lückenbüßer für noch fehlende Automatisierung zu betrachten. Daß
eine solche Strategie nicht dazu führt, den Arbeitenden zu motivieren, bei
der Einführung von neuen Techniken aktiv mitzuarbeiten, versteht sich von
selbst (vgl. Kapitel 1 und 2). Erst wenn all diese Fragen geklärt sind, sind
software-ergonomische Faktoren der Arbeitsmittelgestaltung relevant. Beispiele für die Funktionsteilung Mensch-Mensch, Mensch-Rechner gibt
Nullmeier (1988, S. 114-115):

> "**Beispiel 1:** *Funktionsverteilung Mensch-Mensch*
>
> *In Banken und Sparkassen muß ein Kunde, der einen Kleinkredit
> aufnehmen und dafür sein Sparbuch auflösen und einen Dauerauf-*

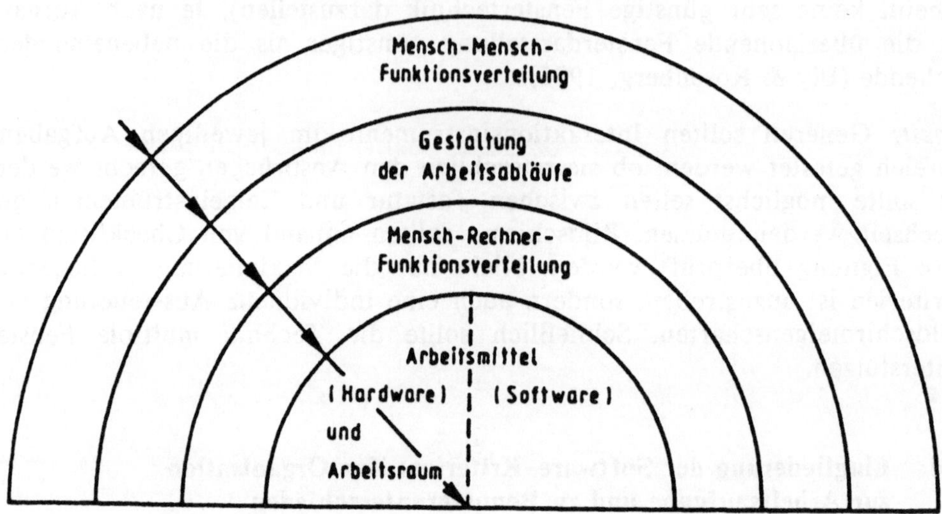

Abb. 4.9: *Gestaltungsebenen für Dialogschnittstellen (Nullmeier, 1988, S. 117)*

trag von seinem Girokonto annullieren will, zu drei Mitarbeitern an drei verschiedenen Schaltern. Hierbei muß er beachten, daß er zuletzt zum Kreditsachbearbeiter geht. Kennt sich der Kunde im Bankgeschäft nicht gut aus, so schildert er jedem der Sachbearbeiter ausführlich sein gesamtes Anliegen. Der Kreditsachbearbeiter erkundigt sich bei seinen beiden Kollegen, die inzwischen schon einen anderen Fall bearbeiten, ob die Angaben des Kunden auch stimmen, bevor er den Fall weiterbearbeitet.

Durch die Einführung von Dialogsystemen besteht die Möglichkeit, diese Arbeitsorganisation beizubehalten und den Durchsatz an Kunden pro Arbeitsplatz zu erhöhen oder Arbeitsplätze zu schaffen, an denen möglichst alle einen Kunden betreffenden Aufgaben zusammengefaßt sind. In mehreren Großbanken wird zur Zeit die zweite Lösung in Angriff genommen, mit dem Ziel, durch einen besseren Kundenservice auch im Massengeschäft konkurrenzfähig zu bleiben.

Beispiel 2: *Funktionsteilung Mensch-Rechner*

In der Kraftfahrzeugabteilung einer Versicherung werden Briefe an Versicherungsnehmer aus vorgegebenen Textbausteinen zusammengesetzt. Der Sachbearbeiter hat keine Möglichkeit, individuelle Texte einzugeben. Damit sind seine Entscheidungen darauf reduziert, aus einer Liste den mehr oder weniger passenden Text heraus zusuchen. Diese Funktionsteilung zwischen Mensch und Rechner hat für die Versicherungsnehmer durchaus Vorteile, z.B. den einer einheitlichen Behandlung von Schadensfällen, denen aber für den Sachbearbeiter die Nachteile eines verringerten Handlungs- und Entscheidungsspielraums und unter Umständen eines Qualifikations verlustes gegenüberstehen. So berichtete ein Sachbearbeiter, daß es ihm zunehmend schwerer falle, auch im privaten Bereich Briefe zu formulieren.

Beispiel 3: *Interaktion Mensch-Rechner*

Wegen eines Telefonanrufs unterbricht ein Sachbearbeiter, der gerade einen Text editiert, seine Tätigkeit. Nach einigen Minuten will er die Arbeit am Bildschirm fortsetzen; er weiß aber jetzt nicht mehr, ob die letzten Änderungen schon abgespeichert sind, und in welchem Modus (Suchen, Einfügen, etc.) er sich gerade befindet. Ähnliche Situationen hat wohl schon jeder Rechnerbenutzer erlebt. Ein wesentliches Problem der Mensch-Rechner Interaktion ist es, dem Benutzer den Systemzustand so darzustellen, daß er ihn mit einem Blick erfaßt."

Aus dieser Diskussion wird deutlich, daß die in diesem Kapitel vornehmlich diskutierten Fragen in einen allgemeinen organisatorischen Zusammenhang gestellt werden müssen.

4.4.1 Organisatorische Eingliederung der Software-Ergonomie

In Abb. 4.10 wird die Wichtigkeit der organisationalen Umgebung dargestellt. Hier erhalten dann wieder die im Kapitel 1 eingeführten Begriffe Ausführbarkeit, Beeinträchtigungslosigkeit, Persönlichkeitsförderlichkeit und die Möglichkeit zur sozialen Interaktion ihre Bedeutung. Die Mensch-Mensch Arbeitsteilung, wie auch die Mensch-Rechner Funktionsteilung müssen diesen Kriterien Rechnung tragen.

Dabei soll noch einmal betont werden, daß für die Beachtung der Humankriterien nicht nur humane Gründe sprechen, sondern auch wirtschaftliche. Denn EDV wird am Arbeitsplatz ja oft eingeführt, um die Flexibilität zu erhöhen, Durchlaufzeiten zu verringeren und die Qualität der Arbeit zu verbesseren. Diese Ziele kann man aber nur dann erreichen, wenn man den Beschäftigten ganzheitliche Aufgaben gibt, für die sie entsprechend qualifiziert sind oder noch qualifiziert werden. Sonst wird die Einführung von neuen Techniken zwar möglicherweise kurzfristig zu Einsparungen führen, aber langfristig die wesentlichen Voraussetzungen qualitativ hochwertiger Arbeit vernichten: Die Bereitschaft und Fähigkeit der Mitarbeiter, sich einzusetzen, die Arbeit in Gänze zu durchschauen und Werkzeuge an der richtigen Stelle zu verwenden und weitere technische Innovationen aktiv mitzutragen.

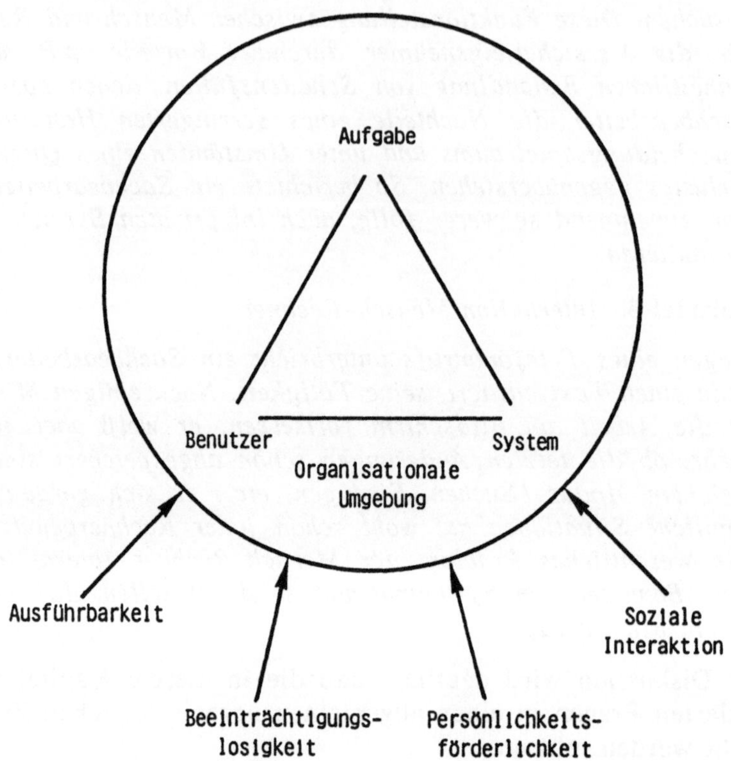

Abb. 4.10: *Bedeutung des organisationalen Umfeldes*

Wir sprachen in Kapitel 1 über die beiden Herangehensweisen: Taylorismus und soziotechnisches Design. Welches Design im Vordergrund steht, wird auf der organisationalen Ebene entschieden - die Software kann dann nur noch das eine oder andere besser oder weniger gut unterstützen. Nun soll nicht der gegenteilige Fehler gemacht werden und gesagt werden, die Software-Ergonomie sei nur von drittrangiger Bedeutung. Eine solche Anschauung ist ebenfalls unrichtig. Es müssen eben alle Ebenen sinnvoll aufeinander abgestimmt sein.

4.4.2 Arbeitsaufgaben

Die Arbeitsaufgaben müssen entsprechend gestaltet sein. Vier der folgenden fünf Kriterien für die Gestaltung von Arbeitsaufgaben gehen auf Hackman & Oldham's (1975) Richtlinien zur Arbeitsmotivation zurück.

1. *Aufgabenvielfalt* steht für eine differenzierte Palette von Tätigkeiten, die jeweils unterschiedliche Fähigkeiten erfordern.

2. *Aufgabenidentität* bedeutet, daß ein Mitarbeiter ein ganzes "Stück Arbeit" vollendet und nicht ein sinnloses Einzelteil bearbeiten muß.

156

Beispiel: *In einer Firma wurde bei der Auftragsbearbeitung zunächst versucht, EDV vom Kundenservice zu trennen; das führte zu motivationalen, sozialen und Statusschwierigkeiten und letztendlich vor allem zu Ineffizienz. Jetzt werden Aufträge "ganzheitlich" bearbeitet. Jeder Kaufmann kann sowohl den Kundenservice als auch die EDV machen und bearbeitet damit einen kompletten Vorgang.*

3. *Aufgabenrelevanz* impliziert eine erkennbare Wichtigkeit und Bedeutung einer Arbeitsaufgabe für die Arbeit anderer Mitarbeiter, für den Betrieb oder für Kunden.

4. *Kontrollierbarkeit* (Hackman & Oldham nennen es Autonomie) bezieht sich auf die Möglichkeit des Mitarbeiters, eigene Entscheidungen über den Inhalt von Teilaufgaben, deren Koordination, über zu verwendende Methoden und über die zeitliche Einteilung zu treffen.

5. *Lernmöglichkeiten* ergeben sich aus dem Charakter der Arbeitsaufgaben und der Arbeitsinstrumente. Sie sollten hinreichend komplex und gestaltbar sein, so daß sie dem Mitarbeiter erlauben, seine Fähigkeiten und Fertigkeiten weiterzuentwickeln.

4.4.3 Unterschiedliche Benutzergruppen: Der Grad der Expertise

Schneider (1986, S. 87) unterscheidet fünf unterschiedliche Benutzergruppen, je nach dem Grad ihrer Kenntnisse und dem Können: Die Nachahmer, Novizen, Benutzer im Zwischenstadium, Experten, Meister. Die Nachahmer befinden sich noch in einem Stadium, wo sie eigentlich nichts verstanden haben (Schneider benutzt eigentlich den Begriff "Papagei") und deshalb Befehle einfach nachmachen. Novizen haben ein erstes Verständnis von dem System, kennen es aber noch nicht gut, und ihre Anwendungen sind noch nicht routiniert. Die Benutzer im Zwischenstadium kennen schon einige Routinen, aber noch nicht die Einzelheiten des Systems. Die meisten Benutzer sind wahrscheinlich in diesem Zwischenstadium, weil die meisten Benutzer ein System nicht immer, sondern nur zu bestimmten Gelegenheiten verwenden. Die Experten kennen dann schon die Einzelheiten und können mit dem System routiniert umgehen. Aber erst der Meister durchblickt das System und kann es deshalb vollständig beherrschen.

Ganz offensichtlich gelten für unterschiedliche Benutzergruppen unterschiedliche Kriterien. Das Kriterium Kontrollierbarkeit ist für den Nachahmer und Novizen von untergeordneter Bedeutung. Erst nach einem bestimmten Grad der Expertise kann ein System kontrolliert werden. Deshalb ist es auch immer notwendig, für die weniger versierten Benutzer sinnvolle Optionen bereit zu legen (als "default"), die ohne weiteren Aufwand benutzt werden können. Wenn allerdings weitere Kontrollmöglichkeiten fehlen, dann können die Benutzer im Zwischenstadium und die Experten das System kaum sinnvoll verwenden.

Ähnliches gilt bei Fehlervermeidung und Fehlermanagement. Der Nachahmer profitiert mehr von Fehlervermeidung. Erst für den fortgeschrittenen Novizen wird Fehlermanagement interessant, denn erst ab diesem Stadium ist der Benutzer in der Lage, Systemrückmeldungen sinnvoll zu verarbeiten und in ein Verständnis des Systems einzubauen.

Aus diesen kurzen Bemerkungen ergibt sich die Forderung, die Kriterien jeweils darauf zu überprüfen, für welche Benutzergruppe sie besonders relevant sind und welche Ausprägungen sie jeweils erfahren sollen. Mit Cuff (1980) ist anzumerken, daß es zunehmend mehr "casual users" geben wird, d.h. Benutzer im Zwischenstadium, denn spezifische Programme werden nicht regelmäßig benutzt, sondern eben nur von Fall zu Fall. Je mehr die Arbeit angereichert wird und zur Mischarbeit wird, desto mehr "casual users" für jeweils spezifische Programme wird es geben. Zum Beispiel wird der betreffende Benutzer einmal ein Grafikprogramm benötigen und ein anderesmal ein Kalkulationsprogramm, obwohl er hauptsächlich mit Textverarbeitung beschäftigt und für dieses Programm auch Experte ist.

Es soll hier noch einmal betont werden, daß solche Programme am besten sind, die mit der Expertise des Benutzer "mitwachsen" können, die also verschiedene Stufen der Expertise unterstützen.

Fazit: Softwarekriterien sind in den organisationalen Zusammenhang einzubetten und in die Fragen, wie die Aufgaben gestaltet sind und welche Benutzergruppe damit arbeiten wird.

4.5 Der Designprozeß

Wiederholt wurde vorgeschlagen, das Schnittstellendesign vom eigentlichen Systemdesign zu trennen (Branscomb & Thomas, 1984). Dadurch werden Veränderungen an der Benutzerstelle möglich, ohne das gesamte System zu verändern. Eine schrittweise Verbesserung der Benutzerschnittstellen nach den neuesten software-ergonomischen Erkenntnissen ließe sich auf diese Weise forcieren. Weiterhin gilt es zu bedenken, daß das Design von Benutzerschnittstellen andersartige Qualifikationen erfordert als das eigentliche Systemdesign.

Diese Überlegungen werden leider noch zu selten in die Praxis umgesetzt. Die meisten Systemdesigner beschäftigen sich sehr wenig mit ergonomischen Überlegungen (Gould & Lewis, 1983) und benutzen sie entsprechend selten. Es wird meist ein System entworfen und erst hinterher auf seine software-ergonomische Gestaltbarkeit hin betrachtet (wenn überhaupt) (Tauber, 1985, Aschersleben et al., im Druck). Wir nehmen nicht an, daß diese Haltung der Softwaregestalter aus einer negativen Einstellung gegenüber der Psychologie und "human factors" resultiert. Es lassen sich einige plausible Gründe für die mangelnde Berücksichtigung anthropozentrischer Systemgestaltung aufführen. Neben den offensichtlichen Problemen bei der Systemgestaltung, z.B. technische Sachzwänge, geringe Speicher- und Prozessorkapazitäten, hoher Zeitdruck bei der Systemerstellung, Vermarktung von unfertigen Produkten, gibt es auch psychologische Restriktionen. Systemdesigner haben es sehr schwer, sich tatsächlich in die Lage des Anwenders zu versetzen. Nicht nur sind sie besonders gut mit Computern und den Softwareanwendungen vertraut, ihre Ziele und Aufgaben unterscheiden sich auch sehr stark von denen der Anwender. Meist wissen sie zu wenig über die tatsächlichen Arbeitsaufgaben (Rödiger, 1985) und die Schwierigkeiten der Benutzer (Smith & Mosier, 1984). Aus diesen Gründen sind die Vorstellungen und die Qualifikationen der Systemdesigner sehr unterschiedlich von denen der Anwender.

Der Systemdesigner hat ein bestimmtes Modell über das zu entwickelnde System. Er konstruiert dementsprechend ein System mit einer spezifischen Oberfläche, der Systemoberfläche. Auf Basis dieser Systemoberfläche entwickelt der Benutzer seine Vorstellungen und Modelle (Norman, 1986). Die Schwierigkeit besteht nun darin, daß der Benutzer nicht direkt erkennen kann, was der Designer wirklich gemeint hat. Und gerade in dem Versuch, das Designer-Modell in ein System zu übertragen und die Systemoberfläche wiederum in ein Benutzermodell zu übertragen, liegen die Probleme der Mensch-Computer Interaktion (Hooper, 1986, gebraucht sogar den Begriff der "falschen Fassaden", um die Systemoberfläche zu charakterisieren). Der gesamte Sachverhalt kompliziert sich erneut, wenn der Psychologe das Feld betritt und sich sein eigenes Modell über das System, über das Benutzermodell, das Designermodell etc. konstruiert (Streitz, 1985). Designer und Benutzer entwickeln oft nicht die gleichen Modelle über jene Teile des Systems, die für das Funktionieren notwendig sind. Ein wichtiger Grund dafür liegt darin, daß Modelle für (und anhand von) spezifische(n) Aufgaben entwickelt werden. Der Designer aber arbeitet an andersartigen Aufgaben als der Benutzer. Hieraus läßt sich die bereits formulierte Forderung ableiten, daß dem Benutzer möglichst viele Kontrollmöglichkeiten über das System gegeben werden sollten. Denn in diesem Fall ist der Benutzer fähig, das System an sein Modell und seine Aufgaben anzupassen. Somit lassen sich die potentiellen Diskrepanzen zwischen dem Designermodell und dem Benutzermodell ebenfalls verringern (Rich, 1983, Ulich & Troy, 1986).

Ein weiterer Grund für die Unterschiede der mentalen Modelle zwischen Systemdesignern und Benutzern besteht darin, daß der Systemdesigner vor allem über systemimmanente Probleme und Aufgaben nachdenkt. Auf der anderen Seite steht der Benutzer, er möchte sich im Regelfall überhaupt nicht mit dem System an sich auseinandersetzen. Ihn interessiert nur der Nutzen, den er aus dem System für die Bewältigung seiner Arbeitsaufgaben ziehen kann.

Beispiel: *Der Designer legt besonderen Wert auf eine logische und ästhetische Struktur der Programme und der Menüs. Dies kann z.B. zu einer besonders logischen Struktur der Menüs führen. Aber diese "Sauberkeit" - oftmals der Stolz eines Programmierers - kann die Arbeit des Benutzers deutlich behindern. Er muß sich z.B. durch eine ganze Reihe unnötiger Menüs durcharbeiten, um an sein Ziel zu gelangen (Hammond, et al., 1983).*

In einem anderen bereits erwähnten Beispiel wurde die logische Struktur "Mappe in der Mappe" verwendet, die die Benutzer kaum verstehen.

Aus all diesen Gründen sollte die Psychologie dem Designer einige Hilfen an die Hand geben, und psychologische Konzepte und Gesetzmäßigkeiten sollten bereits bei der Entwicklung des Systems beachtet werden (Newell & Card, 1985, Hoyos, 1986). Drei Wege können bei der Unterstützung von anwendergerechter Systemgestaltung beschritten werden. Sie schließen sich gegenseitig nicht aus.

1. Aufstellen quantitativer psychologischer Gesetzmäßigkeiten,
2. Einbeziehen des Benutzers in den Designprozess, z.B. beim Rapid Prototyping,
3. Formulierung von Normen, Heuristiken und Prinzipien.

4.5.1 Aufstellen quantitativer Gesetzmäßigkeiten

Card, Moran und Newell (1983) verfolgen einen solchen Ansatz. Dieser Ansatz hat allerdings einige Nachteile, wenn man ihn aus arbeitspsychologischer Sicht betrachtet.

a) Die Hauptfrage richtet sich auf die Übertragbarkeit der gefundenen Gesetzmäßigkeiten auf die Arbeitssituation. Ihre Gesetzmäßigkeiten basieren im wesentlichen auf Zeitmessungen im Labor, die Auskunft über die Informationsverarbeitungsdauer von Prozessen des menschlichen Nervensystems geben sollen.

Beispiel: *Der kognitive und motorische Apparat des Menschen besteht nach Card et al. aus einem Langzeitgedächtnis, einem Arbeitsgedächtnis, einen Wahrnehmungsprozessor, einem kognitiven Prozessor und einem Motorprozessor. Jeder Prozessor benötigt eine bestimmte Zeit, wenn er zur Aufgabenerledigung herangezogen wird, z.B. braucht der kognitive Prozessor 70 Millisekunden. Bei einer Wahlaufgabe, es soll also ein Ja-Knopf gedrückt werden, wenn zwei Gegenstände identisch sind und ein Nein-Knopf, wenn sie nicht identisch sind, werden dafür 310 Millisekunden (msec) benötigt: 1*

*Wahrnehmungsprozessor (100 msec) + 1 kognitiver Prozessor für
den Vergleich der beiden Gegenstände (70 msec) + 1 kognitiven
Prozessor für die Entscheidung, was geantwortet werden soll (70
msec) + 1 Motorprozessor für die Handbewegung (70 msec).*

Es ist offensichtlich, daß bereits eine geringfügige emotionale Schwankung
genügen würde (z.B. Ärger über eine umständliche Befehlsfolge), um die
gesetzmäßig zu erwartetenden Zeitdifferenzen um ein Vielfaches zu erhöhen. Intentionen, Emotionen und Motivationen lassen sich sehr schwer in
psychologische Gesetzesaussagen fassen, die sich am zeitlichen Rahmen von
Millisekunden orientieren.

b)   Die Messung von Tastenanschlägen im Millisekundenbereich zielt auf
zentralnervöse Prozesse ab, die einen hohen Automatisierungsgrad erreicht
haben. Aus diesen setzen sich natürlich auch ganze Arbeitshandlungen zusammen. Nur kann aus diesen Messungen genausowenig auf ganze Arbeitshandlungen eines Benutzers geschlossen werden, wie man aus der
Knochenstruktur und der Muskulatur eines Fußballspielers auf den ästheti-
schen Wert oder die Qualität seiner Spielzüge in einem Fußballspiel
schließen kann. Die sogenannte ökologische Validität, d.h. die Gültigkeit
von experimentell gewonnenen Gesetzesaussagen in der Praxis, wird in
solchen Messungen nicht berücksichtigt. Deshalb stehen sie in der Gefahr,
ungeeignete Konsequenzen für die Praxis zu provozieren. Weder Fehler-
noch Wahlmöglichkeiten des Benutzers werden von solchen Gesetzesaussagen abgedeckt. Gleiches gilt für Fehler, die aus einer komplexen
Befehlssyntax entstehen, ungewöhnliche Anordnung von Teilaufgaben,
Verständlichkeit von Bildschirmmasken oder Menüstrukturen, Effektivität
von Fehlerrückmeldungen, Hilfsmenüs oder der Dokumentation (vgl.
Shneiderman, 1984, S. 236).

c)   Die Ausrichtung von Card et al. ist einseitig. Der kürzeste Befehlsweg
ist für sie auch der beste. Aber so werden Aspekte wie Verständlichkeit
und Erlernbarkeit von Befehlen vernachlässigt (Shneiderman, 1984).

d)   Ihre experimentellen Befunde unterliegen inzwischen selbst wieder ex-
perimenteller Kritik, z.B. haben sich die angegebenen Zeiten als falsch
erwiesen, und interindividuelle Unterschiede sind sehr viel größer als von
ihnen angenommen (S.Greif & Gediga, 1987).

e)   Ihre Vorschläge führen zu einer tayloristischen Designmethodik. Da
ihre quantitativen Gesetzmäßigkeiten fälschlicherweise nahelegen, es gäbe
einen besten Weg ("the one best way" von Taylor), führen ihre Methoden
nur zur kurzfristigen Optimierung von Bewegungen. Diese kann z.B. in
einer Reduktion der Komplexität des Arbeitsplatzes bestehen, die langfristig zu negativen Ergebnissen führt, nämlich zu Monotonie, Stress und
geringer Akzeptanz des Computers.

f)   Card et al. haben möglicherweise falsche Vorstellungen über den Designprozeß. Carroll & Rosson (1984) haben festgestellt, daß Designer
meistens keinen "top-down" Designprozeß durchhalten, daß sie also nicht
eine allgemeine Herangehensweise und die Ableitung von allgemeinen Gesetzmäßigkeiten favorisieren. Oftmals stellen sie zwischendurch fest, daß
die allgemeine Herangehensweise nicht funktioniert und daß alle bisher
bestehenden Überlegungen gegenstandslos sind, oftmals werden auch erst
einmal konkrete Probleme gelöst.

Die Kritik an Card, Moran & Newells Gesetzesaussagen ließe sich noch
weiterführen. Sie wurde deshalb kurz ausgeführt, weil wir zwar unseren
Respekt vor der sogenannten "hard science" zum Ausdruck bringen wollen,
gleichzeitig aber auch vor einer unreflektierten und voreiligen Übertragung
von experimentellen Gesetzesaussagen in die Praxis warnen wollen. Card,
Moran & Newell (1983) werden ihrem Anspruch nach einer Übertragbarkeit
ihrer Untersuchungen in die Praxis nicht gerecht. Dafür gäbe es noch
einiges an Grundlagenforschung zu tun. Der Reiz ihrer Ausführungen -
insbesondere für mathematisch geschulte Systemdesigner - liegt in ihrer
uneingeschränkten Befürwortung von quantitativen Aussagen. Gerade in der
Angewandten Psychologie, die sich oft auch mit unberechenbaren Phäno-
menen auseinandersetzt, muß auf die Übertragbarkeit der Erkenntnisse in
die Praxis geachtet werden. Dazu eignen sich z.B. Fragen nach Vorteilen
bestimmter Schnittstellenkonzeptionen gegenüber anderen oder nach den
Vor- und Nachteilen von Maximierung der Arbeitsgeschwindigkeit versus
Arbeitsflexibilität bzw. Kreativität durch bestimmte Systemkonfigurationen.

Zum Abschluß sei noch angemerkt, daß Card, Moran & Newells Ansatz
durchaus seinen berechtigten Platz in der Gestaltung von Hardware hat. Er
eignet sich zum Beispiel sehr gut für die Gestaltung von Tastaturen oder
anderer Interaktionsinstrumenten. Es muß allerdings immer die Frage
gestellt werden, auf welcher Analyseebene ein Forschungskonzept ansetzen
muß, um adäquate Aussagen für die jeweilige Praxis treffen zu können.

4.5.2   Das Einbeziehen des Benutzers in den Designprozeß, z.B. beim
Rapid Prototyping

Das Einbeziehen des Benutzers in das Entwicklungsteam ist sicherlich ein
guter Weg, um dem Benutzer Kontrolle über das System zu geben, Verständnis zwischen dem Designer und dem Benutzer zu fördern und die
Funktionalität des Systems sicherzustellen. Das Einbeziehen des Benutzers in
den Designprozeß bringt allerdings auch einige Probleme mit sich. Designer
und Benutzer sprechen unterschiedliche Sprachen, verfolgen unterschiedliche Ziele, haben unterschiedliche Kompetenzen und Wissen über die
Möglichkeiten, die Computer anbieten. Der Benutzer ist oft überfordert,
wenn er im Anfangsstadium des Systemdesigns Vorschläge machen soll über

Funktionen, die er erst als späterer Systemexperte positiv einschätzen
würde.

Beim Prototyping vollzieht sich die Benutzerbeteiligung indirekt über die
Schwierigkeiten, die der Benutzer demonstriert. Das "rapid" Prototyping ist
ein Verfahren, in dem der Benutzer von Anbeginn der Systementwicklung
und sehr häufig bei der Evaluation der Vor- und Nachteile eines Systems
einbezogen wird. Es werden möglichst frühzeitig erste Überlegungen zur
Oberflächengestaltung in Form von Simulationen realisiert, und die potentiellen Benutzer werden gebeten, diese Prototypen auszuprobieren. Die
Schwierigkeiten, die der Benutzer mit den ersten Vorversionen eines Systems hat, werden in der weiteren Systemgestaltung berücksichtigt
(Aschersleben et al., im Druck, von Benda, 1986, Budde et al., 1984, Gould
& Lewis, 1983, Floyd, 1984, Richards, Boiss & Gould, 1986, Wixon et
al.,1983). Jörgensen (1984) führt einen entscheidenden Grund für das
Prototyping-Verfahren an. Die Systementwicklung ist so komplex und
kompliziert, daß niemand gültige Vorhersagen über die Funktions-
tüchtigkeit des Systems treffen kann, ohne sie empirisch zu überprüfen.
Beim Austesten in der Praxis müssen dann aber die bedeutsamen
Eigenschaften eines Systems bereits in den ersten Prototypen angelegt sein,
damit sie überhaupt überprüft werden können. Darüberhinaus muß die
Überprüfung genau an der Gruppe von Personen durchgeführt werden, die
die späteren Anwender stellen wird.

Es müssen sogenannte "Benchmark"-Tests entwickelt werden, damit man
überhaupt einen erfolgreichen Prototypen erkennen kann (Carroll &
Rosson, 1984, Roberts & Moran, 1983). Solche Tests sind sozusagen Meßlatten, die ein Prototyp "überspringen" können muß. Beispiele für solche
Meßlatten können folgende Anforderungen sein: Lösung von bestimmten
Aufgaben in einer vorgegebenen Zeit, Erlernen des Systems in einer
bestimmten Zeit, usw. Prototyping ist ein iterativer Prozeß - eine
schrittweise Annäherung an einen Zielzustand. Das bedeutet auch, daß man
während der Iteration seine Ziele eventuell ändern muß, weil sie sich als
falsch oder irreal herausgestellt haben (Carroll & Rosson, 1984).

Prototyping kann durchaus ohne viel theoretischen Aufwand betrieben
werden. Es ist aber sehr nützlich, über einen psychologisch-theoretischen
Hintergrund zu verfügen, aus dem man sich Analyseschemata und Inter-
pretationsmöglichkeiten konstruieren kann. Von einer theoriegeleiteten Einordnung der Evaluationsergebnisse kann die Qualität der Schlußfolgerungen
nur profitieren.

Typische Mängel beim Prototyping-Ansatz bestehen darin, daß die System-
prototypen üblicherweise unter sehr künstlichen (Labor-) Bedingungen getestet werden und daß die Prototypen - als Simulation - meist genau über
jene Funktionen noch nicht verfügen, die für die Evaluation der Anwen-
dungstauglichkeit von Bedeutung wären. Zum Beispiel kann der Prototyp

eines Rechenprogramms natürlich noch nicht richtig rechnen. Man sieht also nur die Systemoberfläche, ohne diese wirklich manipulieren zu können. Fragen der Funktionalität und Aufgabenbezogenheit des Prototypen sind also nur schwer einzuschätzen.

Ein besonderes Problem für das Prototyping-Verfahren ist die Evaluation *langfristiger* Funktionalität und Benutzbarkeit der Software. Denn die Evaluation wird ja a priori nur mit Anfängern für das jeweilige System durchgeführt (aus ökonomischen und auch motivationalen Gründen würde wohl kaum jemand lange genug an einem System arbeiten, bis er ein Experte dafür wird). Falls Anfänger und Experten unterschiedliche Systeme präferieren, ergeben sich aus der Methode des Prototyping zwar Optimierungsentscheidungen im Sinne des Anfängers, nicht aber des Experten. Aus diesen Gründen ist der Prototyping-Ansatz zwar eine wertvolle Hilfe bei der Systemgestaltung, sollte aber durch andere Ansätze ergänzt werden. Es wird auch weiterhin unumgänglich sein, Normen und Prinzipien für die Softwaregestaltung zu entwickeln.

4.5.3 Formulierung von Normen, Heuristiken und Prinzipien

Ein Versuch, als Psychologe und Software-Ergonom dem Designer zu helfen, besteht in der Formulierung von Normen, Heuristiken und Prinzipien. In gewisser Weise entspricht dieses Buch diesem Vorgehen. Wir haben in diesem Kapitel Normen und Prinzipien diskutiert, die dazu beitragen sollen, Softwareprodukte menschengerechter zu gestalten.

Diese Prinzipien sind umso besser, je mehr sie in Theorien und die empirische Forschung eingebettet werden können. Dabei sind wir der Meinung, daß ausgefeilte mathematische Richtlinien kaum sinnvoll erreicht werden können. Es geht mehr darum, dem Entwickler allgemeine Heuristiken an die Hand zu geben.

Diese Heuristiken sind notwendigerweise wenig präzise - sollen sie doch nicht die Entscheidungsmöglichkeiten des Designers einschnüren, sondern nur eine Richtschnur für die Erstellung von menschengerechter Software ergeben. Es kann dabei immer wieder zu Widersprüchen zwischen den verschiedenen Richtlinien kommen (weiter oben haben wir ja "trade-offs" schon diskutiert). Auch werden nicht alle Vorstellungen bei der Implementierung erreicht.

4.6 Zusammenfassung

Ausgehend von der Triade Aufgabe (A), Benutzer (B), System (S) haben wir die Begriffe Aufgabenbewältigung (Verbindung A-B), Benutzbarkeit (Verbindung B-S) und Funktionalität (Verbindung A-S) definiert. Diese drei Begriffe können jeweils durch Passung, Kontrollierbarkeit und Fehlerbehandlung beschrieben werden. Passung bedeutet, daß die jeweiligen Eckpunkte der Triade (also die A-B, B-S und A-S Verbindungen) zusammenpassen. Die Software muß also sicherstellen, daß sie zu den Aufgaben paßt und den Benutzer bei der Aufgabenerledigung nicht stört und daß der Benutzer leicht mentale Modelle entwickeln kann. Kontrollierbarkeit ist wichtig, weil die Passung nie hundertprozentig funktionieren kann und sich der Benutzer das System an die spezifischen Aufgaben und an seine eigenen individuellen Präferenzen anpassen können muß. Fehlerbehandlung kann sich sowohl in Fehlervermeidung als auch in Fehlermanagement äußern. Fehlervermeidung wird durch Fehlerrobustheit erreicht, Fehlermanagement durch gute und klare Fehlerrückmeldung, Hilfen bei der Suche nach halbvergessenen Begriffen und durch Fehlerreversibilität.

Diese verschiedenen Kriterien können nicht alle gleichzeitig maximiert werden. Es gibt oft trade-off Beziehungen dazwischen. Allerdings lassen sich manche trade-off Beziehungen durch Optionen aus der Welt schaffen, die jeweils sozusagen beiden Kriterien genügen, die also sowohl dem Neuling als auch dem Experten Lösungen anbieten.

Unter den verschiedenen Interaktionsformen erscheinen den Autoren menügesteuerte und direkt manipulierbare System am besten, auch wenn bestimmte Nachteile der direkten Manipulation beachtet werden müssen. Die Mittel der Interaktion als Tastatur, Zeigeinstrumente, Bildschirm und Fenster wurden auch in ihren hardware-ergonomischen Aspekten kurz besprochen.

Wesentlich ist, daß die Software-Kriterien in die Organisation und Arbeitsaufgabe eingebettet werden müssen. Nur wenn ganzheitliche Arbeitsaufgaben, die in einem sinnvollen sozialen Bezug ausgeführt werden können, geschaffen werden, greifen die Software-Kriterien. Salopp ausgedrückt: An einem schlechten Arbeitsplatz mit schlechter Arbeitsgestaltung nützt auch das nach Software-Kriterien beste System nichts.

Schließlich werden noch einige Verschläge zur Hilfe im Designprozeß dargestellt. Dabei sind wir skeptischer gegenüber dem Versuch, quantitative Gesetzmäßigkeiten aufzustellen, und präferieren Benutzerbeteiligung, z.B. im Sinne eines Rapid Prototyping und die Diskussion von theorie- und empiriegeleiteten Kriterien und Richtlinien.

4.7 Prinzipien: Optimierung des Arbeitsmittels Software

Ziele:

Funktionalität

Benutzbarkeit

gute Aufgabenbewältigung

logisch aufgebaute, leicht zu merkende Systeme

sinnvolle, aufgabenbezogene Hardware

Integration der Software-Ergonomie in den größeren organisationalen Zusammenhang

Devise:

Eine aufgabenbezogene, kontrollierbare Software mit guter Fehlerbehandlung sowie aufgabenbezogene Hardware-Ergonomie, integriert in eine menschengerechte Aufgabe und Organisation führt zu hoher Leistung und flexiblem Technikeinsatz.

Mittel:

Erleichterung der indirekten Kommunikation des Software-Designers mit dem Benutzer durch die Systemoberfläche und gute Passung. Im einzelnen:

a) *Funktionalität durch Aufgabenangemessenheit* des Systems, d.h. das System erlaubt und unterstützt die direkte Aufgabenerledigung ohne Umwege.

b) Die *Benutzbarkeit*:

- *Interne Konsistenz*, d.h. keine Enttäuschung von einmal entwickelten Erwartungen; das "Prinzip der geringsten Verwunderung".

- *Transparenz*, d.h. der Benutzer kann leicht aus der Systemoberfläche ein angemessenes inneres Modell entwickeln.

- *Selbstbeschreibungsfähigkeit*, d.h. das System gibt dem Benutzer Informationen über die Systemzustände, über Fragen, usw. Leichte Erlernbarkeit durch interne Konsistenz, Transparenz und Selbstbeschreibungsfähigkeit (sowie einer guten Dokumentation).

c) *Aufgabenorientierung durch Konsistenz* mit dem Fachwissen, d.h. Anknüpfen am Fachwissen und Reduzierung der ausschließlich zur Systembedienung notwendigen sekundären Tätigkeiten.

Die Kontrollierbarkeit (besonders für den fortgeschrittenen Benutzer und Experten) durch aktive Anpaßbarkeit des Systems an die Spezifika der Aufgabe und der arbeitenden Person. Wenn der Novizen-Benutzer die Kontrollierbarkeit selbst noch nicht beherrscht, Hilfe durch lokale Experten. Im einzelnen:

a) *Funktionalität durch Anpaßbarkeit*, das bedeutet Offenheit des Systems gegenüber unterschiedlichen Aufgabentypen und Möglichkeit der Ausführung spezifischer Aufgaben durch Systemanpassung.

b) Die *Benutzbarkeit*:

- *Individualisierbarkeit*, d.h. das System erlaubt individuellen Arbeitsstil und individuelle Arbeitsstrategien.

- *Flexibilität* des Systems.

c) *Aufgabenbewältigung* durch die Möglichkeit, das System an das Fachwissen aktiv anzupassen.

Die Fehlerbehandlung durch Fehlervermeidung und Fehlermanagement (Fehlermanagement: nicht die Fehler an sich, sondern die negativen Auswirkungen von Fehlern werden reduziert). Im einzelnen:

a) *Funktionalität durch leichte aufgabenspezifische Fehlerkorrektur* (Fehlermanagement) und durch Verringerung der aufgabenbezogenen Fehler.

b) Die *Benutzbarkeit*:

- *Fehlerrobustheit*, d.h. das System "verzeiht" kleinere Fehler (Fehlervermeidung).

- *Fehlertransparenz*, d.h. klare Rückmeldung über Fehler (Voraussetzung für Fehlermanagement).

- *Fehlerreversibilität* durch Rückgängigmachen einer Handlung, z.B. durch eine UNDO-Taste (Fehlermanagement).

- *Unterstützung des Gedächtnisses*, z.B. wenn ein Dateiname vergessen wurde.

Natürlichsprachige Systemen sind im Augenblick noch zu schlecht, und wir sind skeptisch, ob man wirklich gute natürlichsprachige Systeme wird bauen können.

Eine Prinzipienliste für Tastatur und Funktionstasten wird in Kapitel 4.3.2.1 beschrieben.

Eine Liste der Prinzipien über Zeigeinstrumente findet sich in Kapitel 4.3.2.2.

Eine Kriterienliste für Bildschirme wird in Kapitel 4.3.2.3 präsentiert.

Kapitel 5

Stress und neue Techniken

Es gibt eine weitverbreitete Angst, daß mit der Einführung von Computern am Arbeitsplatz Stress und Stressauswirkungen ansteigen werden. Wie wir in Kapitel 1 gesehen haben, kann man von einem prinzipiellen Anstieg von Stressbedingungen nach der Einführung von Computern nicht sprechen, sondern ein möglicher Anstieg hat immer etwas damit zu tun, welche organisationalen Bedingungen man schafft und wie die Arbeitsteilung in einem Betrieb organisiert ist. So ist es nicht erstaunlich, daß empirische Studien zum Zusammenhang von Computerarbeit und Stress uneinheitlich sind (Dainoff, 1982); einige berichten höhere Stresseffekte bei Bildschirmarbeit (Frese, Saupe & Semmer, 1981, Johannsson & Aronsson, 1984, Schardt & Knepel, 1981), andere geringere Stresseffekte (Kalimo & Läppänen, 1985) und wieder andere keine Zusammenhänge (Agervold, 1987, Frese & Zapf, 1987a, Turner & Karasek, 1984). Es kommt jeweils darauf an, wie die Arbeit am Computer organisiert wird, ob Stressauswirkungen zu befürchten sind oder nicht.

Gerade um Stressauswirkungen zu verringern, ist es allerdings notwendig, der Frage genauer nachzugehen, welche potentiellen Auswirkungen Computer am Arbeitsplatz haben können. Dies soll in diesem Kapitel geschehen[1]. Zunächst werden wir einige allgemeine Erkenntnisse zu Stress und Stressauswirkungen darstellen. Dabei werden wir feststellen, daß man im Bereich Stress zwischen Stressbedingungen und Ressourcen unterscheiden muß und daß beide für die Stressauswirkungen wesentlich sind. In den beiden nächsten Abschnitten diskutieren wir mögliche Gefahren, sowohl bei den Stressbedingungen als auch bei den Ressourcen.

---

[1] Wir haben uns dabei an einem Kapitel von Udris und Frese (1988) orientiert, aus dem wir Auszüge übernommen haben. Wir danken Ivars Udris für seine freundliche Genehmigung.

5.1 Ein allgemeines Modell von Stressbedingungen, Ressourcen und Auswirkungen

5.1.1 Was versteht man unter Stressbedingungen und Stress?

Unter Stressbedingungen versteht man solche Bedingungen, die das Gleichgewicht von Umweltanforderungen und persönlichen Voraussetzungen negativ beeinflussen. Stress liegt vor allem dann vor, wenn diese Gleichgewichtsstörung von der Person als unangenehm erlebt wird. Bereits die bloße Erwartung von unangenehmen Situationen kann Stress erzeugen (vgl. Dunkel & Zapf, 1986). Stress steht in Zusammenhang mit psychischen und psychosomatischen Krankheiten. Dies fängt an mit Depression und neurotischer Angst und geht über auf Kopfschmerzen, Verspannungen und Schmerzen im rheumatischen Bereich und Magengeschwüre. Aber auch die großen Volkskrankheiten wie Herzinfarkt (Karasek et al., 1981) und Krebs sind durch Stress mitbedingt (einen Überblick zu dem gesamten Bereich des Zusammenwirkens von psychischen und körperlichen Faktoren geben Miltner, Birbaumer & Gerber, 1986, zum Bereich von Stress am Arbeitsplatz, S. Greif, Semmer & Bamberg, im Druck). Offensichtlich beeinflußt Stress das Immunsystem, und so kann es auch zu Auswirkungen, z.B. beim trivialen Schnupfen, aber auch bei schweren Infektionen kommen. Das bedeutet, daß Stress am Arbeitsplatz ernst genommen werden muß, weil er zu hohen psychischen, betriebswirtschaftlichen und gesellschaftlichen Kosten führt. Für die Betriebe ist auch wichtig, daß Stressbedingungen zu erhöhter Abwesenheitsrate und letztlich wohl auch zu verminderter Leistung führen.

Man sollte sich unter Stressbedingungen allerdings nicht nur "große" Ereignisse, z.B. Unfall, Tod eines Ehepartners, Arbeitslosigkeit, Herabstufung auf eine niedrigere Lohn- und Gehaltsgruppe vorstellen, sondern auch kleinere, alltägliche Unannehmlichkeiten. Diese werden in der Literatur Mikrostressoren (McLean, 1976, Schönpflug, 1983) genannt. Am Arbeitsplatz sind mit ziemlicher Sicherheit die täglichen Stressbedingungen (wie z.B. häufige Unterbrechungen bei der Arbeit, nicht funktionierendes Werkzeug) für den Stressverlauf wichtiger als große und seltene negative Ereignisse (z.B. Fehler mit gravierenden Konsequenzen). Wichtig ist vor allem die Frage, ob man dauerhaft solchen Mikrostressoren ausgesetzt ist, besonders da anhaltende Belastungen zu negativen Stressfolgen führen.

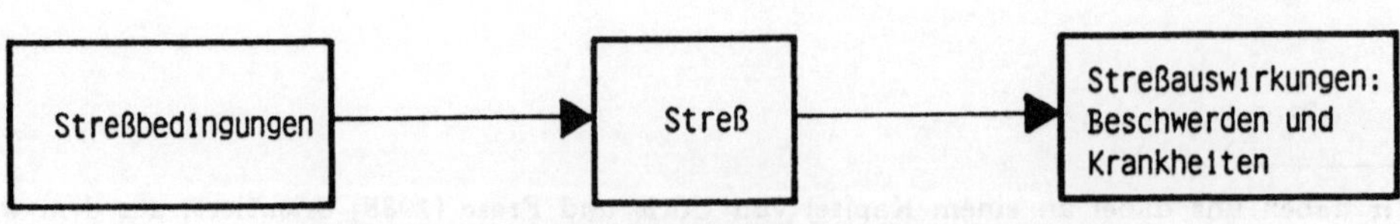

Abb. 5.1: *Ein vereinfachtes Stressmodell*

5.1.2 Stressbedingungen in der Arbeitswelt

5.1.2.1 Stressbedingungen in der Arbeitsaufgabe

Bei der Arbeitsaufgabe kann es vor allem zu Über- und Unterforderung kommen. Dabei kann sowohl bei Über- als auch Unterforderung zwischen quantitativer (Arbeitsmenge im Verhältnis zur Zeit) und qualitativer Art (Arbeitsinhalt) unterschieden werden (vgl. Abb. 5.2). Je nach Art der Über- oder Unterforderung resultieren unterschiedliche Fehlbeanspruchungen, die verschiedene präventive und/oder kurative Maßnahmen notwendig machen.

Diese Grundtypen sind in Abb. 5.2 überblicksartig dargestellt:

- *Quantitative Unterforderung* ist vor allem dann gegeben, wenn die eigentlichen Arbeitstätigkeiten nur sehr selten durchgeführt werden müssen. Sie entsteht besonders bei Überwachungstätigkeiten mit seltenen Signalreizen.

- *Qualitative Unterforderung* bezeichnet dagegen das Mißverhältnis zwischen "Tun können" und "Tun müssen". Vorhandene Fertigkeiten und Fähigkeiten zur Ausführung einer Arbeitstätigkeit können nicht entsprechend eingesetzt und weiterentwickelt werden. Monotoniegefühle stellen sich dann ein. Dies ist z.B. ein häufiges Problem bei Datentypisten.

- *Quantitative Überforderung* ist vor allem durch die Menge der geforderten Aufgaben pro Zeiteinheit gekennzeichnet sowie durch Zeitdruck, je nach Intensität, Dauer und Häufigkeit. Man muß z.B. Pausen durcharbeiten oder muß sehr konzentriert arbeiten. Einförmige Tätigkeiten in Verbindung mit Zeitdruck finden sich z.B. bei einigen Arbeitsplätzen von Schreibkräften, mit entsprechenden psychischen Negativeffekten (vgl. Frese, Saupe & Semmer, 1981, Karasek, 1981, Levi, 1972, Semmer, 1984).

	Überforderung	Unterforderung
quanti-tativ	● Zeitdruck ● Hetze ● Akkord ● zu viel zu tun	● zeitlich monoton, z.B. bei Überwachungs-tätigkeit ● zu wenig zu tun
qualitativ	● Schwierigkeit ● Kompliziertheit ● Unklarheit der Anweisungen	● inhaltlich monoton ● Nichtausnutzung von Fertigkeiten und Fähigkeiten

Abb. 5.2: *Wesentliche Momente von Überforderung und Unterforderung (aus Udris, 1982, S. 120)*

- *Qualitative Überforderung* liegt dann vor, wenn die Schwierigkeit oder Kompliziertheit der Arbeitsaufgabe die vorhandenen Fähigkeiten einer Person übersteigen. Aber auch die Mehrdeutigkeit und die Unvereinbarkeit von Arbeitsaufträgen können Momente von Überforderung beinhalten.

Weiterhin von Bedeutung sind Störungen des Arbeitsablaufes, die zu negativen Beanspruchungsfolgen führen können. Solche Störungen treten auf, wenn z.B. der Nachschub nicht rechtzeitig kommt (Semmer, 1984), wenn die Schreibkraft durch Telefonanrufe oder Publikumsverkehr dauernd unterbrochen wird (Frese, Saupe & Semmer, 1981) oder - für die neuen Techniken sehr wichtig - wenn computergesteuerte Systeme unvorhersehbar lange Antwortzeiten aufweisen (Boucsein, S. Greif & Wittekamp, 1984). In allen Fällen dürfte entscheidend sein, daß Pläne nicht durchgeführt werden können oder deren Durchführung unerwartet erschwert wird.

5.1.2.2 Physikalische Stressoren

Hierunter sind Faktoren wie Lärm, Schmutz, unangenehme Gerüche, usw. zu verstehen. Diese Umgebungsfaktoren wie z.B. Lärm haben nicht nur direkte physische Auswirkungen (etwa Schwerhörigkeit), sondern auch psychische (Schönpflug & Schulz, 1979). Lärm, z.B. in Großraumbüros, stört oft die Konzentrationsfähigkeit von Angestellten (Weltz, 1966) - dies gilt besonders für Lärm, der von anderen verursacht wird.

5.1.2.3 Stressbedingungen in der zeitlichen Dimension

Die zeitliche Dimension ist bereits unter dem Aspekt der Über- und Unterforderung angesprochen worden. Sie ist aber noch aus einem anderen stresstheoretischen Gesichtspunkt bedeutsam, nämlich in der Frage der Nacht- und Schichtarbeit. Mit der Einführung von neuen Techniken gibt es manchmal eine unwillkürliche Verstärkung der Schichtarbeit - etwa wenn Angestellte spät am Abend arbeiten wollen, weil sie dann ungestört Zugang zum Computer haben (Cakir, 1981). Aus Längschnittuntersuchungen (Åkerstedt & Torsvall, 1978), aber auch aus Querschnittsuntersuchungen (Frese & Semmer, 1986, Rutenfranz & Knauth, 1978) wird der negative Einfluß von Nacht- und Schichtarbeit auf die psychische Gesundheit deutlich.

5.1.2.4 Stressbedingungen in der sozialen und organisationalen Situation

- *Rollenkonflikt und Rollenambiguität:* Es kommt zu Rollenkonflikten, wenn gegensätzliche Erwartungen an eine Person bestehen (z.B. erhöhte Produktion, aber gleichzeitig verbesserte Qualität). Ambiguität tritt auf, wenn die Erwartungen nicht eindeutig sind (z.B. wenn die Anweisungen des Vorgesetzten unklar sind).

- *Soziale Stressbedingungen:* Soziale Stressbedingungen können entweder aufgrund von Vorgesetzten- oder Kollegenverhalten auftreten. Dabei ist allerdings mit zu bedenken, daß möglicherweise soziale Stressbedingungen selbst noch einmal durch die Arbeitsstressoren (insbesondere quantitative Überforderung) beeinflußt werden, etwa dadurch, daß Streitigkeiten am Arbeitsplatz aufgrund von hoher Arbeitsgeschwindigkeit entstehen (Frese & Zapf, 1987b).

- *Umstellungsprozesse in der Arbeit:* Umstellungsprozesse bedeuten im Regelfall, daß die alten Fertigkeiten nicht mehr gebraucht werden (und man neue lernen muß), daß die gewohnten Routinen nicht mehr funktionieren, usw. Das sind alles Probleme, die als Streßfaktoren wirken können (siehe Kapitel 2).

- *Angst vor Arbeitsplatzverlust:* Wie verschiedene Untersuchungen (Cobb & Kasl, 1977, Pelzmann et al., 1985, Semmer, 1984) zeigen, hat Angst vor Arbeitsplatzverlust einen negativen Einfluß auf die psychische Gesundheit - wahrscheinlich sogar einen wichtigeren als andere Stressoren. Dies ist in der Arbeitslosigkeitsforschung mehrfach und eindeutig belegt worden.

5.1.3 Ressourcen für die Stressbewältigung

Eine Liste von Stressbedingungen wie die obige erweckt den Eindruck einer Checkliste: Je mehr Stressbedingungen an einem Arbeitsplatz vorkommen und je höher die Intensität der Stressbedingungen am Arbeitsplatz ist, desto mehr psychische Probleme und Störungen seien zu erwarten. Für den Praktiker würde dies heißen, daß er versuchen sollte, die Intensität und Auftretenswahrscheinlichkeit der Stressbedingungen zu verringern, um psychische und psychosomatische Störungen zu verhindern. Dies ist zum Teil richtig, aber ergibt doch nicht das ganze Bild. Zwar können Stressbedingungen die psychische Gesundheit beeinträchtigen, es ist aber nicht immer ratsam, sich alleine auf die Abschaffung von Stressbedingungen zu konzentrieren.

Wie in der Überschrift angedeutet, ist es notwendig, zwischen Stressbedingungen und Ressourcen zu unterscheiden. Beim Konzept der Ressourcen steht dabei die Frage im Vordergrund, welche Mittel einer Person zur Verfügung stehen, um Belastungsbedingungen in den Griff zu kriegen. Die positive Wirkung von Ressourcen ist verschiedentlich nachgewiesen worden (Frese, im Druck, Hacker, 1983, 1987, Semmer & Frese, 1988). Im folgenden sollen Überlegungen zum Ressourcenkonzept angestellt sowie zwei besondere Aspekte davon - Situationskontrolle und soziale Unterstützung - kurz behandelt werden.

Ressourcen sind Hilfsmittel, die es erlauben, die eigenen Ziele anzustreben und unangenehme Einflüsse zu reduzieren. Ein Beispiel mag verdeutlichen, was hier gemeint ist: Hat man die Möglichkeit, sich die Arbeit selbst einzuteilen (dies ist eine Ressource), dann kann man eine sehr unangenehme Arbeit (die Stressbedingung) zu einem Zeitpunkt ausführen, an dem man sich besonders leistungsfähig fühlt. Die Stressbedingung wird deshalb hier nicht notwendigerweise negativ durchschlagen. Möglicherweise hat man sogar das Gefühl der Befriedigung, wenn man diese besonders unangenehme Arbeit geschafft hat. Kann man sich nun die Arbeit nicht selbständig einteilen, muß man möglicherweise die unangenehme Arbeit zu einem Zeitpunkt erledigen, an dem man besonders müde und matt ist, dann ergeben sich eher negative Konsequenzen. Es ist deshalb notwendig, zwischen Anforderungen, die als Herausforderung erlebt werden, und solchen, die als Belastung empfunden werden, zu unterscheiden. Entscheidend dafür ist, ob einer Person Ressourcen zur Verfügung stehen. In Abb. 5.3 ist dies grafisch veranschaulicht.

Man kann dabei zwischen inneren und äußeren Ressourcen unterscheiden. Innere Ressourcen liegen innerhalb der Person, äußere in der (Arbeits-) Umwelt. Zu den inneren Ressourcen zählen: die Kompetenz zur Arbeit, soziale und betriebspolitische Kompetenzen sowie Sinngebung.

Die *Kompetenz* zur Arbeit umfaßt Fertigkeiten; z.B. ist die Arbeitsintensität für denjenigen höher, der für eine Arbeit schlecht angelernt wurde. Stö-

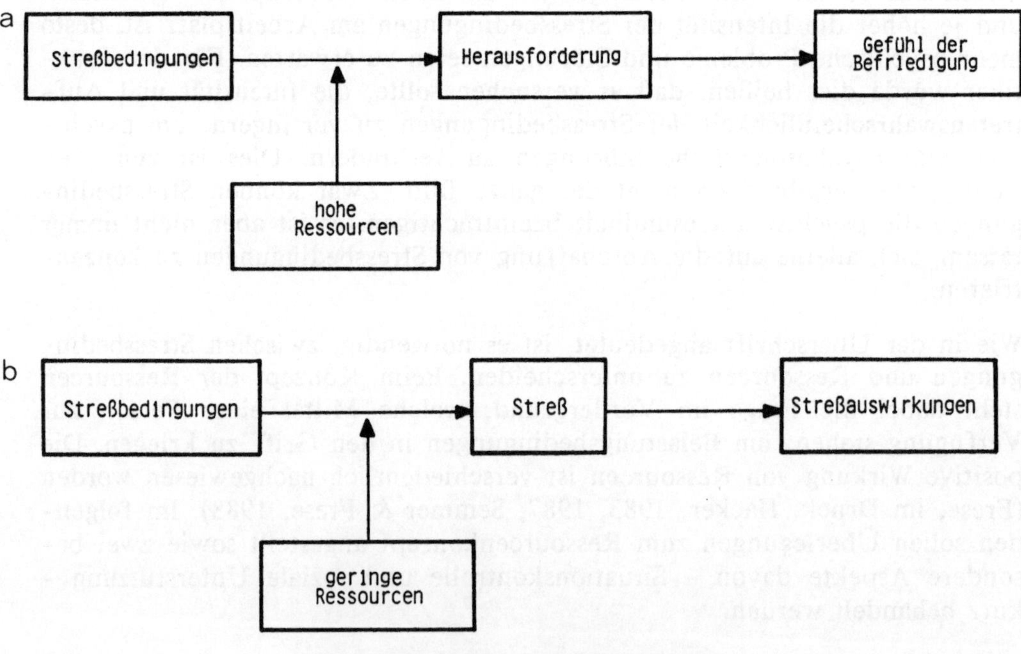

Abb. 5.3: *Stress und Ressourcen*

rungen sind besonders dann problematisch, wenn man nicht gelernt hat, sie zu beheben. Man ist dann leicht von einer Arbeit überfordert, wenn man keine adäquaten Kompetenzen zur Verfügung hat. Hacker (1983, 1985) hat gezeigt, daß Arbeitskomplexität zu geringeren psychischen Beschwerden führt und positive Konsequenzen zeitigt, sofern die Kompetenzen entsprechend entwickelt waren.

Unter *sozialen und betriebspolitischen Kompetenzen* sind nicht nur Kompetenzen zu verstehen, wie man sich mit den Kollegen ohne Ärger verständigt, sondern auch, wie man seine Interessen am Arbeitsplatz durchsetzen kann.

Eine weitere Ressource besteht in der *Sinngebung durch die Arbeit:* Wenn man weiß, warum man eine bestimmte Arbeit ausführt, dann fällt es leichter, Stressbedingungen einzuordnen. Zum Beispiel zeigte sich in einer unserer Untersuchungen, daß Schreibkräfte, die genau wußten, wozu ganz bestimmte Tabellen benötigt wurden, das Tabellenschreiben sehr viel lieber taten (Saupe & Frese, 1981). Jacobi & Weltz (1981) haben ebenfalls festgestellt, daß Schreibkräfte dann die Stressoren besser einschätzen und bewältigen können, wenn sie den Sinn ihrer Arbeit verstehen.

Situationskontrolle und soziale Unterstützung sind zwei externe Ressourcen von besonderer Bedeutung.

Situationskontrolle bedeutet, daß man durch eigenes Handeln auf situative Bedingungen verändernd Einfluß nehmen und die eigene Tätigkeit entsprechend den eigenen Vorstellungen strukturieren kann. Der Kontrollbegriff wird hier also - abweichend vom Alltagsverständnis - als Beeinflußbarkeit belastender Bedingungen durch die Person verstanden. Wenn ich etwas kontrollieren kann, habe ich Einfluß darauf. Ich bin also nicht fremden Mächten ausgesetzt. Kontrolle ist meine Ressource, die mir zur Verfügung steht.

Mit dem Gefühl der Situationskontrolle ist auch das Gefühl der Eigenverantwortung für das Handeln verbunden. In der Forschung zeigt sich Kontrolle als beeinflussendes Merkmal im Stressprozeß (ein Beispiel, allerdings aus dem Produktionsbereich, ist in Abb. 5.4 wiedergegeben). Das bedeutet, daß die Kombination von hoher Arbeitsintensität und geringem Kontrollspielraum weitaus beanspruchender ist als ein gleich hohes Maß an Intensität bei großem Spielraum: Personen in Berufen mit dieser "negativen" Kombination weisen die höchsten Werte an Erschöpfungszuständen nach der Arbeit, depressive Zustände, Nervosität, sowie Schlaf- und Beruhigungsmittelkonsum auf (genaueres dazu vgl. Frese, im Druck).

Soziale Unterstützung: Menschliches Handeln ist natürlich sehr stark auf soziale Gruppen hin ausgerichtet. Deshalb ist soziale Unterstützung eine besonders wichtige Ressource, für die ähnliches gilt wie für Situationskon-

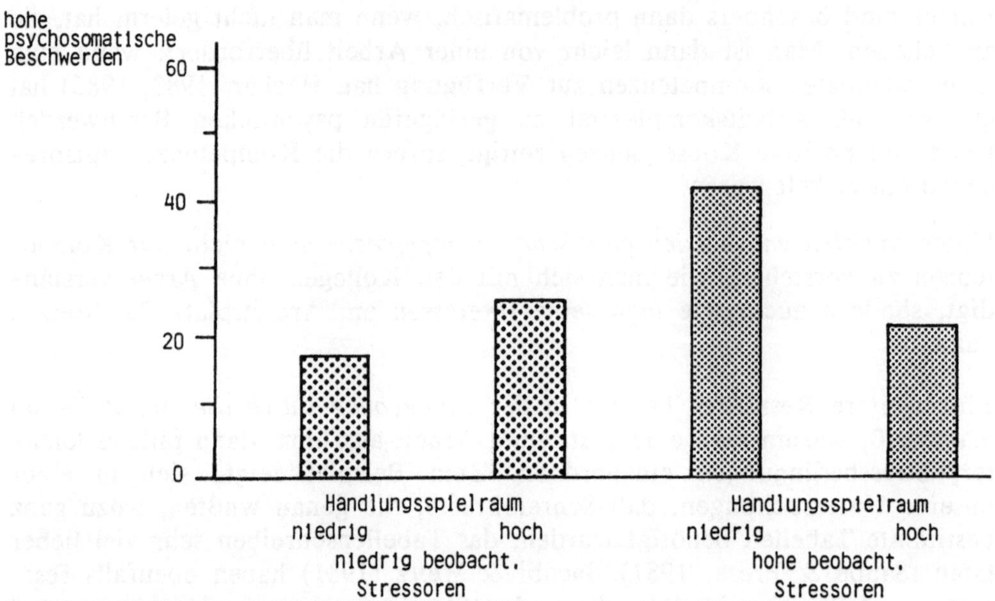

Abb. 5.4: *Der Zusammenhang zwischen Handlungsspielraum und psychosomatischen Beschwerden (Frese & Semmer, im Druck)*

trolle. Kahn & Antonucci (1980) unterscheiden die folgenden Aspekte der sozialen Unterstützung: (a) Emotionale Unterstützung, dies beinhaltet Bewunderung, Zuneigung, Respekt. (b) Bestätigung, d.h. Zustimmung und das Sich-gegenseitig-Versichern, daß man richtig gehandelt hat. (c) Direkte Hilfe, also die direkte Unterstützung durch Geld, Information, "Mit-Zupacken" bei der Arbeit. Soziale Unterstützung ist also in verschiedener Art und Weise eine Ressource. Empirisch zeigt sich (House, 1981), daß soziale Unterstützung eine Rolle bei der Verminderung von Stress und der Prävention von Krankheiten spielt. Selbst wenn man hohen Stressbedingungen ausgesetzt ist, kann soziale Unterstützung dazu beitragen, daß sich keine psychosomatischen Beschwerden entwickeln (Frese, im Druck). Es gibt kaum einen Bereich, wo soziale Unterstützung nicht positive Auswirkungen hat. Sie hilft z.B. bei der Entwicklung von Selbstsicherheit, selbst bei der Verhinderung von Komplikationen in der Schwangerschaft (Cobb, 1976) und schließlich auch bei der Verhinderung von frühzeitiger Mortalität (Berkman & Syme, 1979).

Soziale Unterstützung kann natürlich durch unterschiedliche Personen gegeben werden: von Arbeitskollegen, Vorgesetzten, (Lebens-)Partnern, Verwandten, Freunden, usw. Am Arbeitsplatz ist die soziale Unterstützung durch den Vorgesetzten (House, 1981) und durch Kollegen etwa gleich wichtig.

5.2 Gibt es neue Stressbedingungen bei der Arbeit mit dem Computer?

Verschiedentlich wird die These vertreten, daß neue Stressbedingungen bei der Arbeit am Computer auftauchen (Volpert, 1985). Wir wenden uns im folgenden potentiellen neuen Problemen zu. Wir unterscheiden dabei physische von psychischen Stressbedingungen.

5.2.1 Physische Stressbedingungen

Zunächst ist festzuhalten, daß sich durch die Einführung von Computern im großen und ganzen die physischen Stressbedingungen verringert haben. Dies gilt deutlich im Bereich der manuellen Arbeit, wo z.B. Spritzroboter die gesundheitliche schädliche Spritzarbeit erledigen, Überkopfarbeit wegfällt, Roboter schwere Lasten liften oder bestimmte geräuschstarke Arbeiten jetzt hinter einer Abschirmung versteckt werden können (z.B. Frese & Zapf, 1987a).

Dennoch ist die Frage aufgetaucht, ob mit der Einführung von Bildschirmgeräten nicht neue physische Stressbedingungen entstanden sind, wie z.B. Strahlungs- und Augenbelastungen. Wir sind keine Mediziner oder Physiker und können deshalb zur Strahlungsbelastung hier kaum abschließend Stellung nehmen. Aus der Literatur entnehmen wir, daß die Fachleute das Problem der Strahlungsbelastung der Bildschirme bei der heutigen Bildschirmtechnologie für gelöst halten. Anders ist es bei der Frage der Augenbelastung. Hier hat sich gezeigt: Bildschirme sollten blendfrei aufgestellt werden, die Tischhöhe sollte einstellbar, die Sehdistanz individuell angepaßt und die Bildschirme flimmerfrei sein, eine hohe Leuchtdichte aufweisen sowie genügend Kontrast bieten, Brillenträger sollten ihre Sehhilfen überprüfen lassen, usw. (vgl. Details in Cakir, Hart & Stewart, 1980). Wenn diesen Forderungen Genüge geleistet wird, ist Bildschirmarbeit von der rein medizinischen Warte her nur wenig problematisch.

Aber es gibt darüberhinaus noch eine psychologische Schwierigkeit: Offensichtlich hängt die Frage, ob Bildschirmarbeit mit Augenbeschwerden und Augenschmerzen zusammenhängt, von anderen Arbeitsplatzbedingungen ab. Es gibt z.B. einige Untersuchungen, wonach Personen, die länger am Bildschirm arbeiten, mehr Augenschmerzen aufweisen (Gunnarson, 1984). Es gibt wiederum andere Untersuchungen, die dieses Ergebnis nicht bestätigen können (Hartmann & Zwahlen, 1985, Howarth & Istance, 1985). Wie lassen sich solche diskrepanten Resultate erklären?

Der wesentliche Faktor, der darüber entscheidet, ob die Mitarbeiter durch Bildschirmarbeit Augenbeschwerden bekommen oder nicht, ist der *gesamte* Arbeitsplatz. In Abb. 5.5 ist dieser Zusammenhang dargestellt. An die Augen werden natürlich bei Bildschirmarbeit in der Tat hohe Anforderungen gestellt (Dainoff, 1982). Handelt es sich nun um Arbeitsplätze,

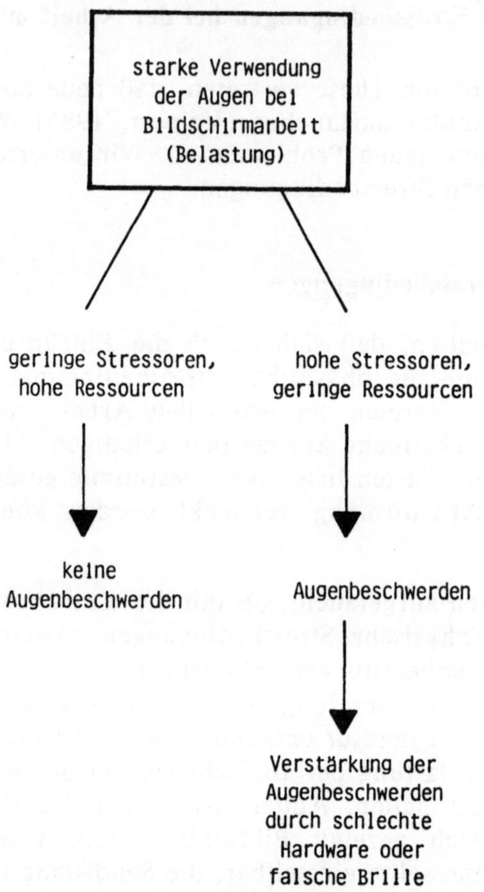

Abb. 5.5: *Der Zusammenhang zwischen Arbeitsplatz und Augenschmerzen*

bei denen hohe Stressbedingungen und niedrige Situationskontrolle bestehen - also bei Datentypistinnen oder Schreibpersonal ohne Mischarbeitsplätze, dann kommt es auch leichter zu Augenbeschwerden und -schmerzen. Die Anforderungen an die Augen werden hier zur starken Augenbelastung. Das muß man sich folgendermaßen vorstellen: Die Stressbedingungen des Gesamtarbeitsplatzes produzieren zusätzliche Belastungen, die vor allem in dem Organ "gespürt" werden, das von vornherein schon stark "benützt" wird. Da diese zusätzlichen Belastungen (bei gleichzeitig geringen Ressourcen) Verspannungen im ganzen Körper produzieren, wird das Organ, das bei der Arbeit im Vordergrund steht (z.B. die Augen), eben ganz besonders stark angegriffen. Letztendlich kommt es also erst aufgrund der Gesamtbelastung zu den Beschwerden (z.B. Augen-, Kopfschmerzen usw.).

Erfordern hingegen die Arbeitsplätze verantwortliche Tätigkeiten und erlauben deshalb ein hohes Ausmaß an Situationskontrolle, wie etwa beim Programmierer oder bei einer Sekretärin mit Mischtätigkeit, dann hat Bildschirmarbeit in der Regel auch keine Augenschmerzen zur Folge (Coe et al., 1980, Dainoff et al., 1981, Läubli et al., 1980, Smith, 1984, Smith et al., 1981). Es lohnt sich also, die Gesamtheit der auf die Person am Arbeitsplatz einwirkenden Stressbedingungen und Ressourcen zu beachten, um Auswirkungen sinnvoll interpretieren zu können.

Es wird immer wieder der Fehler gemacht, von einer Bildschirmarbeit allgemein zu sprechen, so als ob das Werkzeug (etwa der Hammer oder Computer) über die Qualität der Arbeit entscheidet. Diese Vorstellung sollte aufgegeben werden. Es gibt keinen Bildschirmarbeitsplatz an sich - es gibt nur Arbeiten mit spezifischen Aufgaben, die in eine spezifische Organisation der Arbeit mit spezifischen Werkzeugen (in diesem Fall der Software) eingebettet sind. Der Gesamtarbeitsplatz entscheidet dann darüber, ob sich Beschwerden und Stressauswirkungen zeigen. Deshalb sind Studien, die aufzeigen, daß eine soundso lange Arbeitszeit am Bildschirm zu Beschwerden führt (oder nicht zu Beschwerden führt), nicht sinnvoll und ernst zu nehmen, solange man nicht weiß, wie die Arbeitsbedingungen aussehen. Gleichzeitig sind wir aus diesem Grund für die Forderung, man möge nur vier Stunden am Bildschirm arbeiten. Nicht etwa deswegen, weil fünf oder sechs Stunden per se schädlich wären, sondern weil so die Arbeitsvorbereitung gezwungen ist, Mischarbeitsplätze bereitzustellen. Und Mischarbeitsplätze sind in der Tat stressreduzierend, weil sie mehr Ressourcen anbieten (Ruch & Troy, 1986).

Am Schluß dieses Abschnitts soll noch auf einen Faktor eingegangen werden, der zu physischen Problemen im Angestelltenbereich beitragen kann. Im traditionellen Büro verlangt die normale Arbeit, vom Arbeitsplatz aufzustehen und herumzugehen, um eine Akte zu suchen oder um andere Personen etwas zu fragen sowie unterschiedliche Tätigkeiten auszuüben (wie etwa Einspannen eines Bogens in die Schreibmaschine, Tippen, Tipp-ex verwenden usw.). Hingegen schränkt die Arbeit am Computer diese unterschiedlichen Tätigkeiten zunehmend ein, so daß alle Informationen und alle Tätigkeiten an demselben Gerät gemacht werden können. D.h. hier kommt es zur Bewegungsarmut. Da wir wissen, daß Bewegungsarmut per se ungünstig auf die Muskulatur (Atrophie der Muskeln), wie auch auf die Herztätigkeit und auf die Blutgefäße wirkt, sollte dieser Bewegungsarmut durch Gestaltung des Arbeitsplatzes gegengesteuert werden.

5.2.2 Psychische Stressbedingungen

Gibt es nun neue potentielle Stressoren, die an computergestützten Arbeitsplätzen auftauchen? Sechs, z.T. sich überlappende Bereiche sind hier zu nennen. Auch wenn die Stressbedingungen nicht im eigentlichen Sinn neu sind, werden sie doch durch die Verwendung von Computern am Arbeitsplatz potentiell wichtiger:

(1) Systemantwortzeiten

(2) das Gefühl des Zeitdrucks

(3) Überwachung

(4) der "gläserne Arbeiter"

(5) Abstraktheit der Arbeit

(6) Angst vor Arbeitslosigkeit.

(1) Langsame *Antwortzeiten* des Computers (sogenannte Systemresponsezeiten) sind eine neue Stressbedingung bei computerunterstützter Bildschirmarbeit (Johannson & Aronsson, 1984). Es ist etwas paradox, daß dies
eine Stressbedingung sein soll, denn man könnte langsame Antwortzeiten ja
auch als Pause interpretieren. Der negative Effekt kommt aufgrund der
Ungewißheit zustande: Man weiß nie, wann man nun endlich die Antwort
erhält, ob der Computer eventuell "zusammengebrochen" ist, usw. (Boucsein,
S. Greif & Wittekamp, 1984). Außerdem hat man keine Kontrolle über
diese "Zwangspause", und sie wirkt deshalb unangenehm. Schließlich ist
eine langsame Antwortzeit ein frustrierendes Erlebnis, denn die Zielerreichung wird zumindest zeitweise blockiert. Daraus wurde die Forderung
abgeleitet, daß die Systemresponsezeiten möglichst klein sein sollten - unter
zwei Sekunden (siehe Tab. 5.1). Allerdings ist die Forschung in diesem
Bereich noch nicht ganz eindeutig (Boucsein, 1987). Möglicherweise können
sehr kurze Systemresponsezeiten auch dazu beitragen, daß sich der
Arbeitende unter Zeitdruck fühlt, weil er mit der Geschwindigkeit des
Computers sozusagen Schritt halten möchte. Wenn hier auch die Forschung
noch weiterarbeiten muß, so sollte für die Praxis doch gelten: Die
Systemantwortzeit sollte im allgemeinen möglichst kurz sein.

(2) Ein *Gefühl des Zeitdrucks* kann durch die Arbeit am Bildschirm entstehen (Johannson & Aronsson, 1984, Weltz, 1982). Obwohl dies kaum eine
neuartige Stressbedingung ist, ist der Prozeß seiner Entstehung, zumindest
im Büro, neu. Er entsteht durch den Aufforderungscharakter des Bild-
schirmgeräts, z.B. durch das Blinken des Cursors, das Weiterarbeiten
signalisiert. Dadurch kann ein "Sog" entstehen, mit dem Computer in
Konkurrenz zu treten. Bei der Arbeit an der Schreibmaschine wechseln sich
Perioden ab, in denen man sich stark konzentrieren muß (z.B. beim Schreiben), und Perioden, die möglicherweise sogar Pausencharakter haben können (z.B. das Papier einspannen). Diese unterschiedlichen Perioden kommen
bei der Bildschirmarbeit im Büro kaum mehr vor - man kann ununterbrochen konzentriert arbeiten und tut dies aufgrund der Sogwirkung oft auch.

Für die Praxis bedeutet dies, daß regelmäßige Arbeitspausen bei der Computerarbeit notwendiger als bei traditionellen Arbeitsplätzen sind und daß
man die Software möglichst so einstellen sollte, daß sich der Aufforde-

Tätigkeit	Gemessene Zeit	Annehmbares Maximum (sec)
Tastatureingabe	Vom Tastendruck bis zur Antwort	0.1 sec
	Vom Tastendruck bis zum Erscheinen von Zeichen	0.2 sec
Systemstart	Vom Ende des Startbefehls bis zur 1.Meldung	3.0 sec
Einfache Anfrage	Vom Ende des Startbefehls bis zur 1.Meldung	2.0 sec
Komplexe Anfrage	Vom Ende des Startbefehls bis zur 1. Meldung	5.0 sec
Seitenwechsel	Vom Ende des Startbefehls bis zu den ersten Zeilen der Seite	1.0 sec
Auswahl einer Funktion	Von der Auswahl eines Befehls bis zur Antwort	2.0 sec
Auf etwas zeigen	Von der Eingabe der Position bis zur Anzeige der Position	0.2 sec
Grafische Manipulation	Vom Ende der Anfrage bis zum Beginn der Antwort	2.0 sec
Manipulation komplexer Grafiken	Vom Ende der Anfrage bis zum Beginn der Antwort	10.0 sec
Beschreiben von Files	Vom Ende des Startbefehls bis zur Ausführungsmeldung	10.0 sec
Rückmeldung von Fehlern	Von der Eingabe bis zur Fehlermeldung	2.0 sec

rungscharakter verringert; konkret heißt dies, daß der blinkende Cursor zumindest abstellbar sein sollte.

(3) Computer erlauben eine neuartige *Überwachung* der Büroarbeit, z.B. indem jeder Tastendruck mitgezählt werden kann. Diese Art der Überwachung führt zu inhumanen Arbeitsplätzen (Smith, 1984). Diese Möglichkeit ist wahrscheinlich auch mitverantwortlich für die große Ambivalenz vieler Menschen in der Einstellung gegenüber dem Computer (Lange, 1984, v. Rosenstiel, 1984). Es bedarf keiner Erwähnung, daß jeder derartige Überwachungsversuch unterbleiben sollte. Im übrigen ist z.B. das Mitzählen jedes Tastendrucks überhaupt nicht funktional. Wir wissen von einem Betrieb, in dem so etwas eingeführt wurde, daß die Schreibkräfte bei privaten Unterhaltungen einfach ununterbrochen mechanisch irgendwelche Tasten drückten, um so ihren individuellen "Tastenscore" zu erhöhen.

(4) Ähnlich gelagert ist auch das Problem des *"gläsernen Mitarbeiters"*. Durch Informationssysteme können an sich harmlose Daten so miteinander verknüpft werden, daß daraus ein Persönlichkeitsprofil eines Mitarbeiters entwickelt werden kann. Oftmals sind z.B. die Kassen der Kantinen an den zentralen Rechner angeschlossen (damit erfährt man, wieviel Bier sich ein Mitarbeiter kauft), es wird gespeichert, wann jemand wie oft (z.B. mit Häufung an bestimmten Tagen) krank war, ob das mit der Tatsache zusammenhängt, daß sie oder er Kinder hat, usw. Wenn es auch selten in der betrieblichen Realität vorkommt, daß diese Daten langfristig gespeichert (und verknüpft) werden, so wecken diese Möglichkeiten doch Ängste. Deshalb sollte das genaue Funktionieren eines solchen Systems dem Mitarbeiter einsichtig sein und durch Betriebsvereinbarungen die Datenerfassung geregelt werden.

(5) Die zunehmende *Abstraktheit* der Arbeit am Computer könnte auch als Stressbedingung gelten (Volpert, 1985, Weltz, 1982). Die Setzer waren z.B. gewohnt, die Bleibuchstaben zu "handhaben", während heute der Satz am Computer erledigt wird, also noch nicht einmal mit Hilfe von Papier. Ähnlich wird die Schreibarbeit am Bildschirm abstrakter, als es die Arbeit auf einem Blatt Papier war. Diese Abstraktheit zeigt sich deutlich in der Telekommunikation. Auch hier wird die andere Person abstrakt, und man schreibt ihr deshalb auch aggressivere Texte (Kiesler, Siegel & McGuire, 1984, vgl. Kapitel 6).

Möglicherweise besteht ein Bedürfnis des Menschen nach konkreter Arbeit, das sich z.B. auch in dem Bedürfnis äußert, Planen und Ausführen der Arbeit nicht zu trennen (Volpert, 1978). Das Fehlen der Konkretheit kann dazu führen, daß das Objekt des Tuns irreal wird (und man sich dann auch unverantwortlich verhält), oder aber, daß die Angst verstärkt wird, einen Fehler zu machen, den man nicht mehr erkennen kann. Z.B. berichtete uns ein Personalleiter, daß eine Computernovizin in seiner Firma die Kolumne der Namen in einem Programm aus Versehen änderte, nicht aber die dazupassende Kolumne der Adressen - ein vollständiges Durcheinander des Datenfiles war die Folge, weil Namen und Adressen nicht mehr zueinanderpassen. Dies ist sicherlich ein Fehler, der durch die Abstraktheit des Systems mitverursacht wurde.

Eine Alternative zur Abstraktheit der Computerarbeit ist das Prinzip der direkten Manipulation - hier wird sozusagen wieder Konkretheit am Computer eingeführt. So wird ein Text, der nach dem "What-you-see-is-what-you-get"-Prinzip Unterstreichungen, Formatierungen, usw. auch auf dem Bildschirm anzeigt, wohl als weniger abstrakt empfunden, als ein Text in dem abstrakte Formeln wie z.B. "^S" oder ".p66" Unterstreichungen oder Formatierungen anzeigen.

(6) Der letzte Stressfaktor ist *Angst vor Arbeitsplatzverlust*. Wir befinden uns zur Zeit immer noch am Anfang einer Phase verstärkter Rationalisierung mit Hilfe neuerer Techniken. Es ist seriös kaum abzuschätzen, in welcher Größenordnung Arbeitslosigkeit entstehen wird, aber es besteht kein Zweifel darüber, daß Arbeitslosigkeit in erheblichem Umfang bestehen bleiben bzw. sich noch verstärken wird, wenn keine geeigneten Gegenmaßnahmen getroffen werden.

Betriebsspezifische Fallstudien (z.B. Benz-Overhage et al., 1983, Kern & Schumann, 1984) zeichnen üblicherweise ein pessimistischeres Bild als volkswirtschaftliche Simulationen (BMFT, 1980), da Fallstudien sozusagen das technisch Mögliche nachvollziehen. Simulationen rechnen hingegen mit einem gewissen Trägheitsgesetz bei der Umsetzung des technisch Möglichen in den Betrieben. Zwar kommt es in Großbetrieben meist nicht zu Entlassungen, es ist aber zu befürchten, daß Kleinbetriebe einem anderen Anpassungsmechanismus an das Rationalisierungspotential neuer Techniken unterworfen sind. Solche Kleinbetriebe, die nicht rechtzeitig auf effiziente neue Techniken umgestiegen sind, werden konkurrenzunfähig. Vom Stressgesichtspunkt her bedeutet dies, daß Angst vor Arbeitsplatzverlust eine reale Stressbedingung in den nächsten Jahren bleiben wird, wenn nicht drastische andere Maßnahmen, wie z.B. Arbeitszeitverkürzung greifen. Angst vor Arbeitsplatzverlust führt zu einer Reihe negativer Effekte auf die Gesundheit des Beschäftigten (Pelzman et al., 1985).

Impliziert diese Liste von "neuen" Stressoren, daß die Arbeit am Computer notwendigerweise zu einer erhöhten Belastung beiträgt? Mit Sicherheit nein. Denn es kommt darauf an, wie die Arbeit organisiert wird und welche Ressourcen zur Verfügung stehen. Es muß also gar nicht zum Auftreten der genannten Stressbedingungen kommen. Darüber hinaus ist festzuhalten, daß computerunterstützte Arbeit viele vorher bestehende Stressbedingungen auch verringert hat, z.B. die Angst, einen Tippfehler zu machen (weil jeder Tippfehler leicht korrigiert werden kann), den Ärger darüber, einen Text wiederholt wegen kleinerer Verbesserungen schreiben zu müssen. Soweit Systeme das Gedächtnis entlasten, wirken sie ebenfalls stressreduzierend

(Hacker, 1983). Insgesamt sind die meisten Personen, die sich erst einmal eingearbeitet haben, nicht mehr bereit, auf einen nicht computerunterstützten Arbeitsplatz umzusteigen. Die Software-Ergonomie (Bullinger, 1985, Frese, Ulich & Dzida, 1987, Triebe et al., 1987, Spinas et al., 1983) ist allerdings gefordert, Stressbedingungen reduzieren zu helfen. Die organisatorischen Voraussetzungen können die Arbeit anreichern, so daß es z.B. weniger zu Augenbeschwerden kommt, und verhindern, daß der Eindruck der Überwachung des Arbeitenden entsteht.

Zwar fehlt es noch an definitiven Belegen, aber es ist unser Eindruck, daß sich mit der Entwicklung der neuen Techniken und der verstärkten Einführung von Mischarbeitsplätzen und den daraus resultierenden höheren Qualifikationsanforderungen die Fragestellung für den Stressforscher verändert hat: Stand bisher in der Stressforschung - besonders in der industriellen Arbeitswelt, aber auch im Büro - das Problem der qualitativen Unterforderung (Monotonie, einförmige Arbeit, Qualifikationen nicht einsetzen können) im Vordergrund, so dürften sich jetzt die Gewichte stärker zur qualitativen Überforderung verschieben. Dies ist von der Warte der Stressforschung eher positiv zu vermerken, denn es gibt eine klare Asymmetrie von qualitativer Unter- und Überforderung: Probleme der qualitativen Unterforderung werden mit der Zeit schlimmer - die Monotoniegefühle werden umso stärker, je länger jemand eine spezifische Arbeit tut. Die einzige Methode, dagegen anzugehen, ist der Abbau der Monotonie in der Arbeit. Hingegen wird qualitative Überforderung mit der Zeit geringer. Je länger jemand eine komplexe Arbeit tut, desto mehr lernt er und desto weniger komplex wird sie mit der Zeit. Darüber hinaus kann der Stressor qualitative Überforderung durch eine gute Schulung (siehe Kapitel 3) leichter abgebaut werden. Dies verweist auf die Frage der Ressourcen, der wir uns als nächstes wieder zuwenden wollen.

5.3   Neue Gefahren für Ressourcen bei der Arbeit mit dem Computer?

Wir führten bereits aus, daß Ressourcen darüber entscheiden, wie man mit den Stressbedingungen umgehen kann und ob sich negative Stressauswirkungen zeigen. Auch hier sind es im wesentlichen organisatorische Bedingungen, die Einfluß auf die Ressourcen haben. Potentielle Gefahren, die zur Einschränkung von Ressourcen führen, und Chancen, die ihrer Erweiterung dienen, lassen sich in den folgenden Bereichen aufzeigen:

1) Eigenkontrolle und Kontrolle über das Computersystem: Wir haben bereits davon gesprochen, daß einige empirische Untersuchungen eine Verringerung der Kontrolle nach Einführung von EDV nachweisen (Buchanan & Boddy, 1982, Sauter et al., 1983). Gleichzeitig wissen wir, daß geringer Einfluß auf die Arbeit und auf das System zu geringer Arbeitszufriedenheit und zu erhöhten Stressreaktionen führt (Biksen & Gutek, 1983, Smith et. al., 1981, Troy, 1986, Turner & Karasek, 1984, Ulich, 1986). Dieser Gefahr muß durch Programme entgegengewirkt werden, bei denen die Kontrollmöglichkeiten des Benutzers erhöht werden (vgl. auch Hacker, 1983, 1987). Dies bedeutet, daß der Benutzer die Aufgabenreihenfolge, den Zeitrahmen, die spezifischen Schritte der Aufgabenerledigung bestimmen und den organisationalen Kontext beeinflussen kann. Weiterhin ist zu fordern, daß der Benutzer die Möglichkeit besitzt, das Computerprogramm abzuändern und den eigenen Arbeitsaufgaben anzupassen; daß er Optionen zur Verfügung hat (z.B. unterschiedliche Schwierigkeitsniveaus); daß er die Masken und die Bildschirmoberfläche selbst gestalten kann; daß er vom Computer nicht angetrieben wird, usw. (vgl. Kapitel 4).

Kontrollmöglichkeiten sind nicht nur wesentlich bei der bereits vorliegenden Anwendersoftware, sondern auch bei der Einführung des gesamten Systems. Es wird deshalb in der Organisationspsychologie gefordert, daß die Arbeitenden eine Mitsprachemöglichkeit bei der Einführung des Systems erhalten sollten (vgl. Kapitel 2)

2) Erhöhte Kompetenzen: In Kapitel 3 haben wir ausgeführt, daß Schulungen oftmals noch nicht die Frage in den Vordergrund rücken, wie man mit dem System in der täglichen Alltagspraxis umgehen kann, wie man es weiter explorieren kann und was man macht, wenn Fehler auftauchen. Solche Schulungsbereiche gilt es zu stärken, so daß der Benutzer lernt, "Meister" des Systems zu werden. Dies beinhaltet nicht nur das Lernen von den gerade zur Aufgabenerfüllung notwendigen Funktionen, sondern darüberhinaus auch die Kenntnis von allgemeinen Systemzusammenhängen.

3) Zugang zu Informationen: Im Zuge der neuen Informationstechnologien (vgl. auch Kapitel 6) wird oft den unteren Stufen der Betriebshierarchie der Zugang zu bestimmten Informationen versperrt, die zwar im Normalfall für die Arbeit nicht nötig sind, die aber in bestimmten Fällen zu einer besseren Aufgabenlösung beitragen. (Wir haben in einem anderen Zusammenhang schon davon gesprochen, daß sich die informellen Aufgaben von den formellen durchaus unterscheiden können). Zugangsschlüssel zu Informationen sind also großzügig zu handhaben. Allerdings sei angemerkt, daß manche Zugangsschlüssel ja auch eingeführt werden, um die Privatsphäre von Kunden oder Angehörigen des Betriebs zu wahren.

4) Soziale Unterstützung: Soziale Unterstützung vermittelt sich über soziale Kontakte. Wir sind skeptisch, ob sich soziale Unterstützung am Arbeitsplatz, besonders die stärker emotionalen Anteile, über moderne Kommunikationstechnologien vermitteln läßt (vgl. Kapitel 6), weil die tatsächliche Privatheit dieser Art der Kommunikation gering ist. Besonders bei hoch spezialisierten Fachkräften zeigt sich oft eine Reduktion der sozialen Kontakte am computerisierten Arbeitsplatz (Smith, 1984, Turner & Karasek, 1984). In der Vergangenheit kam der Spezialist viel herum und sprach mit vielen Leuten. Wenn neue Kommunikationstechniken eingerichtet werden, ergeben sich hier Probleme. Das heißt, Arbeitsplätze sind so zu organisieren, daß man bei der normalen Arbeit anderen begegnen kann. In den Büros sollten Computer die Kommunikation rein physisch nicht einengen. Eine geschickte räumliche Anordnung der Arbeitstische, Sichtblenden und dergleichen ist hier von Vorteil. Entsprechend sind unterschiedliche Kommunikationskanäle offen zu halten. D.h. man sollte nicht etwa gezwungen sein, die gesamte Kommunikation über das technische Kommunikationssystem laufen zu lassen. "Face to face"-Kommunikation ist nicht nur im Pausenraum von Wichtigkeit, sondern auch während den Arbeitszeiten. Die gemeinsame Anstrengung bei einer Aufgabe erlaubt und weckt erst die soziale Kommunikation.

5.4 Zusammenfassung

Zusammenfassend läßt sich festhalten, daß neue Technologien Chancen und Gefahren bieten: Chancen, die Arbeitsplatzbedingungen zu verbessern, hochqualifizierte Arbeitsplätze zu schaffen - oft als "Mischarbeitsplätze" zu charakterisieren (Ulich, 1984). Andererseits bestehen Gefahren darin, daß Computer im wesentlichen für eine weitere Taylorisierung der Arbeitsbedingungen eingesetzt werden und damit Ressourcen verringern, Stressbedingungen erhöhen und zu einer verstärkten Aufspaltung von Planen auf der einen und Ausführen auf der anderen Seite führen (Volpert, 1985).

Wichtig ist es, nicht nur die Stressoren zu beachten, sondern auch die Ressourcen. Denn nur die Kombination der beiden (also hohe Stressoren und niedrige Ressourcen) führen zu Stressreaktionen. Es gibt einige Stressbedingungen, die durch die Einführung von Computern verstärkt werden können, etwa Systemantwortzeiten, Zeitdruck, Überwachung, Abstraktheit der Arbeit und Angst vor Arbeitslosigkeit. Es besteht auch die Gefahr, daß sich die Ressourcen verringern, besonders im sozialen Unterstützungsbereich. Dennoch gibt es arbeitsorganisatorische und software-ergonomische Lösungen, um die Stressoren zu reduzieren und die Ressourcen sogar zu erhöhen.

5.5 Prinzipienkatalog: Stress und neue Techniken

Ziele

Stressbedingungen abschwächen und/oder Ressourcen bereitstellen

Herkömmliche Ressourcen systematisch erhalten und neue fördern

Devise

Gute Ressourcen verwandeln Stress in Herausforderung und Bestätigung

Mittel

Lokalisation und Abschwächen von Stressbedingungen:

z.B. qualitative und quantitative Über- und Unterforderung, Störungen, physikalische Unannehmlichkeiten, Schichtarbeit, Rollenkonflikte, Umstellungsprozesse, Angst vor Arbeitsplatzverlust

Bereitstellen von Ressourcen:

-   innere Ressourcen (z.B. Kompetenz, soziale Kompetenz, Partizipation, sinnvolle Arbeitsaufgaben)

-   äußere Ressourcen (z.B. Situationskontrolle, soziale Unterstützung)

Computerspezifische Stressbedingungen beachten:

z.B. Systemantwortzeiten kurz halten, Zeitdruck und Konzentrationssog durch Arbeitspausen verringern, EDV-gestützte Überwachung unterlassen, Datenerfassung transparent und mitgestaltbar machen, konkrete Anschaulichkeit der Bildschirmoberfläche fördern.

Computerspezifische Gefahren und Chancen für Ressourcen beachten: z.B. Eigenkontrolle und Kontrolle über das Computersystem fördern, Fach- und Computerkompetenz der Mitarbeiter erweitern, Zugang zu Informationen erweitern, "face to face"-Kommunikation systematisch unterstützen.

Kapitel 6: Elektronische Kommunikation und soziale Interaktion im Büro

In diesem Kapitel werden wir uns mit Veränderungen sozialer Interaktionsformen befassen, die mit der Einführung von elektronischen Kommunikationsmedien in Organisationen einhergehen können. Im Gegensatz zu den vorhergehenden Kapiteln steht hier die Interaktion zwischen Organisationsmitgliedern unter Zuhilfenahme von elektronischen Medien im Vordergrund - nicht aber die Interaktion zwischen dem Computer und dem Anwender (siehe Kasten 6.1). Es werden Modelle und Ergebnisse vorgestellt, die sich auf verschiedene Aspekte des Kommunikationsprozesses in Organisationen beziehen. Unser Ziel ist dabei, auf Chancen und Gefahren für soziale Interaktionsprozesse beim Einsatz von elektronischen Kommunikationsmedien hinzuweisen. Für den Bereich der computermediierten Kommunikation können wir zu diesem Zeitpunkt noch keine unmittelbaren Gestaltungsvorschläge entwickeln; das wäre noch verfrüht. Vielmehr geht es uns darum, einerseits exemplarisch einige Phänomene zu dokumentieren und andererseits einen Ansatz für die Analyse dieser Phänomene zu entwerfen.

Zunächst werden in einem groben Überblick unterschiedliche Kommunikationstechniken mit ihren Anwendungsmöglichkeiten dargestellt. Danach stellen wir eine Palette von Perspektiven zusammen, die sich zur Analyse von verschiedenen Aspekten sozialer Interaktion im Büro eignen. Auf dieser Basis soll anhand von Untersuchungen, die sich mit Auswirkungen von elektronischen Kommunikationsmedien in Organisationen beschäftigen, erläutert werden, welche Veränderungen zu erwarten sind und wie sie eingeordnet werden können.

> **Kasten 6.1: Mensch-Computer Kommunikation vs. Mensch-Mensch Kommunikation via Computer**
>
> Auf eine von uns bereits implizit getroffene Unterscheidung zwischen Mensch-Computer Interaktion und einer zwischenmenschlichen Interaktion via Computer oder via herkömmlicher Kommunikationsmedien (Telefon, Brief etc.) soll in diesem Zusammenhang genauer hingewiesen werden. Dokumentations- und Transaktionstätigkeiten werden vom Benutzer üb-

6.1 Neue Informations- und Kommunikationstechniken

In den letzten zehn Jahren bieten öffentliche und private Unternehmen immer mehr Serviceleistungen auf dem Gebiet der Kommunikationstechnik an. Die herkömmlichen Dienste der Post (Telefon, Telex, Telegrafie, Brief und Paketpost) wurden erweitert um Teletex, Telefax, Bildschirmtext, Electronic Mail, Telefon-, Computer- und Bildschirmkonferenzen und Datentransfer in vielfältigen Ausprägungen. Teletex wird bei der Übertragung von Texten eingesetzt. Telefax bietet die Möglichkeit, Dokumente und Bilder als sogenannte Fernkopie zu versenden. Bildschirmtext ist ein Angebot der Post, das zur Auftragsabwicklung zwischen Kunden und Anbietern, für Bank- und Postgeschäfte sowie für diverse Informationsdienste gedacht ist. Electronic Mail vollzieht einen Text- und teilweise auch Grafikversand nach programmierbaren Posteingangs- und -ausgangskriterien. Die Konferenzsysteme bieten je nach Kommunikationsmedium Konferenzschaltungen zwischen mehreren Teilnehmern an. Für einen umfassenderen Überblick über die technischen Systeme und ihre Eigenschaften sei der Leser auf Arnold (1981), Picot & Reichwald (1984), Witte (1980) sowie Helander (1985) verwiesen.

Der Umfang und die Übertragungsgeschwindigkeit für digitale Informationen sind sehr stark gesteigert worden. Einer umfassenden Vernetzung von Wirtschaft, Verwaltung, öffentlichen und privaten Haushalten stehen technisch kaum mehr Probleme entgegen. Alle herkömmlichen Informationsträger (Bücher, Manuskripte, Karteien, Ablagesysteme, Tonbänder, Videobänder u.ä.) lassen sich prinzipiell durch Datenbanken ersetzen und an Übertragungsnetze anschließen. Selbst umfangreiche Datenmengen können in kurzer Zeit übermittelt werden. Unterschiedlichste Kommunikationsinhalte (z.B. Sprache, Bilder, Grafiken, Texte) können in Zukunft auf ein und demselben Kommunikationsmedium übertragen werden (vgl. auch Kubicek & Rolf, 1985).

Eine fortschreitende Miniaturisierung bei gleichbleibend günstigen Kosten der technischen Instrumente verleihen den Informations- und Kommunikationstechniken eine bevorzugte wirtschaftliche Bedeutung.

Einige Möglichkeiten zeichnen sich heute schon ab:

Inter- und intrabetriebliche Vernetzung: Der Zugriff auf externe Datenbanken und Informationssysteme (Datenfernübertragung) ist nicht nur im Einzelfall möglich, er läßt sich z.B. als fester Bestandteil von Verarbeitungsroutinen programmieren. D.h. die räumliche Nähe ist für die Intensität des Datentransfers prinzipiell kein entscheidender Faktor mehr. Der Informationsaustausch auf gleichen Hierarchieebenen innerhalb einer Organisation (z.B. zwischen Sachbearbeitern oder Technikern) ohne Umwege über übergeordnete Instanzen rückt in greifbare Nähe (z.B. durch Electronic Mailing, Computer-Conferencing usw.).

Dezentralisierte Arbeitsplätze: Die technischen Voraussetzungen für dezentralisierte Arbeitsplätze sind vorhanden. Büro-, Sachbearbeitungs- und Verwaltungstätigkeiten, die nicht ortsgebunden sind, lassen sich prinzipiell an jedem beliebigen Ort ausführen, auch wenn sie z.B. zentral organisiert werden (vgl. Olson, 1983 a,b).

Private Netzanschlüsse: Bei einem Ausbau der öffentlichen Datentransfernnetze durch die Bundespost (ab 1992 z.B. ISDN-Kommunikationsnetz) kann im Prinzip jede Art des digitalen Informationsaustausches auch mit privaten Haushalten technisch realisiert werden. Eine Art elektronische Kundenbetreuung für standardisierte Serviceleistungen wäre denkbar. In einigen Versicherungsunternehmen sind Serviceleistungen in Planung, die vom Außendienstmitarbeiter mit einem tragbaren Rechner von der Wohnung des Kunden aus durchgeführt werden können.

Teilautomatisierte Informationsverarbeitung: In Bereichen, in denen sich die Selektion aus umfangreichen Daten automatisieren läßt, kann die Kapazität der "intelligenten" Informationsverarbeitung gesteigert werden. Das gilt schon heute zum Beispiel bei der Kontoführung in Banken, bei Wirtschaftsstatistiken und im Versicherungsgewerbe.

Neue Kommunikationstechniken werden zur Zeit vornehmlich in öffentlichen und privaten Organisationen eingesetzt, in privaten Haushalten hingegen fast gar nicht. Sicher ist aber, daß neue Kommunikationstechniken die Arbeits- und Kommunikationsbedingungen in Organisationen verändern werden. Dies wird sich auch auf die gesamte Gesellschaft auswirken. Welche Veränderungen und Auswirkungen im einzelnen zu erwarten sind, darüber gehen die Meinungen der Experten auseinander. Auch wir können keine verbindlichen und allgemeinen Aussagen über die zu erwartenden Veränderungen abgeben. Es ist aber notwendig, bereits bestehende Veränderungen bei der sozialen Interaktion frühzeitig zu analysieren, wenn man zur Entwicklung von optimalen Interaktionsbedingungen beitragen möchte. Bevor wir Untersuchungsergebnisse darstellen, die mögliche Veränderungen bei der Kommunikation in Organisationen aufzeigen, soll anhand von Modellen über Kommunikation in Organisationen und über zwischenmenschliche Kommunikation eine Perspektive entwickelt werden, die sich zur Einordnung der Untersuchungsergebnisse eignet.

6.2 Kommunikation in Organisationen

Welche Rolle spielt Kommunikation in Organisationen? Ein Hauptziel organisationswissenschaftlicher Überlegungen besteht darin, alle erdenklichen Komponenten einer Organisation auf ihren Beitrag zur Effizienz des Gesamtsystems zu analysieren. Demnach sollte sich auch Kommunikation in ihrer Funktion und ihrer Leistungsfähigkeit für die Organisation analysieren lassen. Z.B. wurde versucht, Art und Anzahl von Zwischenstationen in den formalen und informellen Kommunikationskanälen von Organisationen zu bestimmen. Dabei lassen sich Kommunikationsbarrieren identifizieren, die den ursprünglichen Inhalt von Mitteilungen modifizieren (vgl. Krone et al., 1987).

Viele organisationstheoretische Ansätze betrachteten lange Zeit Kommunikation vornehmlich als ein Phänomen, das sich aus bestimmten Organisationsformen herleitet (vgl. Porter & Roberts, 1976). Dementsprechend definierten sie Kommunikation anhand ihrer Funktion, ihrer Stellung und ihrem Wert für die Organisation.

Ein anderes Verständnis von Kommunikation entwickelten March und Simon (1958). Sie stellen die zentrale Rolle der Kommunikation für den Entscheidungsfindungsprozeß der Mitarbeiter heraus. Ausgetauschte Informationen sind Ergebnisse von Entscheidungen und bilden gleichzeitig die Grundlage neuer Entscheidungen. Der einzelne Mitarbeiter ist bei der Entscheidungsfindung gezwungen, Instrumente zur Reduktion der Informationsfülle zu entwickeln. Kommunikation soll generell zur Minimierung der Anzahl möglicher Alternativen bei der Entscheidungsfindung beitragen.

Dabei erhebt sich die Frage, in welcher Art und Weise die Reduktions-
instrumente den Inhalt von Mitteilungen und somit auch Entscheidungen
modifizieren.

Weitere Ansätze greifen den Aspekt auf, daß der Mitarbeiter in einer
Organisation seine soziale Wirklichkeit aktiv gestaltet. Es wird verstärkt die
Gestaltung von Kommunikationsprozessen (Regeln, Normen) und das Entstehen von allgemeinen Interpretationsübereinkünften untersucht und weniger die Modifikation der Mitteilungsinhalte. Zentral ist der Gedanke, daß
sich Kommunikation auch gestaltend auf das Organisationsgefüge auswirkt
(vgl. Daft & Weick, 1984).

Von Rosenstiel et al. (1983) stellen die Ordnung des Zusammenwirkens von
Komponenten als Kern einer funktionierenden Organisation heraus. Dabei
geben sie zu bedenken, daß aus psychologischer Sicht die soziale Interaktion
der Mitglieder einer Organisation eine wesentliche Bedingung für die Konstruktion und Aufrechterhaltung der Ordnung ist. Es wird argumentiert,
daß die Motivation der Positionsträger, die Ordnung innerhalb einer Organisation mitzutragen, nicht nur daher rührt, ihren Lebensunterhalt zu ver-
dienen. Zieht man z.B. auch solche Organisationen in Betracht, die ihre
Mitglieder nicht finanziell entlohnen oder gar einen Mitgliedsbeitrag
verlangen, dann müssen noch weitere Motive angenommen werden. Ein
wichtiges Motiv ist die Befriedigung von Einzel- und Gruppenbedürfnissen
durch soziale Interaktion.

Kommunikation bildet also nicht nur eine organisationale Grundlage für
kooperatives Arbeiten (vgl. Maaß, 1986b, Grochla, 1973) sondern sie ist
auch ein Instrument, durch das das Organisationsgefüge aufrechterhalten
und verändert werden kann. Kommunikation erfüllt außerdem allgemeine
soziale Funktionen für das Individuum und für die Gruppe. Veränderungen
im Kommunikationsverhalten und somit auch der sozialen Interaktion, die
sich aus der neuen Technik ergeben können, spielen demnach eine wichtige
Rolle für die Organisation selbst.

Bei einer zunehmend komplexeren Kanalisation der Kommunikation (z.B.
in Formularen, Dienstwegen, Verteilersystemen, EDV-gestützten Netzwerken) müssen auch individuelle Bedürfnisse bei der sozialen Interaktion
explizit berücksichtigt werden. Deshalb werden wir im folgenden Abschnitt
Kommunikation in ihrer Funktion zur individuellen Handlungsregulation
betrachten. Diese Darstellung soll Grundlage sein für die nachfolgende
Diskussion der Untersuchungsergebnisse.

6.3 Zwischenmenschliche Kommunikation

Kommunikation ist ein schillernder Begriff. Merten (1977) berichtet von
über 150 unterschiedlichen Definitionen. Dance (1970) erläutert anhand von
95 Definitionsvorschlägen grundsätzliche Probleme, die beim Versuch auftreten, eine allgemeingültige Beschreibung von Kommunikation zu geben.
Die Vielfalt der Definitionen erklärt sich daraus, daß jede wissenschaftliche
Disziplin bei der Auseinandersetzung mit Kommunikationsprozessen jeweils
unterschiedliche Schwerpunkte setzt. Wir möchten keinen weiteren Beitrag
zur Vielfalt der Kommunikationsmodelle leisten und werden uns schwer-
punktmäßig mit Aspekten sozialer Interaktion und zwischenmenschlicher
Kommunikation in Organisationen beschäftigen, die zum einen von arbeitspsychologischer Relevanz sind und zum anderen höchstwahrscheinlich
einem starken Einfluß durch neue Informations- und Kommunikationstechniken unterliegen.

Shannon & Weaver präsentierten 1949 ein informationstheoretisches Kommunikationsmodell, das auf alle Phänomene des Informationsflusses anwendbar ist. Danach sind die Grundbestandteile der Kommunikation (vgl.
Abb. 6.1):

- ein Sender, der Informationen generiert und codiert,

- ein Medium, das Signale weitergibt und durch einen bestimmbaren
  Anteil von "Rauschen" (d.i. eine definierbare Fehlerhäufigkeit bei der
  Übertragung eines Codes) charakterisiert werden kann,

- ein Empfänger, der die Signale decodiert und interpretiert.

Mit diesem Modell lassen sich Aussagen über Eigenschaften des Kommunikationsmediums und des Nachrichtencodes ableiten. Die Funktionen der
Kommunikation bei sozialen Interaktionsprozessen hingegen lassen sich
weder aus dem Modell herleiten, noch gehen sie dort ein. Sowohl Aspekte
der Informationsgenerierung und -interpretation durch einen menschlichen
Sender resp. Empfänger als auch die Rolle spezifischer sozialer Kommuni-
kationskontexte werden in diesem Modell bewußt ausgeklammert. Mit den
folgenden Überlegungen zur zwischenmenschlichen Kommunikation gehen
wir über das Modell von Shannon & Weaver hinaus.

Bei der zwischenmenschlichen Kommunikation bestimmen die Kommunikationspartner, der Kommunikationskontext und das Kommunikationsmedium
die Art und die Ergebnisse des Informationsaustauschs. Wie diese Kom-

Abb. 6.1: *Das Kommunikationsmodell von Shannon & Weaver*

ponenten im einzelnen ineinandergreifen, soll anhand von vier charakteristischen Aspekten der menschlichen Kommunikation aufgezeigt werden:

(1) Zwischenmenschliche Kommunikation ist in einen Handlungskontext eingebunden und kann selbst wiederum eine Handlung sein.

(2) Soziale Beziehungen gestalten die zwischenmenschliche Kommunikation und umgekehrt.

(3) Soziale Konventionen und Normen beeinflussen die zwischenmenschliche Kommunikation.

(4) Zwischenmenschliche Kommunikation ist Kooperation.

6.3.1 Zwischenmenschliche Kommunikation und Handlungskontext

Menschliche Kommunikation ist sehr eng mit menschlichem Handeln verbunden (Presch & Gloy, 1976). Rehbein (1977) vertritt die These, daß menschliche Kommunikation sprachliches Handeln bedeutet. Handlungen sind stets in einen bestimmten Handlungskontext eingebunden. Der Nutzen oder der Sinn einer Handlung leitet sich demnach von ihrer Stimmigkeit innerhalb eines umfassenderen Handlungskontextes ab. Ebenso verhält es sich bei der Kommunikation von einzelnen Mitteilungen. Deren Sinn und Inhalt werden unter Berücksichtigung des jeweiligen Handlungskontextes interpretiert.

> **Beispiel:** *Ein Sachbearbeiter in einer Versicherungsgesellschaft unterrichtet einen Kollegen aus der juristischen Abteilung über einen Schadensfall mit dem Ziel, eine Beurteilung über die Rechtslage zu erhalten. Seine Mitteilung enthält für den Empfänger bestimmte Bedeutungen, die sich aus dem Arbeitskontext ergeben. Zum Beispiel wird der Empfänger nicht die syntaktischen oder stilistischen Qualitäten der Mitteilung beurteilen, sondern die spezifische Rechtslage. In einer Lektorenabteilung eines Verlages kann die gleiche Mitteilung über einen hypothetischen Schadensfall als Bestandteil eines Romans den Empfänger zu dem durchaus erwünschten Verhalten veranlassen, eine stilistische Beurteilung vorzunehmen.*

Beim Kommunizieren werden ebenso wie beim Handeln konkrete Ziele verfolgt (z.B. Sachverhalte zu übermitteln, zu überzeugen, zu schlichten, Unterstellungen zurückzuweisen), es werden Pläne für die Konstruktion von Nachrichten erstellt und befolgt (z.B. syntaktischer, semantischer Aufbau, Normanpassungen, Argumentationsstrategien). Erwartungen werden gebildet und auf Übereinstimmung mit den Resultaten überprüft (z.B.: Konnte eine Unterstellung erfolgreich zurückgewiesen werden, so daß im neuen Interaktionskontext zufriedenstellend weitergearbeitet werden kann?).

Kommunikation dient der Vorbereitung und Überwachung koordinierten Handelns. Sie kann selbst wiederum als Handlung aufgefaßt werden.

Die Kommunikation sowie ihre Inhalte bestimmen sich durch Gegebenheiten in Organisationen, die dem Handlungskontext ebenfalls zugeordnet werden können. Z.B. üben geographische und organisationale Distanz einen Einfluß auf die Quantität und die Inhalte der Kommunikation aus. Innerhalb organisationaler Untereinheiten wird öfter, mehr und spezifischer kommuniziert als zwischen den Untereinheiten (vgl. Sproull & Kiesler, 1986).

Diese Ergebnisse können u.a. auf Eigenschaften der verfügbaren Kommunikationsmöglichkeiten zurückgeführt werden. Geographische und organisationale Distanz schlagen sich in der Wahl des Kommunikationsmediums nieder. Kollegen innerhalb der eigenen Abteilung kann man für ein informelles Gespräch persönlich aufsuchen, über die hauseigene Telefonleitung oder per Hausmitteilung relativ schnell erreichen. Diese Bedingungen fördern einerseits persönliche Bekanntschaften, was sich wiederum auf den Beziehungskontext (siehe unten) auswirkt. Andererseits macht es die Direktheit der Kommunikation möglich, auch über sehr spezifische oder scheinbar nebensächliche Inhalte zu diskutieren. Wollte ein Mitarbeiter ähnliches mit einem nicht persönlich bekannten Kollegen aus einem anderen Firmenbereich (evtl. in einer anderen Stadt) versuchen, so müßte er relativ häufig telefonieren, formelle Termine vereinbaren oder Briefe schreiben. Hier stehen Kommunikationsaufwand und inhaltlicher Nutzen in einem Mißverhältnis.

6.3.2 Soziale Beziehungen gestalten die zwischenmenschliche Kommunikation und umgekehrt

Watzlawik et al. (1969) unterscheidet in der menschlichen Kommunikation einen inhaltlichen Aspekt und einen Beziehungsaspekt. Der inhaltliche Aspekt ergibt sich, vereinfacht ausgedrückt, aus der isolierten Mitteilung. Der Beziehungsaspekt ergibt sich aus dem sozialen Kontext, innerhalb dessen die inhaltliche Beurteilung einer Mitteilung durch die Kommunikationspartner vollzogen wird. Ein Kommunikationspartner interpretiert eine Mitteilung entsprechend seinen Vorstellungen, die er über das jeweilige Gegenüber hat.

> **Beispiel:** *Ein Mitarbeiter signalisiert seinem Kollegen mit der Äußerung: "Geben Sie mir doch bitte Ihr Urteil über diesen Sachverhalt", daß er seinen Rat in Anspruch nehmen möchte. Der Trainer bei der Betriebsschulung signalisiert dem Trainee mit derselben Äußerung etwas ganz anderes. Er möchte das Beurteilungsvermögen des Trainees einer Prüfung unterziehen. Ähnliches kann diese Äußerung für einen Untergebenen bedeuten, der Anlaß zu der Über-*

Soziale Beziehungsdefinitionen spiegeln sich in der Kommunikation eher
auf sublime Art und Weise wieder. Beziehungsdefinitionen werden meist
nicht direkt durch die Inhalte einer Kommunikation übermittelt, sie lassen
sich aus nonverbalen Verhaltensweisen (Blicke, Zuwendung, Dominanz im
Diskussionsverlauf, Wahl des Kommunikationsmediums etc.) entnehmen.
Z.B. wird nicht direkt gesagt, daß man sich in einer höheren Position fühlt,
es verdeutlicht sich vielmehr z.B. darin, daß der höchste Positionsträger in
einer Gesprächsrunde die Diskussion leitet. Sympathie und Antipathie finden ihren Ausdruck eher in der Art und Weise eines Gesprächs oder in der
Wahl der Kommunikationsmittel und nicht direkt in den Kommunikationsinhalten. Statische Hinweise für den Beziehungskontext können auch aus
der Erscheinung eines Positionsträgers, solchen Nebensächlichkeiten wie
einer Armbanduhr, einem eigenen Büro oder einer persönlichen Sekretärin
entnommen werden. Dynamische Hinweise ergeben sich aus dem nonverbalen Verhalten bei der Interaktion, z.B. nickende Zustimmung oder stirn-
runzelnde Ablehnung.

Die Auswirkungen solcher Hinweisreize im Beziehungskontext auf die
Kommunikation sind in der Sozialpsychologie vielfach nachgewiesen worden (vgl. dazu Argyle, 1972). Z.B. kommunizieren Positionsträger mit
gleichem Geschlecht, gleicher Rasse und gleichem Alter egalitärer, d.h. der
Informationsaustausch ist ausgewogener und die gegenseitige Wertschätzung
der einzelnen Mitteilungen ebenfalls (vgl. Sproull & Kiesler, 1986). Vertrauen und emotionale Übereinstimmung beeinflussen in ähnlicher Weise
die Kommunikationsinhalte und den Kommunikationserfolg.

Edinger und Patterson (1983) zeigen auf, daß nonverbale Verhaltensweisen
oft sogar systematisch und gezielt zur Beeinflussung des Verhaltens anderer
durch Kommunikation in sozialen Situationen eingesetzt werden. Blick und
Gesichtsausdruck sind die wichtigsten nonverbalen Komponenten bei der
Kommunikation. Je mehr der Zuhörer den Sprecher sympathisch findet,
desto stärker wird er durch den Sprecher beeinflußt (McGuire, 1969).
Attraktivität und Vertrauenswürdigkeit sind ebenfalls Faktoren, die die
soziale Einflußnahme erhöhen.

Das jeweilige Kommunikationsmedium kann sich für die Übertragung von
Informationen aus dem Beziehungskontext mehr oder weniger gut eignen.
Es genügt z.B. nicht, daß bestimmte Personen bestimmte Positionen einnehmen. Es muß ihnen untereinander auch gegenwärtig sein, daß es so ist
und welche Position sie einnehmen. Wenn nur sehr wenige Hinweise aus
dem sozialen Beziehungskontext durch das Kommunikationsmedium vermittelt werden können, dann können Anonymitätsgefühle der Teilnehmer
zu relativ selbstzentriertem Verhalten führen (siehe Kasten 6.3). In Organisationen wird für bestimmte Gelegenheiten ein eigener formaler Bezie-

hungskontext geschaffen. Bei Konferenzen wird z.B. im Vorfeld abgeklärt, wer den Vorsitz führt, welche Themen besprochen werden sollen, welche Mitarbeiter eingeladen werden, welche nicht und auch welches Abstimmungsgewicht den einzelnen Teilnehmern zukommt. Unterschiede zwischen EDV-gestütztem Conferencing und der herkömmlichen Mitarbeiterkonferenz ergeben sich dann aus den unterschiedlichen Möglichkeiten des Kommunikationsmediums (face to face vs. Conferencing System), den tatsächlich bestehenden gesamten Beziehungskontext jedem einzelnen sichtbar zu machen.

6.3.3 Konventionen gestalten Kommunikationsverhalten und -inhalte

Konventionen stellen einen Kontext dar, der zur Interpretation von Äußerungen herangezogen wird. Gloy (1975) stellt mehrere Konventionsstufen auf, die bei sprachlicher Kommunikation Beachtung finden. Syntaktische und semantische Normen bilden die durch Sprachwissenschaftler recht gut definierbaren elementaren Konventionsstufen. Soziale Sprachhandlungsnormen, die den Sprachgebrauch im Einklang mit den jeweils herrschenden sozialen Normen einer Gesellschaft oder in bestimmten sozialen Situationen regulieren, sind sehr hohe Konventionsstufen (z.B. die Anrede mit den akademischen Titeln vs. Vornamen). Soziale Normen werden durch Kommunikationskonventionen vermittelt, z.B. "Sei freundlich zu deinen Vorgesetzten", "Gib keine persönlichen Informationen an jemand weiter, den du nicht gut kennst", "Leite die Diskussion, wenn du die Person mit dem höchsten Status in der Gesprächsrunde bist".

> **Beispiel:** *Im Betrieb lassen sich informelle Gespräche sehr gut von formalen Mitarbeitersitzungen unterscheiden. Der Anteil von Mitteilungen, die sich nicht direkt auf die Arbeit beziehen, ist in formalen Gesprächen weit geringer als bei informellen. Mängel oder Fehler bei der Präsentation werden dem Sprecher im informellen Gespräch weniger stark angelastet. Eine Reihung oder Häufung der Diskussionsbeiträge nach dem Status oder der Position der beteiligten Gesprächspartner findet bei persönlichen Gesprächen weniger oft statt. Der Diskussionsverlauf folgt keiner direkt vorgeschriebenen Tagesordnung.*

Das jeweilige Kommunikationsmedium kann den Spielraum der übertragbaren Konventionen beeinträchtigen oder eine neuartige Ausgestaltung des Konventionskontextes erfordern. Bei neuartigen Kommunikationstechniken besteht anfänglich noch Konventionsvielfalt, -unsicherheit und teilweise auch ein Konventionsvakuum. Mängel im Konventionskontext beeinträchtigen die Konstruktion adäquater Mitteilungen und Interpretationen über den Beziehungskontext.

6.3.4 Kommunikation ist ein kooperativer Prozeß

Menschliche Kommunikation ist ein wechselseitiger Prozeß. Bei der Äußerungsplanung berücksichtigt jeder Kommunikationspartner die Intentionen und Erwartungen seines Gegenübers nach Maßgabe seiner eigenen Vorstellungen über ihn. Beide Partner müssen eine hinreichende Einigung über Kommunikationskonventionen erzielen können. Unklarheiten werden in Zusammenarbeit beseitigt. Dabei ist die Fähigkeit zur "Meta"-Kommunikation von essentieller Bedeutung. "Meta"-Kommunikation bedeutet, gemeinsame Verständigungsmittel zur Klärung von Kommunikationsproblemen einzusetzen oder nachträglich herzustellen. Sinnvolle und effektive Kommunikation basiert demnach auf einer Übereinstimmung der jeweiligen Vorstellungen der Kommunikationspartner über den Kommunikationsakt, über die Ziele des Gegenübers und über den gemeinsamen Handlungs-, Konventions- und Beziehungskontext oder zumindest auf der Fähigkeit, Übereinstimmung herzustellen.

Kommunikationsmedien können in unterschiedicher Art und Weise diesen Kooperationsprozeß beeinträchtigen. In der "face to face"-Kommunikation ist die Auswahl an zusätzlichen Verständigungsmitteln sehr groß. Nuancen in der Gestik und der Mimik können z.B. Sympathie und Mitgefühl signalisieren, da der Sender die Vermutung hat, daß der Inhalt seiner Mitteilung vom Empfänger im Moment zu negativ beurteilt oder gar mißverstanden werden könnte. Schwierige Verhandlungen, werden nicht zuletzt deshalb oft mündlich (face to face) geführt, weil durch vertrauliche Gespräche auch sehr hintergründige Zielsetzungen, Vorstellungen und Kommunikationsstrategien der Gesprächspartner ermittelt und berücksichtigt werden können, ohne z.B. in Verhandlungsprotokollen dokumentiert zu werden.

Zusammenfassung

Die menschliche Kommunikation basiert auf einem Austausch von Informationen. Weder das Empfangen von Informationen noch das Senden von Informationen konstituieren für sich genommen einen vollständigen zwischenmenschlichen Kommunikationsakt. Kommunikation dient der Vorbereitung und Überwachung koordinierten Handelns. Sie kann selbst wiederum als Handlung aufgefaßt werden. Die Art der Beziehung zwischen den Kommunikationspartnern liefert entscheidende Hinweise, wie eine bestimmte Mitteilung zu interpretieren ist. Soziale Normen werden durch Kommunikationskonventionen vermittelt. Handlungs-, Beziehungs- und Konventionskontext tragen zusammen zur Regulation des Kommunikationsprozesses bei (vgl. Abb. 6.2). Sie dienen den Kommunizierenden bei der Konstruktion ihrer Vorstellungen über den gesamten sozialen Kontext am Arbeitsplatz. Eine möglichst große Übereinstimmung dieser Kontexte ist für effektives Kommunizieren notwendig. Gegebenenfalls müssen die Kommunikationspartner fehlende Übereinstimmungen kooperativ herstellen.

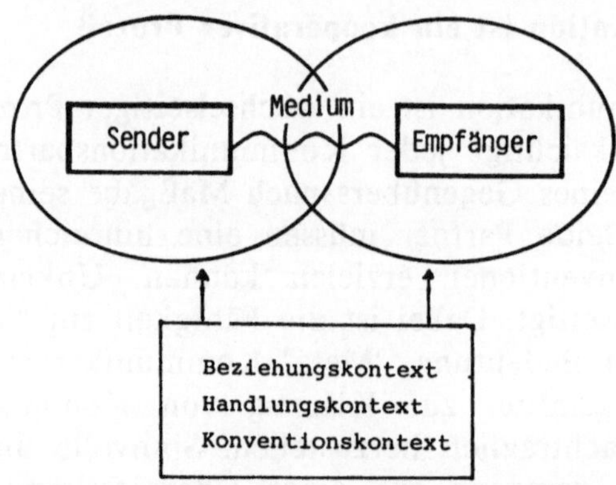

Abb. 6.2: *Kontextüberschneidung bei der Kommunikation*

6.4 Sozialpsychologische Aspekte der computermediierten Kommunikation in Organisationen

Fünfzig Prozent der Aktivitäten von Managern und leitendenden Angestellten befassen sich mit Konferenzen und informellen Gesprächen (vgl. Helander, 1985). Bei der Einführung von elektronischen Kommunikationssystemen am Arbeitsplatz ist es demnach sehr wichtig, rechtzeitig auf Problemfelder aufmerksam zu werden, die z.B. aus veränderten Bedingungen für die Gestaltung der spezifisch menschlichen Interaktion und Kommunikation resultieren. Viele Probleme elektronischer Kommunikation sind in Organisationen bereits erkannt worden, z.B. die enormen Umstellungskosten und der organisatorische Aufwand, Einführungsstrategien, Schulung, Garantie der Privatsphäre, Durchbrechen von Sicherheitskodes, fragliche Authentizität von Nachrichten. Sie sind nicht Gegenstand der nun folgenden Ausführungen. Wir werden uns anhand von Untersuchungsergebnissen und Beispielen mit der Frage beschäftigen, inwieweit das Medium Computer zwischenmenschliche Kommunikation beeinträchtigt bzw. fördert und wie sich das auf die Organisation auswirken könnte.

Aus den uns vorliegenden Untersuchungen lassen sich vier Veränderungsschwerpunkte herausarbeiten:

1. Arbeitsabläufe

2. Kommunikations- und Sozialverhalten

3. Kommunikationsinhalte

4. Entscheidungsfindungsprozeß

6.4.1 Arbeitsabläufe

Bei der Einführung von elektronischen Medien orientieren sich die Mitteilungsplanung und Interpretation an einem Handlungskontext, der üblicherweise noch ohne das Medium Computer geschaffen wurde. So gesehen bietet das neue Medium kurzfristig gesehen einfach einige zusätzliche Möglichkeiten. Man kann z.B. asynchron kommunizieren. Kann ein Mitarbeiter gerade nicht erreicht werden, dann wird eine Sprach- oder Textdatei an seinem Terminal abgelegt und später bearbeitet. Auch ganze Abläufe in Wort und Bild oder Computerprogramme, Dialoge, Grafiken etc. lassen sich problemlos austauschen (vgl. Murrel, 1985).

Neue Kommunikationsmedien können langfristig gesehen auch einen strukturellen Einfluß auf Arbeitsabläufe haben. Hiltz (1982) berichtet in einer Untersuchung über die veränderten Arbeitsgewohnheiten einer Gruppe von Wissenschaftlern, die durch ein elektronisches Konferenzsystem miteinander verbunden wurden. Es zeigte sich, daß die Arbeitsaufgaben stärker durchorganisiert werden mußten, damit die verfügbare Informationsfülle überhaupt genutzt werden konnte. Der Umfang des Informationsaustausches und die Informationsdichte erhöhten sich sehr stark. Der Anteil von nicht direkt auf die jeweilige Arbeitsaufgabe bezogenen Mitteilungen stieg rapide an. Es wurde eine präzisere und umfassendere Selektion des wesentlich umfangreicheren und diversifizierten Mitteilungsangebots notwendig. Die Wissenschaftler waren der Ansicht, daß sich ihre professionelle Perspektive angesichts einer größeren Ideenvielfalt vergrößert habe: "Das Rad muß nicht mehr so oft zweimal erfunden werden." Auf der anderen Seite erhöhte sich der Zeitaufwand für das Studium der eintreffenden Informationen auf Kosten der Zeit, die man mit der Kreation eigener Ideen verwenden konnte.

Räumliche und zeitliche Barrieren werden durch die Unmittelbarkeit elektronischer Kommunikation hinfällig. Das bedeutet auch, daß der Handlungskontext für den Kommunizierenden umfangreicher und komplizierter wird. Dem Kommunizierenden sind wesentlich mehr fachliche Kommunikationspartner direkt zugänglich als bei herkömmlichen Medien. Neue Arbeitsaufgaben fallen an, und die erforderlichen Fähigkeiten bei der Bewältigung umfangreicher Informationen verändern sich. Der Benutzer steht in der Gefahr, den Überblick über die Vielfalt der Einzelteilnehmer, der Gruppen und über mannigfaltige Gegebenheiten der Kommunikationsarchitektur (diverse Datenbanken, Informationsdienste, Bulletin Boards u. dgl.) zu verlieren bzw. seine Aufmerksamkeit auf einen zu stark begrenzten Ausschnitt zu fokussieren. Neuerdings befassen sich Wissenschaftler aus den Bereichen Wirtschaft, Informatik, Psychologie eigens mit diesen Themen. Unter dem Begriff "Computer-Supported Cooperative Work" werden interdisziplinäre Forschungsanstrengungen unternommen, mit dem Ziel, Computerprogramme zu konstruieren, die den Mitarbeiter bei der Kommunika-

tion z.B. mit sehr vielen Fachkollegen aus unterschiedlichen Regionen
unterstützen (vgl. Kasten 6.2).

Kasten 6.2 Computer-Supported Cooperative Work

An dieser Stelle soll ein kurzer Einblick in das noch recht junge For-
schungsgebiet über computerunterstütztes kooperatives Arbeiten gegeben
werden. Exemplarisch wird die theoretische Basis und eine erste empirische
Evaluation für das EDV-gestützte Kooperationsinstrument (The Coordinator) vorgestellt. Eine umfassendere Darstellung der Forschung über
"Computer-Supported Cooperative Work" wird in I. Greif (1988) gegeben.

Winnograd (1987-88) stellt einen Ansatz für die Gestaltung von koopera-
tiven Arbeitsprozessen am Computer vor, der als zentralen Aspekt sogenannte handlungsregulierende Sprachelemente bei der Koordination von
Arbeitstätigkeiten enthält. Was meint er damit?

Eine vorherrschende informationstheoretische Auffassung von koordi-
niertem Handeln in Organisationen beschreibt die maßgeblichen Prozesse so:
Individuen verarbeiten Informationen und treffen daraufhin Entscheidungen. Winnograd versucht das gleiche Phänomen aus einer anderen
Perspektive zu erfassen: Individuen handeln durch Sprache.

Ein Beispiel: Eine Krankenschwester hat die Aufgabe, einem Patienten ein
bestimmtes Medikament zu geben. Sie telefoniert mit der Hausapotheke, um
a) herauszufinden, welche Medikamente erhältlich sind und b) ein Medikament zu bestellen. Aus informationstheoretischer Sicht würde man sich
auf die verfügbaren Informationen und die Entscheidungsregeln für die
Bestellung eines bestimmten Medikaments konzentrieren. Aus der Sprach-
Handlungsperspektive von Winnograd konzentriert man sich auf die Handlung beim Bestellen von Medikamenten und dort insbesondere auf die In-
teraktionsmuster, welche sich aus den notwendigen Handlungsschritten
ergeben: a) Konversation über die Verfügbarkeit von Medikamenten, b)
Konversation, die sich im Zusammenspiel mit dem Bestellungs-Prozedere
ergibt.

Die Sprach-Handlungsperspektive befaßt sich hauptsächlich mit den prag-
matischen Aspekten menschlicher Sprache. Form (Syntax) und Inhalt (Se-
mantik) der Sprache werden nur am Rande berührt. Es geht also im wesentlichen darum, was Individuen bei kooperativem Arbeiten mit Sprache
tun oder andere zu tun veranlassen. Das Handeln drückt sich in der Sprache
z. B. in folgender Weise aus:

Expression: sein eigenes Verhältnis zu einer gegebenen Situation zum Ausdruck bringen (sich entschuldigen, etwas loben).

Direktive: jemanden dazu bringen etwas zu tun, etwa durch eine Frage oder einen Befehl.

Deklaration: die Übereinstimmung zwischen dem Inhalt einer Aussage und der Wirklichkeit feststellen, etwa "hiermit erkläre ich ... zu Mann und Frau".

Sprach-Handlungen sind keine Einzelereignisse. Sie sind Elemente von Interaktionssequenzen oder Konversationen. Konversationsverläufe lassen sich in sogenannten Transitionalen Netzwerken darstellen (vgl. Winnograd & Flores, 1986). Sie veranschaulichen die jeweilige Progression einer handlungsorientierten Konversation, wie sie durch Sprach-Handlungen zum Ausdruck gebracht werden können.

Solche Netzwerke oder besser Konversationsdiagramme verweisen auf bestimmte, innerhalb spezifischer Handlungszusammenhänge durchaus verallgemeinerbare Sprach-Handlungsformen, z.B. Anforderung, Zurückweisung, Versprechen etc. Diese elementaren Beschreibungskomponenten können kombiniert und zu unterschiedlichen Konversationen zusammengefügt werden. Für eine eingehendere Beschreibung der transitionalen Netzwerke bei Konversationen vgl. Winnograd (1987-88) sowie Winnograd und Flores (1986).

Winnograd implementierte nun elementare Sprach-Handlungsformen in ein elektronisches Kommunikationsmediun, so daß die für spezifische Handlungszusammenhänge erforderlichen Konversationen durchgeführt werden können. "The Coordinator" ist eine Software, die auf Basis des Sprach-Handlungsmodells entwickelt wurde. Bei jeder einzelnen Sprach-Handlung wird ein Menü mit weiteren möglichen Sprach-Handlungen offeriert (z.B. Welche Anforderungen liegen vor, welche Arbeiten wurden wem versprochen, welche wurden zurückgewiesen). Die grundlegende Arbeitseinheit im Coordinator ist eine Konversation - keine Mitteilung, wie es in den meisten herkömmlichen Kommunikationstheorien vorgeschlagen wird. Somit können dem Benutzer z.B. noch nicht abgeschlossene Konversationen und damit verbundene Arbeiten sowie Termine automatisch rückgemeldet werden, ohne daß das System in irgendeiner Art und Weise sogenannte "intelligente" Algorithmen enthalten müßte.

Die Effektivität des Coordinator wollten Carasik & Grantham (1988) in einer Projektgruppe erproben. Deren Mitglieder hatten unterschiedliche Arbeitsfunktionen und befanden sich an verschiedenen Orten. Die Ziel-

6.4.2 Kommunikations- und Sozialverhalten

In Computerkonferenzen können Hinweise über Status, Position und
Machtgefüge, wie sie sich bei der "face to face"-Konferenz aus der Klei-
dung, aus räumlichen und personellen Gegebenheiten oder aus Gestik,
Mimik, Habitus und Gruppenverhalten der Gesprächspartner ergeben (vgl.
Edinger & Patterson, 1983) nicht adäquat übermittelt werden. In einigen
Untersuchungen ließ sich feststellen, daß der Mangel an sozialen Kontext-
informationen die Effizienz von Entscheidungsprozessen und die Kom-
munikationsetikette stark beeinflussen kann (vgl. Kasten 6.3.). Z.B. können

einzelne Personen ihre ansonsten gegebene soziale Dominanz nicht so gut
verdeutlichen (Pollack, 1982). Das hat den Vorteil, daß der demokratische
Argumentationswettbewerb in elektronischen Diskussionsrunden stärker
gefördert wird; Minoritäten kommen eher zum Zuge. Auf der anderen Seite
aber fallen in der computermediierten Diskussion im Durchschnitt weniger
Argumente, und die eigene Position wird tendenziell umfangreicher als
erforderlich dargestellt (vgl. Kiesler, Siegel & Mc Guire, 1984).

Kasten 6.3 Untersuchungen an einem Elektronischen Mailing System

Kiesler & Sproull (1986) haben die Mitteilungen und das Kommunikationsverhalten an dem Elektronischen Mailing System einer "fortune 500" Firma
untersucht. Sie kommen zu dem Schluß, daß dieses System nicht nur den
Austausch von Mitteilungen erhöht und beschleunigt, sondern vor allem
auch zu veränderten sozialen Verhaltensweisen führt. Im einzelnen:

Im Elektronischen Mailing System lassen sich sehr wenig Hinweise über den
sozialen Beziehungskontext übermitteln. Das ergibt sich zum einen aus dem
großen Anteil von unpersönlichen Gruppennachrichten oder Postwurfsen-
dungen und zum anderen aus dem relativ zur vorhergehenden Kommunika-
tionsweise gestiegenen Anteil der Kommunikation mit Personen, die man
nicht kennt, somit auch nicht deren Status, Erscheinung oder Persönlichkeit.

Das Verhalten der Benutzer am Elektronischen Mailing System ist gemessen
an den im Verglich zu vorher bestehenden Kommunikationsverhältnissen
sehr selbstbezogen. Das zeigt sich z.B. darin, daß eine deutliche Über-
schätzung der Anzahl eigener Mitteilungen und eine Unterschätzung des
Mitteilungsumfanges von anderen an der Kommunikation im Netz vorliegt.
Darüberhinaus unterschätzen die Teilnehmer den Anteil der Gruppennachrichten. In Dialogaufzeichnungen konnte aufgezeigt werden, daß in hohem
Maße sachliche Anfragen persönlich und selbstbezogen beantwortet wurden.

In dem von Kiesler & Sproull (1986) untersuchten System ist es nicht
vorgesehen, Mitteilungen nach Status und Position der Benutzer zu diffe-
renzieren. Z.B. unterscheiden sich die Mitteilungen der Vorgesetzten
und/oder Manager in Form, Anrede, sozialen Hinweisen etc. nicht von
denen der Untergebenen. Interessant ist die Beobachtung, daß das Elektronische Mailing System bevorzugt für die Kommunikation mit Vorgesetzten genutzt wird, weniger gern für die Kommunikation mit Untergebenen.
Das ergibt sich wahrscheinlich aus der neuartigen Gleichheit beim Zugang
zu diesem Medium, denn Vorgesetzte sind "face to face" nicht so leicht zu
erreichen wie Untergebene. Ein anderer Grund könnte darin bestehen, daß
Untergebene gerne auf Hinweise auf Status und Position verzichten, wenn

Fortsetzung
Kasten 6.3: Untersuchungen an einem Elektronischen Mailing System

sie mit Vorgesetzten kommunizieren, aber solche Hinweise gerne benutzen,
wenn sie wiederum mit ihren Untergebenen kommunizieren. Daher wählen
sie einen Kommunikationskanal, der diesem Bedürfnis angemessen ist.

Das Kommunikationsverhalten am Elektronischen Mailing System ist relativ
stark enthemmt (engl. uninhibited). Überschreitungen üblicher sozialer
Normen treten häufig auf. Es wird das sogenannte "flaming" (Vulgäraus-
drücke und stark emotionales Engagement in geschriebenen Texten) im
Durchschnitt ca. achtmal häufiger in den elektronischen Textmitteilungen
beobachtet als in der "face to face"-Kommunikation (vgl. Kiesler et al.,
1984). Ein weiteres Indiz für eine zunehmende Enthemmung bei der Benutzung von Elektronischen Mailing Systemen ist die gesteigerte Bereitschaft,
auch schlechte Nachrichten und negative Informationen mitzuteilen. Solche
Mitteilungen wurden zuvor eher per Brief oder Dienstweg erledigt - oder
tendenziell vermieden.

6.4.3   Kommunikationsinhalte

Eine veränderte Verteilung von Kommunikationsinhalten bei elektronischen
Kommunikationsmedien im Vergleich zu herkömmlichen Medien läßt sich
aufzeigen. Z.B. waren in der Studie von Kiesler & Sproull (1986) ca. 40%
der elektronischen Mitteilungen überhaupt nicht auf die Arbeit bezogen
(Filmkritiken, Hinweise über Club-Treffen, Kochrezepte, selbst Hinweise,
wie man eine zweite Hypothek auf sein Gehalt bekommen konnte, waren in
Protokollen zu finden). Leider konnten Kiesler und Sproull keine Ver-
gleichsdaten auf Basis der Mitteilungsverteilung ohne elektronisches
Kommunikationsmedium berichten. Bei einer anschließenden Befragung
zeigte sich aber, daß ca. 62% aller Mitteilungen nicht mit einem anderen
Medium als mit dem elektronischen übertragen worden wären. Der Haupt-
anteil dieser Mitteilungen war wiederum nicht auf die Arbeit bezogen.
Interessant ist dann noch die Tatsache, daß der Löwenanteil neuartiger
Mitteilungen an Personen übermittelt wurde, die dem Sender gar nicht
bekannt waren. Das ergibt sich z.B. aus der Nutzung von Gruppenmittei-
lungen, z.B. Verkaufsangebote, Babysitter-Nachfragen, aber auch Berichte
über Konferenzen, Anfragen zu Ideen für neue Produkte oder zur Benutzung von bestimmten neuen Softwareprodukten.[2]

---

[2] "Aufheiterungsprogramme" des Typus "Joke" oder "Fortune Cookie" erfreuen sich z.B im
Computernetzwerk der Carnegie Mellon Universität größter Beliebtheit. Das Witzeprogramm
"Joke" wurde ca. 150mal pro Tag aufgerufen, das Tageshoroskop "Fortune Cookie" kam ca.
2300mal pro Tag zum Einsatz (vgl. Kiesler & Sproull, 1986).

6.4.4 Entscheidungsfindungs- und Problemlösungsprozeß

Bei einem Vergleich von "face to face"-Kommunikation, elektronischem Mailing und Computer Konferenz (via Text) wurden Effizienz, Partizipation, soziale Verhaltensvariablen, und Gruppenentscheidung untersucht (vgl. Siegel, Dubrovsky, Kiesler, McGuire, 1986). Generell ließ sich aufzeigen, daß computermediierte Kommunikation zu weniger Bemerkungen (Mitteilungen) innerhalb des Entscheidungsfindungsprozesses führt, mehr Zeitbedarf für eine Gruppenentscheidung benötigt wird und eine stärker gleichberechtigte Partizipation der Einzelteilnehmer vorliegt. Die Gruppenentscheidungen entfernen sich während der computermediierten Kommunikation im Durchschnitt weiter von den ursprünglichen Meinungen der Einzelteilnehmer als in der "face to face"-Kommunikation. Es kommt also zu stärkeren Meinungsverschiebungen beim einzelnen Diskussionsteilnehmer.

Ochsman & Chapanis (1974) haben den Problemlöseprozeß (ein Bestandteil des Entscheidungsfindungprozesses) bei verschiedenen Kommunikationsmedien untersucht. Bei akkustischen Übertragungssystemen (Telefon oder Video) waren die Problemlösezeiten vergleichbar mit der "face to face"-Kommunikation. Die gesprochene Sprache zeichnet sich im Gegensatz zu geschriebener Kommunikation durch einen bis zu zehnmal größeren Wortumfang und durch eine "schludrigere" Handhabung bei der syntaktischen und semantischen Gestaltung der Mitteilungen aus. Der Problemlöseprozeß durch Austausch von geschriebenen Mitteilungen dauert ca. zweimal solange wie bei der fernmündlichen Kommunikation. Die geschriebenen Sätze einzelner Mitteilungen waren länger als die gesprochenen Sätze. Schreibmaschinenkenntnisse haben keine Wirkung auf die Problemlösezeit.

Der akustische Kanal ist für Problemlöseprozesse, die viele Interaktionen erfordern, am besten geeignet. Bei Befragungen wurde angegeben, daß die "face to face"-Kommunikation notwendig wird, wenn komplexe Probleme, insbesondere mit fremden Gesprächspartnern, behandelt werden und/oder wenn sensitive Themen anstehen, z.B. Verhandlungen, Grundsatzentscheidungen u.ä. (vgl. dazu auch Picot & Reichwald 1984, S. 46 ff).

6.5 Zusammenfassung

Es sollte aufgezeigt werden, daß im Zusammenhang mit dem Gebrauch von elektronischen Medien neuartige Arbeitsabläufe zu erwarten sind, daß sich soziale Verhaltensweisen, Entscheidungsfindungs- und Problemlösungsprozesse verändern und neuartige Kommunikationsinhalte entstehen.

Einerseits schaffen die umfangreichen Möglichkeiten zum Einholen von Ideen und Kommentaren neue Ressourcen für das Brainstorming, auf der anderen Seite verdeutlicht sich tendenziell eine Zunahme des zu bearbeitenden Informationsumfangs. Das hat einen erhöhten Selektionsaufwand und oft auch zusätzliche Arbeitsaufgaben zur Folge.

Elektronische Textsysteme als Kommunikationsmedium unterbinden die Übermittlung von sozialen Hinweisinformationen und schaffen somit große Spielräume bei der Interpretation des Beziehungskontextes, die teilweise durch egozentrische Vorstellungen der jeweiligen Benutzer ausgefüllt werden. Die "intime" Atmosphäre und das Gefühl der Anonymität, welche durch einen Mangel an sichtbaren Kommunikationskonventionen entstehen, fördern egozentrische Normüberschreitungen. Das wiederum beeinflußt die Kommunikationsetikette beim Umgang mit elektronischen Medien.

Neuartige Mitteilungen lassen sich mit elektronischen Kommunikationsmedien übermitteln. Einerseits fördert dies die Ideenvielfalt und die - oft auch fachübergreifende - Beschäftigung mit den Arbeitsinhalten. Auf der anderen Seite ist eine Überbelastung durch die gesteigerte Informationsfülle zu erwarten. Ein Großteil der neuartigen Mitteilungen bezieht sich auf private Belange der Anwender.

Auch die Art der Problemlöseprozesse und der Entscheidungsfindung in Gruppen wird von elektronischen Kommunikationsmedien beeinflußt. Dieser Einfluß vermittelt sich wiederum über den veränderten Kommunikationskontext der Gruppenmitglieder. Wie sich dieser Einfluß im einzelnen auf spezifische Problemlösungen und Entscheidungen auswirkt, sollte näher untersucht werden, insbesondere bei risikoreichen und sensiblen Entscheidungen.

Die Haltung gegenüber der computermediierten Kommunikation in Organisationen ist tendenziell positiv. Voraussichtlich werden sich immer mehr elektronisch kommunizierende Arbeitsgruppen entwickeln. Diese werden neuartige Informationen austauschen, es werden alte Gruppenzusammensetzungen zugunsten neu entstehender an Bedeutung verlieren. In diesen neuen Gruppen werden neue Wege sozialer Interaktion beschritten werden. Unserer These am Beginn dieses Kapitels folgend wird sich die Arbeitsorganisation ebenfalls verändern. Darin verdeutlicht sich die Dringlichkeit und Wichtigkeit der Analyse sozialer Effekte, die aus neuen Kommunikationstechnologien resultieren.

Die Entwicklungsmöglichkeiten der Computertechnologie übersteigen derzeit noch unsere Fähigkeiten, ihre kurzfristigen und langfristigen Effekte auf die soziale Wirklichkeit sorgfältig zu analysieren und im vorhinein zu verstehen. Insgesamt fällt es schwer anzunehmen, daß unser Verständnis über die sozialen Auswirkungen der Computertechnologie ausreichend sein wird, bevor bereits unpassende Entscheidungen getroffen wurden. Deshalb sollten technische Neuerungen weder mit Eile noch unter Ausschluß von Reversibilität eingeführt werden.

Literaturverzeichnis

Ackermann, D., & Nievergelt, J. (1985). Die Fünf-Finger-Maus: Eine Fallstudie zur Synthese von Hardware, Software und Psychologie. In H.-J. Bullinger (Ed.), *Software-Ergonomie '85* (S. 376 - 385). Stuttgart: Teubner.

Ackermann, D., & Ulich, E. (1987). On the question of possibilities and consequences of individualisation of human-computer interaction. In M. Frese, E. Ulich, & W. Dzida (Eds.), *Psychological issues of human computer interaction in the work place* (S. 131 - 145). Amsterdam: North-Holland.

Agervold, M. (1987). New technology in the office: attitudes and consequences. *Work & Stress, 1*, 143 - 153.

Åkerstedt, T., & Torsvall, L. (1978). Experimental changes in shiftwork: Their effects on well-being. *Ergonomics, 21*, 849 - 856.

Algera, J. A., Koopman, P. L., & Vijlbrief, H. P. J. (1986). *Management strategies adapting organizations to new technologies* (Paper prepared for the IAAP 21st International Congress of Applied Psychology). Jerusalem.

Alioth, A. (1980). *Entwicklung und Einführung alternativer Arbeitsformen*. Huber: Bern.

Altmann, A. (1987). Direkte Manipulation: Empirische Befunde zum Einfluß der Benutzeroberfläche auf die Erlernbarkeit von Textsystemen. *A & O. Zeitschrift für Arbeits- und Organisationspsychologie, III*, 108 - 114.

Alty, J. L., & Coombs, M. J. (1980). Face-to-face guidance of university computer users I. A study of advisory services. *International Journal of Man-Machine Studies, 12*, 389 - 404.

Anderson, J. R. (1983). *The architecture of cognition*. Cambridge/ Mass. Harvard University Press.

Argyle, M. (1972). *Soziale Interaktion*. Köln: Kiepenheuer & Witsch.

Arnold, F. (1981). *Feldeinrichtungen der öffentlichen Fernmeldenetze*. Heidelberg, Hamburg.

Aschersleben, G., Gstalter, H., Kaiser, F., Strube, V., & Zang, B. (im Druck). *Prototyping als Verfahren zur Software-Entwicklung - Literaturliste und Expertengespräche*. TU München (Lehrstuhl für Psychologie).

Ausubel, D. P. (1974). *Psychologie des Unterrichts* (Band 1). Weinheim: Beltz.

Balzert, H. (1987). Gestaltungsziele der Software-Ergonomie. Versuch eines neuen, umfassenden Ansatzes. In W. Schönpflug & M. Wittstock (Eds.), *Software-Ergonomie '87* (S. 477 - 488). Stuttgart: Teubner.

Bannon, L. J. (1986). Helping users help another. In D. A. Norman & S. W. Draper (Eds.), *User centered system design*. Hillsdale, NJ: Erlbaum.

Baroudi, J. J., Olson, M.H., & Ives, B. (1986). An empirical study of the impact of user involvement on system usage and information satisfaction. *Communications of the ACM, 29*, 232 - 242.

Bednarek, E. (1988). Lernstatt und Qualitätszirkel - Modelle der Organisationsentwicklung. In F. Ruppert & E. Frieling (Eds.), *Psychologisches Handeln in Betrieben und Organisationen. Aktuelle Aufgaben in Fallbeispielen* (S. 147 - 163). Bern: Huber.

Benda, H. v. (1986). *Leitfaden zur benutzergerechten Gestaltung der Dialogschnittstelle für Bildschirmarbeitsplätze von Sachbearbeitern in Büro und Verwaltung.* Hamburg: Stollmann.

Benda, v. H., Jamnig, S., & Staufer, M. (im Druck). *Ältere Arbeitnehmer und neue Informationstechnik.*

Benz-Overhage, K., Brunlop, E., Freyberg, T. v., & Papadimitriou, Z. (1983). *Computergestützte Produktion.* Frankfurt: Campus.

Berkman, L. F., & Syme, S. L. (1979). Social networks, host resistance and mortality: A nine-year follow-up study of Alameda County residents. *American Journal of Epidemiology, 109,* 186 - 204.

Bichler, S. (1988). *Fehlerbehandlung bei Handbüchern.* Unveröff. Diplomarbeit. München: Institut für Psychologie.

Bikson, T. K. &. G., B.A. (1983). Advanced office systems: An empirical look at use and satisfaction. *AFIPS Conference Proceedings of the National Computer Conference* (S. 319 - 328).

Björn-Andersen, N. (1985). Training for subjection or participation. In B. Shackel (Ed.), *Human-computer interaction* (S. 839 - 846). Amsterdam: Elsevier.

Björn-Andersen, N., Eason, K., & Robey, D. (1986). *Managing computer impact: An international study of management and organization.* Norwood, New Jersey: Ablex.

Björn-Andersen, N., & Kjaergaard, D. (1987). Choices en route to the office of tomorrow. In R. E. Kraut (Ed.), *Technology and the transformation of white-collar work* (S. 237 - 251). Hillsdale: Erlbaum.

Björn-Andersen, N., & Rasmussen, L. B. (1980). Sociological Implications of Computer Systems. In H. T. Smith & T. R. G. Green (Eds.), *Human Interaction with Computers* (S. 97 - 123). London, New York, Toronto, San Francisco: Academic Press.

Blauner, R. (1964). *Alienation and freedom: The factory worker and his industry.* Chicago: The University of Chicago Press.

BMFT (1980). *Technischer Fortschritt: Auswirkungen auf Wirtschaft und Arbeitsmarkt.* Bonn: Bundesministerium für Forschung und Technologie (BMFT).

Boddy, D., & Buchanan, D. A. (1982). Information technology and the experience of work. In L. Bannon, U. Barry, & O. Holst (Eds.), *Information technology.* Dublin: Tycooly International.

Boecker, H. D., Fischer, G., & Nieper, H. (1986). The enhancement of understanding through visual representations. *Proceedings of the CHI '86 conference on human factors in computing systems* (S. 44 - 50). Boston.

Boucsein, W. (1987). Psychophysiological investigation of stress induced by temporal factors in human-computer interaction. In M. Frese, E. Ulich, & W. Dzida (Eds.), *Psychological issues of human-computer interaction in the work* place (S. 163 - 181). Amsterdam: North-Holland.

Boucsein, W., Greif, S., & Wittekamp, J. (1984). Systemresponsezeiten als Belastungsfaktor bei Bildschirm-Dialogtätigkeiten. *Zeitschrift für Arbeitswissenschaft, 38,* 113 - 122.

Branscomb, L. M., & Thomas, J. C. (1984). Ease of use: A system design challenge. *IBM Systems Journal, 23,* 224 - 235.

Brodbeck, F. (1987). *Lernen mit dem Computer. Empirische Untersuchung lernregulativer Verhaltensweisen an einem interaktiven Lernprogramm.* Unveröff. Diplomarbeit. München: Institut für Psychologie.

Brodbeck, F., Prümper, J., & Zapf, D. (in Vorbereitung). *Was denken Experten über Benutzerfehler in der Mensch-Computer Interaktion?* Universität München, Projekt FAUST.

Bruner, J. S. (1960). *The process of education.* Cambridge, Mass.: Harvard University Press.

Buchanan, D. A., & Boddy, D. (1982). Advanced technology and the quality of working life: The effects of word processing on video typists. *Journal of Occupational Psychology, 55*, 1 - 11.

Budde, R., Kuhlenkamp, K., Mathiassen, L., & Züllighoven, H. (1984). *Approaches to prototying.* Berlin: Springer.

Bullen, C. V., Bennett, J.L., & Carlson, E. D. (1982). A case study of office workstation use. *IBM System Journal, 21*, 351 - 369.

Bullinger, H.-J. (Hg.) (1985). *Software-Ergonomie '85.* Stuttgart: Teubner.

Cakir, A. (1981). Zwei besondere Probleme des modernen Büros: Bildschirmarbeit und Zeitdruck. Belastung und Beanspruchung bei Bildschirmtätigkeiten. In M. Frese (Ed.), *Streß im Büro* (S. 46 - 71). Bern: Huber.

Cakir, A. (1986). Towards an ergonomic design of software. *Behaviour and Information Technology, 5*, 63 - 70.

Cakir, A., Hart, D. D., & Stewart, T. F. M. (1980). *Bildschirmarbeitsplätze. Ergonomie, Arbeitsplatzgestaltung, Gesundheit und Sicherheit, Aufgabenorganisation.* Berlin, Heidelberg, New York: Springer.

Carasik, R. P., & Grantham, C. E. (1988). A Case Study of CSCW in a Dispersed Organization. In E. Soloway, D. Frye, & S.B. Sheppard (Eds.), *Proceedings of the CHI '88 conference on human factors in computing systems* (S. 61 - 65). Washington: Edison Wesley Publishing Company.

Card, S. K., Moran, T. P., & Newell, A. (1983). *The psychology of human-computer interaction.* Hillsdale, N.J.: Erlbaum.

Carroll, J. M. (1982). The adventure of getting to know a computer. *Computer Magazine, November,* 49 - 57.

Carroll, J. M. (1984). *Mental models and software human factors: An overview* (Research Report RC 10616 (# 47016) Computer Science/Cognition , 1 - 13).

Carroll, J. M., & Carrithers, C. (1984). Training wheels in a user interface. *Communications of the ACM, 27*, 800 - 806.

Carroll, J. M., & Mack, R. L. (1983). Actively learning to use a word processor. In W. E. Cooper (Ed.), *Cognitive aspects of skilled typewriting.* New York: Springer.

Carroll, J. M., & Mack, R. L. (1984). Learning to use a word processor: By doing, by thinking, and by knowing. In J. C. Thomas & M. L. Shneider (Eds.), *Human factors in computing systems* (S. 13 - 52). Norwood, New Jersey: Ablex.

Carroll, J. M., & Mack, R. L. (1985). Metaphor, computing systems, and active learning. *International Journal of Man-Machine Studies, 22*, 39 - 57.

Carroll, J. M., Mack, R. L., & Robertson, S. R. (1985). Exploring exploring a word processor. *Human Computer Interaction, 1*, 283 - 307.

Carroll, J. M., & Mazur, S. A. (1985). *Lisa Learning.* Yorktown: IBM Watson Research Center RC 11427.

Carroll, J. M., & Rosson, M. B. (1984). *Usability specifications as a tool in iterative development* (RC 10437). Yorktown Heights, New York: IBM Watson Research Center.

Carroll, J. M., Smith-Kerker, P. L., Ford, J. R., & Mazur, S. A. (1986). The minimal manual. Research Report (RC 11637). IBM Watson Research Center. Yorktown.

Cobb, S. (1977). Social support as a moderator of life stress. *Psychosomatic Medicine, 38*, 300-314.

Cobb, S., & Kasl, S. V. (1977). *Termination: The consequences of job loss.* NIOSH Research Report, (76 - 1261). Washington, D.C.: U.S. Department of Health, Education, and Welfare.

Coch, L., & French, J. R. P. (1948). Overcoming resistance to change. *Human Relations, 19*, 39 - 56.

Coe, J. B., Cuttle, K., McClellon, W. C., Warden, N. J., & Turner, P. (1980). *Visual display units: A review of potential problems associated with their use*. Wellington, New Zealand: Occupational Health and Toxicology Branch. Division of Public Health, Department of Health.

Cole, W. G. (1986). Medical cognitive graphics. *Proceedings of the CHI '86 conference on human factors in computing systems* (S. 91 - 95). Boston.

Coombs, M. J., & Alty, J. L. (1980). Face-to-face guidance of university computer users II. Characterizing advisory interactions. *International Journal of Man-Machine Studies, 12*, 407 - 429.

Coombs, M. J., & Alty, J. L. (1984). Expert systems: an alternative paradigm. *International Journal of Man-Machine Studies, 20*, 21 - 43.

Cuff, R. N. (1980). On casual users. *International Journal of Man-Machine Studies, 12*, 163 - 187.

Daft, R. L., &. Weick, K. E. (1984). Toward a model of organizatons as interpretation systems. *Academy of Management Review, 9*, 284 - 295.

Dainhoff, M. J. (1982). Occupational stress factors in visual display terminal (VDT) operation: A review of empirical research. *Behaviour and Information Technology, 1*, 141 - 176.

Dainhoff, M. J., Happ, A., & Crane, P. (1981). Visual fatigue and occupational stress in VDT operators. *Human Factors, 23*, 421 - 438.

Dance, F. E. (1970). The concept of communication. *The Journal of Communication, 20*, 201-210.

Davis, E. G., & Swezey, R. W. (1983). Human factors guidelines in computer graphics: a case study. *International Journal of Man-Machine Studies, 18*, 113 - 133.

Dean, M. (1982). How a computer should talk to people. *IBM System Journal, 21*, 424 - 453.

De Brabander, B., Van Lommel, E., Deschoolmeester, D., & Leyder, R. (1981). The impact of computer-use on organisation structure. In B. Shackel (Ed.), *Man-Computer Interaction* (S. 424 - 453). Dordrecht: Sigthoff & Noordhoff.

Deserno, B. (1988). *Erweiterte Wirtschaftlichkeit: Folgekosten der Arbeitsbedingungen*. 34 Arbeitswissenschaftlicher Kongreß, Aachen.

DIN 66 234. Normenausschuß Informationsverarbeitungssysteme (NI) (1988). *Bildschirmarbeits-plätze. Grundsätze der Dialoggestaltung*. Berlin: Deutsches Institut für Normung e. V.; Beuth-Verlag.

Döbele-Berger, C., Martin, H., & Martin, P. (1984). *Gestaltung von Bildschirmmasken: Ableitung einer Checkliste*. Kassel: Gesamthochschule.

Douglas, S. A., & Moran, T. P. (1983). Learning text editor semantics by analogy. *Proceedings of the CHI '83 conference on human factors in computing systems* (S. 207 - 211). Boston.

Dumais, S. T., & Jones, W. P. (1985). A comparison of symbolic and spatial filing. *Proceedings of the CHI '85 conference on human factors in computing systems* (S. 127 - 130). San Francisco.

Dunckel, H., & Resch, M. (1987). *Computer für den Menschen*. Köln: Bund-Verlag.

Dunckel, H., & Zapf, D. (1986). *Psychischer Streß am Arbeitsplatz. Belastungen, gesundheitliche Folgen, Gegenmaßnahmen*. Köln: Bund-Verlag.

Dunnette, M. D. (1976). *Handbook of industrial and organizational psychology*. Chicago: Rand McNally.

Dutke, S., & Schönpflug, W. (1987). When the introductory period is over: learning while doing one's job. In M. Frese, E. Ulich, & W. Dzida (Eds.), *Psychological issues of human-computer interaction in the work place* (S. 295 - 310). Amsterdam: North-Holland.

Dutke, S., & Streitz, N. (1987). *Handbücher und Dokumentationen als Gegenstand der Kognitiven Ergonomie: Nicht mehr oder wieder aktuell?* (Abschlußbericht der 7. Mensch-Maschine Kommunikation Tagung vom 15. - 18. November in Peiting).

Dzida, W. (1985). Ergonomische Normen für die Dialoggestaltung. Wem nützen die Gestaltungs-grundsätze im Entwurf DIN 66 234„ Teil 8. In H.-J. Bullinger (Ed.), *Software-Ergonomie '85* (S. 430 - 444). Stuttgart: Teubner.

Dzida, W. (1987). On tools and interfaces. In M. Frese, E. Ulich, & W. Dzida (Eds.), *Psychological issues of human-computer interaction in the work place* (S. 339 - 355). Amsterdam: North-Holland.

Edinger, J. A., & Patterson, M. L. (1983). Nonverbal involvement and social control. *Psychological Bulletin, 93(1)*, 36 - 56.

Ellis, P. (1984). Office planning and design: the impact of organizational change due to advanced information technology. *Behavior and Information Technology, 3*, 221 - 233.

Emery, F., & Thorsrud, E. (1982). *Industrielle Demokratie. Bericht über das norwegische Programm der industriellen Demokratie.* Bern: Huber.

Emery, F. E., & Trist, E. L. (1969). Socio-technical systems. In F. E. Emery (Ed.), *Systems thinking.* London: Pergamon.

Engel, S., & Granada, R. (1975). *Guidelines for man/display interfaces.* New York: IBM Technical Report TR 00.2720.

Fähnrich, K.-P., & Ziegler, J. (1985). Direkte Manipulation als Interaktionsform an Arbeitsplatz-rechnern. In H.-J. Bullinger (Ed.), *Software-Ergonomie '85* (S. 75 - 85). Stuttgart: Teubner.

Feigenbaum, E.A., & McCorduck (1984). *The fifth generation: Artificial intelligence and Japan's computer challenge to the world.* New York: Signet.

Festinger, L. (1950). Informal social communication. *Psychological Review, 57*, 271 - 282.

Fitter, M., & Sime, M. (1980). Creating responsive computers: Responsibility and shared decision-making. In H. T. Smith & T. R. G. Green (Eds.), *Human-interaction with computers* (S. 39 - 65). London, New York:.

Floyd, C. (1984). A systematic look at prototyping. In R. Budde, K. Kuhlenkamp, L. Mathiasen, & H. Züllighoven (Eds.), *Approaches to prototyping* (S. 1 - 18). Berlin, Heidelberg, New York: Springer.

Frei, F. (1984). Partizipative Arbeitsgestaltung und Automatisierung: Einige Fallstricke. *Zeitschrift für Arbeitswissenschaft, 38*, 65 - 71.

Frese, M. (1981). *Stress im Büro.* (Schriftenreihe zur Arbeitspsychologie, Nr. 34). Bern, Stuttgart, Wien: Huber.

Frese, M. (1983). Der Einfluß der Arbeit auf die Persönlichkeit. Zum Konzept des Handlungsstils in der beruflichen Sozialisation. *Zeitschrift für Sozialisationsforschung und Erziehungssoziologie, 3*, 11 - 28.

Frese, M. (1984). Transitions in jobs, occupational socialization and strain. In V. Allen & E. V. D. Vliert (Eds.), *Role transitions: Explorations and explanations* (S. 239 - 253). New York: Plenum Press.

Frese, M. (1985). Stress at work and psychosomatic complaints: A causal interpretation. *Journal of Applied Psychology, 70*, 314 - 328.

Frese, M. (1987). A theory of control and complexity: Implications for software design and integra-tion of computer systems into the work place. In M. Frese, E. Ulich, & W. Dzida (Eds.), *Psychological issues of human-computer interaction at the work place* (S. 313 - 337). Amsterdam: North-Holland.

Frese, M. (im Druck). Theoretical models of control and health. In S. L. Sauter, J. J. Hurrell, & C. L. Cooper (Eds.), *Job control and worker health.* Chichester: Wiley.

Frese, M., Albrecht, K., Altmann, A., Lang, J., Papstein, P. v., Peyerl, R., Prümper, J., Schulte-Göcking, H., Wankmüller, I., & Wendel, R. (1988). The effects of an active development of the mental model in the training process: Experimental results on a word processing system. *Behaviour and Information Technology*, 7, 295 - 304.

Frese, M., & Altmann, A. (im Druck). The treatment of errors in learning and training. In L. Brainbridge & S. A. Ruiz Quintanilla (Eds.), *Developing skills with information technology*. Chichester, Wiley.

Frese, M., Brodbeck, F., Heinbokel, T., Mooser, C., Schleifenbaum, E., & Thiemann, P. (in Vorbereitung). *Errors in training computer skills: On the positive function of errors*. Universität München.

Frese, M., & Greif, S. (1978). "Humanisierung der Arbeit" und Stresskontrolle. In M. Frese, S. Greif, & N. Semmer (Eds.), *Industrielle Psychopathologie* (S. 216 - 231). Bern: Huber.

Frese, M., Greif, S., & Semmer, N. (Eds.) (1978). *Industrielle Psychopathologie*. Bern: Huber.

Frese, M., & Peters, H. (1988). Zur Fehlerbehandlung in der Software-Ergonomie: Theoretische und praktische Überlegungen. *Zeitschrift für Arbeitswissenschaft, 42 (14NF)*, 9 - 18.

Frese, M., & Sabini, J. (Eds.) (1985). *Goal directed behavior: The concept of action in psychology*. Hillsdale: Erlbaum.

Frese, M., Saupe, R., & Semmer, N. (1981). Stress am Arbeitsplatz von Schreibkräften. Vergleich zweier Stichproben. In M. Frese (Ed.), *Stress im Büro*. Bern: Huber.

Frese, M., Schulte-Göcking, H., & Altmann, A. (1987). Lernprozesse in Abhängigkeit von der Trainingsmethode, von Personenmerkmalen und von der Benutzeroberfläche (direkte Manipulation vs. konventionelle Interaktion). In W. Schönpflug & M. Wittstock (Eds.), *Software-Ergonomie '87*. Stuttgart: Teubner.

Frese, M., & Semmer, N. (1986). Shiftwork, stress, and psychosomatic complaints: A comparison between workers in different shiftwork schedules, non-shiftworkers, and former shiftworkers. *Ergonomics, 29*, 99 - 114.

Frese, M., Stewart, J., & Hannover, B. (1987). Goal-orientation and planfulness: Action styles as personality concepts. *Journal of Personality and Social Psychology, 52*, 1182-1194.

Frese, M., Ulich, E., & Dzida, W. (Eds.) (1987). *Psychological issues of human-computer interaction at the work place*. Amsterdam: North-Holland.

Frese, M., & Zapf, D. (1987a). Die Einführung von neuen Techniken am Arbeitsplatz verändert Qualifikationsanforderungen, Handlungsspielraum und Stressoren kaum: Ergebnisse einer Längsschnittuntersuchung. *Zeitschrift für Arbeitswissenschaft, 41 (13 NF)*, 7 - 14.

Frese, M., & Zapf, D. (1987b). Eine Skala zur Erfassung von sozialen Stressoren am Arbeitsplatz. *Zeitschrift für Arbeitswissenschaft, 41 (13 NF)*, 134 - 142.

Frieling, E. (1975). *Psychologische Arbeitsanalyse*. Stuttgart: Kohlhammer.

Gasser, L. (1986). The Integration of Computing and Routine Work. *ACM Transactions on Office Information Systems, 4*, 205 - 225.

Gaylin, K. B. (1986). How are windows used? Some notes on creating an empirically-based windowing benchmark task. *Proceedings of the CHI '86 conference on human factors in computing systems* (S. 96 - 100). Boston.

Gentner, D., & Stevens, A. L. (Eds.) (1983). *Mental models*. Hillsdale: Erlbaum.

Gloy, K. (1975). *Sprachnormen I*. Stuttgart: Frommann-Holzboog.

Göransson, B., Lind, M., Pettersson, E., Sandblad, B., & Schwalbe, P. (1987). The interface is often not the problem. *Proceedings of the CHI '87 conference on human factors in computing systems* (S. 133 - 136). Toronto.

Gorny, P. (1984). Zur Manipulation visueller Information. In H. Schauer & M. J. Tauber (Eds.), *Psychologie der Computerbenutzung* (S. 55 - 88). Wien: Oldenbourg.

Gottschall, K., Mickler, O., & Neubert, J. (1985). *Computerunterstützte Verwaltung*. Frankfurt: Campus.

Gould, J. D., Alfaro, L., Finn, R., Haupt, B., Minuto, A., & Salaun, J. (1987). Why reading was slower from crt displays than from paper. *Proceedings of the CHI '87 conference on human factors in computing systems* (S. 7 - 11). Toronto.

Gould, J. D., & Lewis, C. (1983). Designing for Usability - Key Principles and What Designers Think. *Proceedings of the CHI '83 conference on human factors in computing systems* (S. 50 - 53). Boston.

Gould, J. D., Lewis, C., & Barnes, V. (1985). Effects of cursor speed on text-editing. *Proceedings of the CHI '85 conference on human factors in computing systems* (S. 7- 10). San Francisco.

Greif, I. (Ed.) (1988). *Computer-supported cooperative work: A book of readings*. San Mateo: Morgan Kaufman Publishers.

Greif, S. (1978). Intelligenzabbau und Dequalifizierung durch Industriearbeit? In M. Frese, S. Greif, & N. Semmer (Eds.), *Industrielle Psychopathologie* (S. 232 - 256). Bern: Huber.

Greif, S. (1986). *Neue Kommunikationstechnologien - Entlastung oder mehr Streß? Beschreibung eines Computer-Trainings zur "Streß-Immunisierung"*. In K.-K. Pullig, U. Schäkel, & J. Scholz (Eds.), Reihe Betriebliche Weiterbildung (Band 8). Hamburg: Windmühle.

Greif, S. (1987). Humanisierung des Arbeitslebens und Sozialpsychologie. In J. Schultz-Gambard (Ed.), *Angewandte Psychologie. Konzepte, Ergebnisse, Perspektiven* (S. 169 - 185). München-Weinheim: Psychologie Verlags Union.

Greif, S., & Gediga, G. (1987). Problems and perspectives of GOMS and keystroke-level models. In M. Frese, E. Ulich, & W. Dzida (Eds.), *Psychological issues of human-computer interaction at the work place* (S. 357 - 377). Amsterdam. North- Holland.

Greif, S., & Janikowski, A. (1987). Aktives Lernen durch systematische Fehlerexploration oder programmiertes Lernen durch Tutorials? *Zeitschrift für Arbeits- und Organisationspsychologie, 33 (NF 5)*, 94 - 99.

Greif, S., Semmer, N., & Bamberg, E. (Eds.) (im Druck). *Psychischer Stress am Arbeitsplatz*. Göttingen, Hogrefe.

Grochla, E. (1973). *Handwörterbuch der Organisation*. Stuttgart: Poeschel.

Gunnarson, E. (1984). The impact of organizational factors on visual strain in clerical VDT work. In B. G. F. Cohen (Ed.), *Human aspects in office automation* (S. 43 - 63). Amsterdam: Elsevier.

Hacker, W. (1983). Psychische Beanspruchung bei Text- und Datenverarbeitungstätigkeiten an Bildschirmgeräten: Ermittlung und Gestaltung. *Zeitschrift für Psychologie, Supplement 5*, 24 - 41.

Hacker, W. (1985). Activity: A fruitful concept in industrial psychology. In M. Frese & J. Sabini (Eds.), *Goal directed behavior: The concept of action in psychology* (S. 262 - 284). Hillsdale, N.J., London: Erlbaum.

Hacker, W. (1986). *Arbeitspsychologie*. Bern: Huber.

Hacker, W. (1987). Computerization versus computer aided mental work. In M. Frese, E. Ulich, & W. Dzida (Eds.), *Psychological issues of human-computer interaction in the work place* (S. 115 - 130). Amsterdam: North-Holland.

Hacker, W., & Richter, P. (1980). *Spezielle Arbeits- und Ingenieurpsychologie: Psychologische Bewertung von Arbeitsgestaltungsmaßnahmen - Ziele und Bewertungsmaßstäbe*. Berlin: VEB Deutscher Verlag der Wissenschaften.

Hackman, J. R., & Oldham, G. R. (1975). Development of the diagnostic survey. *Journal of Applied Psychology, 60*, 159 - 170.

Hammer, J. M., & Rouse, W. B. (1982). The human as a constrained optimal editor. *IEEE Transactions on Systems, Man, and Cybernetics, SMC-12*, 777 - 784.

Hammond, N., Jorgensen, A., MacLean, A., Barnard, P., & Long, J. (1983). Design Practice and Interface Usability: Evidence From Interviews With Designers. *Proceedings of the CHI '83 conference on human factors in computing systems* (S. 40 - 44). Boston.

Hartmann, A. L., & Zwahlen, H. T. (1985). Mehr Augenbeschwerden durch Bildschirmarbeit? *Sozial- und Präventivmedizin, 30*, 280 - 281.

Hattke, W., & Sydow, J. (1982). Information und Partizipation bei technisch-organisatorischen Veränderungen der Arbeit. *Office Management, 30(7/8)*, 710 - 719.

Hauptmann, A. G., & Green, B. (1983). A comparison of command, menu-selection and natural-language. *Behaviour and Information Technology, 2*, 163 - 178.

Helander, M. G. (1985). Emerging office automation systems. *Human Factors, 27*, 3 - 20.

Henneman, R. L., & Rouse, W.B. (1984). Human performance in monitoring and controlling hierarchical large-scale systems. *IEEE Transactions on Systems, Man, and Cybernetics, SMC-14*, 184 - 191.

Hiltz, S. R. (1982). The impact of a computerized conferencing system on the productivity of scientific research communities. *Behavior and Information Technology, 1(2)*, 185 - 195.

Hiltz, S. R., & Turoff, M. (1978). *The network nation: Human communication via computer.* Readings: Addison Wesley.

Hirschheim, R. A., Land, F. F., & Smithson, S. (1985). Implementing computer-based information systems in organizations: Issues and strategies. In B. Shackel (Ed.), *Human-computer interaction* (S. 855 - 863). Amsterdam: North-Holland.

Hooper, K. (1986). Architectural design: An analogy. In D. A. Norman & S. W. Draper (Eds.), *User centered system design.* Hillsdale: Erlbaum.

Hoos, I. R. (1960). When the computer takes over the office. *Harvard Business Review, 38*, 102 - 112.

Hoos, I. R. (1983). When the computer takes over the office - Update. *Office: Technology and People, 2*, 69 - 77.

Houghton, R. C. (1984). Online help systems: A conspectus. *Communications of the ACM, 27*, 126 - 132.

House, J. S. (1981). *Work stress and social support.* London: Addison-Wesley.

Hovland, C. I., Janis, I. L., & Kelley, H. H. (1953). *Communication and persuasion. Psychological studies of opinion change.* New Haven: Yale University Press.

Howarth, P. A., & Istance, H. O. (1985). The association between visual discomfort and the use of visual display units. *Behaviour and Information Technology, 4*, 131 - 149.

Hoyos, C. G. (1986). Anmerkungen zur ergonomischen Gestaltung von Mensch-Maschine-Systemen. In G. Dirlich, C. Freksa, U. Schwatlo, & K. Wimmer (Eds.), *Kognitive Aspekte der Mensch-Computer-Interaktion* (Workshop, München 1984)). Berlin: Springer.

Hutchins, E., Hollan, J. D., & Norman, D. A. (1986). Direct manipulation interfaces. In D. A. Norman & S. W. Draper (Eds.), *User centered system design.* Hillsdale: Erlbaum.

Iacono, S., & Kling, R. (1987). Changing office technologies and transformations of clerical jobs: A historical perspective. In R. E. Kraut (Ed.), *Technology and the transformation of white-collar work* (S. 53 - 75). Hillsdale: Erlbaum.

Jacobi, U., & Weltz, F. (1981). Zum Problem der Beanspruchung beim Maschinenschreiben. In M. Frese (Ed.), *Stress im Büro* (S. 180 - 198). Bern: Huber.

Jagodzinski, A. P. (1983). A theoretical basis for the representation of on-line computer systems to naive users. *International Journal of Man-Machine Studies, 18*, 215 - 252.

Jörgensen, A. H. (1984). On the psychology of prototyping. In R. Budde, K. Kuhlenkamp, L. Mathiasen, & H. Züllighoven (Eds.), *Approaches to prototyping*. Berlin: Springer.

Johansson, G., & Aronsson, G. (1984). Stress reactions in computerized administrative work. *Journal of Occupational Behaviour, 5*, 159 - 181.

Johnson-Laird, P. N. (1983). *Mental models*. Cambridge/Mass.: Harvard University Press.

Jones, W. P., & Landauer, T. K. (1985). Context and self-selection effects in name learning. *Behaviour and Information Technology, 4*, 3 - 17.

Kahn, R. L., & Antonucci, T. (1980). Convoys over the life course: Attachment, roles and social support. In P. B. Baltes & O. Brim (Eds.), *Life Span Development and Behavior* (Vol. 3). Boston: Lexington Press.

Kahneman, D. (1973). *Attention and effort*. Englewood Cliffs, New Jersey: Prentice Hall.

Kalimo, R., & Leppänen, A. (1985). Feedback from video display terminals, performance control and stress in text preparation in the printing industry. *Journal of Occupational Psychology, 58*, 27 - 38.

Kannheiser, W. (1988 (im Druck)). Methoden der Ingenieurpsychologie. In G. C. Hoyos & B. Zimolong (Eds.), *Enzyklopädie der Psychologie - Ingenieurpsychologie* (Band 2 der Serie Wirtschafts-, Organisations- und Arbeitspsychologie). Göttingen: Hogrefe.

Karasek, R. A. (1979). Job demands, job decision latitude, and mental strain: Implications for job redesign. *Administrative Science Quarterly, 24*, 285 - 311.

Karasek, R. A. (1981). Zum Vergleich arbeitsbedingter Streßfaktoren bei Arbeitern und Angestellten: Beziehungen zwischen sozialer Schicht, Arbeitsplatzmerkmalen und psychischer Beanspruchung. In M. Frese (Ed.), *Streß im Büro* (S. 22 - 44). Bern: Huber.

Karasek, R. A., Baker, D., Marxer, F., Ahlbom, A., & Theorell, T. (1981). Job decision latitude, job demands, and cardiovascular disease: A prospective study of Swedish men. *American Journal of Public Health, 71*, 694 - 705.

Keil-Slawik, R. (1988). Integrierte Systementwicklung. In E. Nullmeier & K.-H. Rödiger (Eds.), *Dialogsysteme in der Arbeitswelt* (S. 205 - 227). Mannheim: Wissenschaftsverlag.

Keil-Slawik, R., & Holl, F. (1987). *Transparenz von Dialogsystemen: Rückmeldungen, Systemmeldungen, Fehlerverstehen.* (Abschlußbericht der Arbeitsgruppe 1 der 7. Mensch-Maschine-Kommunikationstagung 1987 in Peiting).

Kern, H., & Schumann, M. (1984). *Das Ende der Arbeitsteilung? Rationalisierung in der industriellen Produktion: Bestandsaufnahme, Trendbestimmung.* München: Beck.

Kieselbach, T., & Wacker, A. (Hg.) (1985). *Individuelle und gesellschaftliche Kosten der Massenarbeitslosigkeit. Psychologische Theorie und Praxis.* Weinheim: Beltz.

Kieser, A., & Kubicek, H. (1983). *Organisation* (2. Auflage). Berlin: deGruyter.

Kiesler, S., Siegel, J., & McGuire, T. W. (1984). Social psychological aspects of computer-mediated communication. *American Psychologist, 39*, 1123-1134.

Kiesler, S., & Sproull, L. (1986). Response effects in the electronic survey. *Public Opinion Quarterly, 50*, 402 - 403.

Kiger, J. I. (1984). The depth/breadth trade-off in the design of menu-driven user interfaces. *International Journal of Man-Machine Studies, 20*, 201 - 213.

Kling, R. (1980). Social analyses of computing: Theoretical perspectives in recent empirical research. *Computing Surveys, 12*, 61 - 110.

Kohn, M. L., & Schooler, C. (1982). The reciprocal effects of the substantive complexity of work and intellectual flexibility: A longitudinal assessment. *American Journal of Sociology, 84*, 24 - 52.

Kraut, R. E., Hanson, S. J., & Farber, J. M. (1983). Command use and interface design. *Proceedings of the CHI '83 conference on human factors in computing systems* (S. 120 - 124). Boston.

Krone, K. J., Jablin, F. M., & Putnam, L. (1987). Communication Theory and Organizational Communication: Multiple Perspectives. In M. Jablin, L. Putnam, K. Roberts, & L. Porter (Eds.), *Handbook of Organizational Communication*. Newbury Park: SAGE Publications.

Kubicek, H. &. R., A. (1985). *Mikropolis. Mit Computern in die Informationsgesellschaft*. Hamburg, VSA Verlag.

Läubli, T., Hünting, W., & Grandjean, E. (1980). Visual impairments in VDU operators related to environmental conditions. *Ergonomics, 24*, 933.

Landauer, T. K., & Nachbar, D. W. (1985). Selection from alphabetic and numeric menu using a touch screen: Breadth, depth and width. *Proceedings of the CHI '85 conference on human factors in computing systems* (S. 73 - 78). San Francisco.

Landy, F. J., Rastegary, H., & Motowidlo, S. (1987). Human computer interactions in the work place: Psychosocial aspects of VDT use. In M. Frese, E. Ulich, & W. Dzida (Eds.), *Psychological issues of human-computer interaction in the work place* (S. 3 - 22). Amsterdam: North-Holland.

Lang, J. (1987). Mentale Modelle bei Experten: Eine empirische Untersuchung zur elektronischen Ablage eines Bürosystems. In W. Schönpflug, & M. W. Wittstock, (Eds.) *Software-Ergonomie '87* (S. 98-109). Stuttgart, Teubner.

Lang, K., Auld, R., & Lang, T. (1982). The goals and methods of computer users. *International Journal of Man-Machine Studies, 17*, 375 - 399.

Lange, K. (1984). Zwischen Hoffnung und Bangen - Was wir Deutschen vom Computer halten. *Bild der Wissenschaft, 1*, 63 - 100.

Levi, L. (1972). *Stress and distress in response to psychosocial stimuli*. Oxford: Pergamon Press.

Levine, M. (1971). Hypothesis theory and nonlearning despite ideal S-R-reinforcement contingencies. *Psychological Review, 78*, 130 - 140.

Lewis, C., & Norman, D. A. (1986). Designing for error. In D. A. Norman & S. W. Draper (Eds.), *User centered system design*. Hillsdale: Erlbaum.

Luchins, A. S., & Luchins, E. H. (1959). *Rigidity of behavior*. Eugene, University of Oregon.

Maaß, S. (1983). Why systems transparency? In T. R. G. Green, S. J. Payne, & G. C. van der Veer (Eds.), *The psychology of computer use* (S. 19 - 28). London: Academic Press.

Maaß, S. (1984). Mensch-Rechner-Kommunikation - Herkunft und Chancen eines neuen Paradigmas -. Universität Hamburg, Fachbereich Informatik. Bericht 104 (FBI- HH-B-104/84).

Maaß, S. (1986a). Benutzerfreundlichkeit als Qualifikationshindernis? In A. Schulz (Ed.), *Die Zukunft der Informationssysteme. Lehren der 80er Jahre. Fachtagung Linz 6/86* (S. 522 - 531). Berlin: Springer.

Maaß, S. (1986b). Computer-gestützte formale Kommunikation: Computer-behinderte soziale Kommunikation. In W. Remmele & M. Sommer (Eds.), *Arbeitsplätze Morgen. Bericht der German Chapter of the ACM, Nr. 27* (S. 72 - 82). Stuttgart: Teubner.

Maaß, S., Rosson, M. B., & Kellogg, W. A. (1987). Benutzerfreundlichkeit, Systemkonsistenz und andere schwer definierbare Prinzipien: Interviews mit Systementwicklern. In W. Schönpflug & M. Wittstock (Eds.), *Software-Ergonomie '87* (S. 417 - 427). Stuttgart: Teubner.

Mack, R. (1985). Identifying and Designing Toward New User Expectations in a Prototype Text-

218

Editor. *Proceedings of the CHI '85 conference on human factors in computing systems* (S. 139 - 141). San Francisco.

Maguire, M. (1982). An evaluation of published recommendations on the design of man-computer dialogues. *International Journal of Man-Machine Studies, 16,* 237 - 261.

Mambrey, P., Oppermann, R., & Tepper, A. (1986). *Computer und Partizipation (Ergebnisse zu Handlungs- und Gestaltungspotentialen).* Opladen, Westdeutscher Verlag.

March, J., & Simon, H. A. (1958). *Organizations.* New York: Wiley.

McGuire, W. J. (1969). The nature of attitudes and attitude change. In G. Lindzey & E. Aronson (Eds.), *The handbook of social psychology* (Vol. 3). Reading, Mass.: Addison Wesley.

McGuire, W. T., Kiesler, S., & Siegel, J. (1987). Group and computer-mediated discussion effects in risk decision making. *Journal of Personality and Social Psychology, 52,* 917 - 930.

McLean, P. D. (1976). Depression as a specific response to stress. In I. G. Sarason & C. D. Spielberger (Eds.), *Stress and anxiety* (Vol. III, S. 297 - 324). New York: Wiley.

Merten, K. (1977). *Kommunikation.* Westdeutscher Verlag.

Miller, G. A. (1956). The magical number seven, plus or minus two: Limits on our capacity for processing information. *Psychological Review, 63,* 81 - 97.

Miller, G. A., Galanter, E., & Pribram, K. H. (1960). *Plans and the structure of behavior.* London: Holt.

Miltner, W., Birbaumer, N., & Gerber, W.-D. (1986). *Verhaltensmedizin.* Berlin: Springer.

Miyata, Y., & Norman, D. A. (1986). Psychological issues in support of multiple activities. In D. A. Norman & S. W. Draper (Eds.), *User centered system design. New perspectives on human-computer interaction.* Hillsdale: Erlbaum.

Morland, D. V. (1983). Human factors guidelines for terminal interface design. *Communications of the ACM, 26,* 484 - 494.

Mowshowitz, A. (1976). *The conquest of will, information processing in human affairs.* Reading: Addison-Wesley.

Müller-Bölling, D. (1984). Durch bessere Technik zu mehr Akzeptanz. *Office Management, 11,* 1064 - 1066.

Mumford, E. (1980). The participative design of clerical information systems: Two case studies. In N. Björn-Andersen (Ed.), *The Human Side of Information Processing* (S. 91 - 107). Amsterdam: North-Holland.

Murolo, P. (1987). White-collar women and the rationalization of clerical work. In R. E. Kraut (Ed.), *Technology and the transformation of white-collar work* (S. 35 - 51). Hillsdale: Erlbaum.

Murrel, S. (1984). Computer Communication System Design Affects Group Decision Making. In A. Janda (Ed.), *Proceedings of the CHI '84 conference on human factors in computing systems* (S. 171 - 225). Amsterdam.

Newell, A., & Card, S. K. (1985). The prospects for psychological science in human-computer interaction. *Human Computer Interaction, 1,* 209 - 242.

Nickerson, R. S. (1986). *Using computers: The human factors of information systems.* London: The MIT Press.

Nielsen, J., Mack, R. L., Bergendorff, K. H., & Grischkowsky, N. L. (1986). Integrated software usage in the professional work environment: Evidence from questionnaires and interviews. In M. Matei & P. Orbeton (Eds.), *Human factors in computing systems* (S. 162 - 167). New York.

Norman, D. A. (1982). *Five papers on human-machine interaction.* San Diego: University of California. (CHIP Report 112)

Norman, D. A. (1983a). Some observations on mental models. In D. Gentner & A. L. Stevens (Eds.), *Mental models* (S. 7 - 14). Hillsdale: Erlbaum.

Norman, D. A. (1983b). Design principles for human-computer interfaces. *Proceedings of the CHI '83 conference on human factors in computing systems* (S. 1 -10). Boston.

Norman, D. A. (1984). *Working papers on errors and error detection* (unpublished). San Diego: University of California.

Norman, D. A. (1986). Cognitive engineering. In D. A. Norman & S. W. Draper (Eds.), *User centered system design*. Hillsdale: Erlbaum.

Nullmeier, E. (1988). Gestaltung rechnerunterstützter Arbeitsplätze in Büro und Verwaltung. In E. Nullmeier & K.-H. Rödiger (Eds.), *Dialogsysteme in der Arbeitswelt* (S. 109 - 121). Mannheim: Wissenschaftsverlag.

Nullmeier, E., & Rödiger, K.-H. (Eds.) (1988). *Dialogsysteme in der Arbeitswelt*. Mannheim: Wissenschaftsverlag.

Oberquelle, H., Kupka, I., & Maaß, S. (1983). A view of human-machine communication and co-operation. *International Journal of Man-Machine Studies, 19,* 309 - 333.

Ochsman, R. B., &. Chapanis, A. (1974). The effects of 10 communication modes on the behavior of teams during co-operative problem-solving. *International Journal of Man-Machine Studies, 6,* 579-619.

Olson, M. H. (1983). *Overview of work-at-home trends in the United States.* New York, University Working Paper CHRIS #57.

Olson, M. H. (1983). *An investigation of the impacts of remote work environments and supporting technology.* New York University Working Papers (CHRIS # 77).

Papstein, P. v. (1987). *Transfer von Training.* München: Institut für Psychologie. (unveröffentlichte Diplomarbeit)

Papstein, P. v., & Frese, M. (1988a). Training und Transfer von Fertigkeiten in der Mensch-Computer Interaktion: Eine Fallstudie. In F. Ruppert & E. Frieling (Eds.), *Psychologisches Handeln in Organisationen und Betrieben. Aktuelle Aufgaben in Fallbeispielen.* Bern: Huber.

Papstein, P. v., & Frese, M. (1988b). Transfering skills from training to the actual work situation: The role of task application knowledge, action styles and job decision latitude. In E. Soloway, D. Frye, & S. B. Sheppard (Eds.), *Proceedings of the CHI '88 conference on human factors in computing systems* (S. 55 - 60). Washington.

Parton, D., Huffman, K., Pridgen, P., Norman, K., & Shneiderman, B. (1985). Learning a menu selection tree: training methods compared. *Behaviour and Information Technology, 4,* 81 - 91.

Pava, C. H. P. (1983). *Managing new office technology.* New York: Free Press.

Pelzmann, L., Winkler, N., & Zewell, E. (1985). Antizipation von Arbeitslosigkeit. In T. Kieselbach & A. Wacker (Eds.), *Individuelle und gesellschaftliche Kosten der Massenarbeitslosigkeit* (S. 256 - 268). Weinheim: Beltz.

Peters, T. J., & Waterman, R. H. (jr.) (1982). *In search of excellence. Lessons from America's best-run companies.* New York: Warner.

Peters, T. J., & Watermann, R. H. (jun.) (1983). *Auf der Suche nach Spitzenleistungen: Was man von den bestgeführten US-Unternehmen Lernen kann* (3. Auflage). Landsberg: mi verlag moderne industrie.

Picot, A., & Reichwald, R. (1984). *Bürokommunikation: Leitsätze für den Anwender.* München: CW-Publikationen.

Pollack, A. (1982). Technology - Conferences by computer. *The New York Times, 27(5),* D2.

Pomfrett, S. M., Olphert, C. W., & Eason, K. D. (1985). Work organization implications of word processing. In B. Shackel (Ed.), *Human-computer interaction* (S. 847 - 854). Amsterdam: Elsevier.

Porter, L. W., & Roberts, K. H. (1976). Communication in organizations. In M. D. Dunnette (Ed.), *Handbook of industrial and organizational psychology* (S. 1553 - 1589). Chicago: Rand McNally.

Powers, M., Lashley, C., Sanchez, P., & Shneiderman, B. (1984). An experimental comparison of tabular and graphic data presentation. *International Journal of Man-Machine Studies, 20,* 545 - 566.

Presch, G., & Gloy, K. (1976). *Sprachnormen II.* Stuttgart: Frommann-Holzboog.

Prümper, J. (1987). *The effects of graphical presentation and explanation facilities on spread sheet based decision making in the context of user-characteristics* (unpubl. Diplom- thesis). Unveröff. Diplomarbeit. Munchen: Institut fur Psychologie.

Rasmussen, J. (1983). Skills, rules, and knowledge; signals, signs, and symbols, and other distinctions in human performance models. *IEEE Transactions on Systems, Man, and Cybernetics, SMC-13 No. 3,* 257 - 266.

Rasmussen, J. (1985). *Risk and information processing.* Riso National Laboratory Denmark.

Rasmussen, J. (1987). The definition of human error and a taxonomy for technical system design. In J. Rasmussen, K. Duncan, & J. Leplat (Eds.), *New technology and human error* (S. 23 - 30). Chichester: Wiley.

Rehbein, J. (1977). *Komplexes Handeln.* Stuttgart: Metzler.

Reichwald, R. (1983). Burotechnik, Burokratisierung und das Zentralisierungsproblem: Grunduberlegungen zur Gestaltung der Buroarbeit. In A. Cakir (Ed.), *Bildschirmarbeit* (S. 22 - 46). Berlin: Springer.

Rich, E. (1983). Users are individuals: Individualizing user models. *International Journal of Man-Machine Studies, 18,* 199 - 214.

Richards, J. T., Boies, S. J., & Gould, J. D. (1986). Rapid prototyping and systems development: Examination of an interface toolkit for voice and telephon applications. *Proceedings of the CHI '86 conference on human factors in computing systems* (S. 216 - 220). Boston.

Riley, M. (1986). User understanding. In D. A. Norman & S. W. Draper (Eds.), *User centered systems design.* Hillsdale: Erlbaum.

Roberts, T. L., & Moran, T. P. (1983). The evaluation of text editors: Methodology and empirical results. *Communications of the ACM, 26,* 265-283.

Rödiger, K.-H. (1985). Beitrage der Softwareergonomie zu den frühen Phasen der Softwareentwicklung. In H.-J. Bullinger (Ed.), *Software-Ergonomie '85* (S. 455 - 464). Stuttgart: Teubner.

Rohr, G. (1984). Understanding visual symbols. *Proceedings of IEEE workshop '84 on visual symbols* (S. 184 - 191). Hiroshima.

Rohr, G., & Tauber, M. J. (1984). Representational frameworks and models for human computer interfaces. In G. C. van der Veer, M. J. Tauber, T. R. G. Green, & P. Gorny (Eds.), *Readings on cognitive ergonomics: Mind and computers* (S. 8 - 26). Berlin: Springer.

Rosenstiel, L. v. (1984). Aufgaben der Arbeits- und Betriebspsychologie bei sich wandelnden Technologien, Organisationsstrukturen und Werthaltungen. In Berufsverband Deutscher Psychologen, *Arbeit in moderner Technik* (S. 15 - 50). Duisburg: Eigendruck.

Rosenstiel, L. v., Molt, W., & Ruttinger, B. (1983). *Organisationspsychologie.* Stuttgart: Kohlhammer.

Rosson, M. B. (1984). Patterns of experience in text editing. In A. Janda (Ed.), *Proceedings of the CHI '84 conference on human factors in computing systems* (S. 171 - 225). Amsterdam.

Ruch, L., & Troy, N. (1986). *Arbeitswelt. Textverarbeitung im Sekretariat.* Zürich: Verlag der Fachvereine.

Rule, J. (1974). *Private live and public surveillance: Social control in the computer age.* New York: Schocken Books.

Rutenfranz, J., & Knauth, P. (1978). Rhythmusphysiologie und Schichtarbeit. *afa Informationen. Deutscher Gewerkschaftsbund, 28,* 3 - 31.

Sashkin, M. (1984). Participative management is an ethical imperative. *Organizational Dynamics, 5* - 22.

Sashkin, M., & Burke, W. W. (1987). Organization development in the 1980's. *Journal of Management, 13,* 393 - 417.

Saupe, R., & Frese M. (1981). Faktoren für das Erleben und die Bewältigung von Streß im Schreibdienst. In M. Frese (Ed.), *Streß im Büro.* Bern: Huber.

Sauter, S., Gottlieb, M. S., Jones, K. C., Dodsen, V., & Rohrer, K. M. (1983). Job and health implications of VDT use: Initial results of the Wisconson-NIOSH study. *Communications of the ACM, 26,* 284 - 294.

Scapin, D. L. (1981). Computer commands in restricted natural language. Some aspects of memory and experience. *Human Factors, 23,* 365 - 375.

Schallberger, U. (1987). Berufsarbeit und Persönlichkeit - Aspekte einer komplexen ökopsychologischen Problemstellung. *Schweizerische Zeitschrift für Psychologie, 46 (1/2),* 91 - 104.

Schardt, L. P., & Knepel, W. (1981). Psychische Beanspruchungen kaufmännischer Angestellter bei computergestützter Sachbearbeitung. In M. Frese (Ed.), *Stress im Büro* (S. 125 - 158). Bern: Huber.

Scharer, L. L. (1983). User training: Less is more. *Datamation, 29,* 175-182.

Schiele, F., & Pelz, W. H. (1985). Eine Studie zur empirischen Überprüfung der Benutzerfreundlichkeit von Textverarbeitungs- und Tabellenkalkulationsprogrammen. In H.-J. Bullinger (Ed.), *Software-Ergonomie '85* (S. 239 - 250). Stuttgart: Teubner.

Schneider, M. (1986). Classifying users: A hard look at some controversial issues. *Proceedings of the CHI '86 conference on human factors in computing systems* (S. 86 - 87). Boston.

Schönpflug, W. (1983). Coping efficiency and situational demands. In R. Hockey (Ed.), *Stress and fatigue in human performance* (S. 299 - 330). Chichester: Wiley.

Schönpflug, W., & Schulz, P. (1979). *Lärmwirkungen bei Tätigkeiten mit komplexer Informationsverarbeitung.* Berlin: Bundesumweltamt.

Schönpflug, W., & Wittstock, M. (1987). *Software-Ergonomie '87.* Stuttgart, Teubner.

Scholz, L. (1982). Folgewirkungen neuer Technologien in der Textverarbeitung. Untersuchungsteil 1: Wirtschafts- und sozialwissenschaftliche Analyse. In Institut für Angewandte Arbeitswissenschaft, *Folgewirkungen neuer Technologien in der Textverarbeitung* (S. 12 - 40). Köln: Institut für Angewandte Arbeitswissenschaft.

Schulte-Göcking, H. (1987). *Die Erfassung von unterschiedlichen Lernstilen.* Unveröff. Diplomarbeit. München: Institut für Psychologie.

Schuster-Oeltzschner, M. (1984). Lernen und Weiterbildung. In W. D. Oswald, M. Herrmann, S. Kanowski, U. M. Lehrs, & H. Thomae (Eds.), *Gerontologie* (S. 276 - 285). Stuttgart: Kohlhammer.

Seligman, M. (1986). *Erlernte Hilflosigkeit.* München: Urban & Schwarzenberg.

Semmer, N. (1984). *Streßbezogene Tätigkeitsanalyse: Psychologische Untersuchungen zur Analyse von Streß am Arbeitsplatz.* Weinheim: Beltz.

Semmer, N., & Frese, M. (im Druck). Control at work as a moderator of the effect of stress at work on psychosomatic complaints: A longitudinal study with objective measurements. Manuskript, zur Publikation eingereicht.

Semmer, N., & Frese, M. (1979). Handlungstheoretische Implikationen für kognitive Therapie. In N. Hoffmann (Ed.), *Grundlagen kognitiver Therapie*. Bern: Huber.

Semmer, N., & Frese, M. (1985). Action theory in clinical psychology. In M. Frese & J. Sabini (Eds.), *Goal directed behavior: The concept of action in psychology* (S. 296 - 310). Hillsdale, N.J., London: Erlbaum.

Shackel, B. (1985). Ergonomics on information technology in Europe - a review. *Behaviour and Information Technology, 4*, 263 - 287.

Shannon, C., & Weaver, W. (1949). *The mathematical theory of communication*. Urbana: University of Illinois.

Shneiderman, B. (1980). *Software psychology*. Cambridge Massachusetts: Winthrop Publishers.

Shneiderman, B. (1982a). System message design: Guidelines and experimental results. In H. Badre & B. Shneiderman (Eds.), *Directions in human-computer interaction* (S. 55 - 78). Norwood New Jersey: Ablex Publishing Co.

Shneiderman, B. (1982b). The future of interactive systems and the emergence of direct manipulation. *Behaviour and Information Technology, 1*, 237 - 256.

Shneiderman, B. (1983a). Direct manipulation: A step beyond programming languages. *Computer, 16*, 57 - 69.

Shneiderman, B. (1983b). High-tech can stimulate creative action: The increased ease-of-use of computers supports individual competence and productivity work. *SIGCHI Bulletin, 14(4)*, 6 - 7.

Shneiderman, B. (1984). Review of Card, S.K., Moran, T.P., & Newell, A., "The psychology of human-computer interaction". *Datamation, 30*, 236 - 240.

Shneiderman, B. (1986). Seven plus or minus two central issues in human-computer interaction. *Proceedings of the CHI '86 conference on human factors in computing systems* (S. 343 - 349). Boston.

Shneiderman, B. (1987). *Designing the user interface: Strategies for effective human-computer interaction*. Reading, Mass.: Addison-Wesley Publ.

Siegel, J., Dubrovsky, V., Kiesler, S., & McGuire, T. W. (1986). Group processes in computer-mediated communication. *Organizational Behaviour and Human Decision Processes, 37*, 157 - 187.

Skell, W. (1972). Analyse von Denkleistungen bei der Planung und praktischen Durchführung von Produktionsarbeiten in der Berufsausbildung. In W. Skell (Ed.), *Psychologische Analysen von Denkleistungen in der Produktion* (S. 13 - 100). Berlin: VEB Deutscher Verlag der Wissenschaften.

Skinner, B. F. (1954). *The science of learning and the art of teaching*. Pittsburg: University of Pittsburg Press.

Skinner, B. F. (1958). Teaching Machines. *Science, 128*, 969-977.

Skinner, B. F. (1968). *The technology of teaching*. New York: Meredith Corporation.

Small, D. W., & Weldon, L. J. (1983). An experimental comparison of natural and structured query languages. *Human Factors, 25*, 253 - 263.

Smith, M. J. (1984). Health issues in VDT work. In J. Bennett, D. Case, J. Sandelin, & M. Smith (Eds.), *Visual display terminals: Usability issues and health concerns* (S. 193 - 228). Englewood Cliffs: Prentice Hall.

Smith, M. J., Cohen, B. G. F., Stammerjohn, L.W. (jr.), & Happ, A. (1981). An investigation of health complaints and job stress in video display operations. *Human Factors, 23*, 387 - 400.

Smith, S. L., & Mosier, J. N. (1984). The user interface to computer-based information systems: A survey of current software design practice. *Behaviour and Information Technology, 3*, 195 - 203.

Smith, S. L., & Mosier, J. N. (1986). *Guidelines for designing user interface software.* Bedford, Mass.: MITRE.

Spinas, N. (1984). Bildschirmeinsatz und psycho-soziale Folgen für die Beschäftigten. Berufsverband Deutscher Psychologen, *Arbeit in moderner Technik* (S. 503 - 516). Duisburg, Eigendruck.

Spinas, P. (1987). VDU-work and user-friendly human-computer interaction: Analysis of dialogue structures. In M. Frese, E. Ulich, & W. Dzida (Eds.), *Psychological issues of human-computer interaction in the work place* (S. 147 - 162). Amsterdam: North-Holland.

Spinas, P., Troy, N., & Ulich, E. (1983). *Leitfaden zur Einführung und Gestaltung von Arbeit mit Bildschirmsystemen.* München: CW-Publikationen.

Sproull, L., & Kiesler, S. (1986). Reducing social context cues: Electronic mail in organizational communication. *Management Science, 32/11,* 1492 - 1512.

Streitz, N. (1985). Die Rolle von mentalen und konzeptuellen Modellen in der Mensch-Computer-Interaktion: Konsequenzen für die Software-Ergonomie? In H.-J. Bullinger (Ed.), *Software-Ergonomie '85* (S. 280 - 292). Stuttgart: Teubner.

Sydow, J. (1987). Office automation - an organizational perspective. In M. Frese, E. Ulich, & E. Dzida (Eds.), *Psychological issues of human-computer interaction in the work place* (S. 59 - 80). Amsterdam: North-Holland.

Sydow, J., Hattke, W., & Staehle, W. H. (1981). Situative Analyse der Bildschirmarbeit - ein empirischer Test der Thesen der Gesellschaft für Organisation. *Zeitschrift für Organisation, 50(4),* 215 - 223.

Tauber, M. J. (1985). Mentale Modelle als zentrale Fragestellung der kognitiven Ergonomie, theoretische Überlegungen und einige empirische Ergebnisse. In H.-J. Bullinger (Ed.), *Software-Ergonomie '85* (S. 293 - 302). Stuttgart: Teubner.

Taylor, F. W. (1913). Die Grundsätze wissenschaftlicher Betriebsführung. In W. Volpert (Ed.), *Die Grundsätze wissenschaftlicher Betriebsführung.* Weinheim: Beltz (1977).

Taylor, J. C. (1987). Job design and quality of working life. In R. E. Kraut (Ed.), *Technology and the transformation of white- collar work* (S. 211 - 235). Hillsdale: Erlbaum.

TCO (o.J.). *Zur Kontrolle von Bildschirmen, Textverarbeitern und Personalcomputern. Zentralorganisation der Angestellten und Beamten.* Postfach 5252, S-102 45 Stockholm/Schweden.

Triebe, J. K. (1977). Entwicklung von Handlungsstrategien in der Arbeit. *Zeitschrift für Arbeitswissenschaft, 31 (NF 3),* 221 - 228.

Triebe, J. K., Wittstock, M. &. Schiele, F. (1987). Arbeitswissenschaftliche Grundlagen der Software-Ergonomie. Schriftenreihe der Bundesanstalt für Arbeitsschutz. Bremerhaven, Wirtschaftsverlag NW.

Troy, N. (1986). Designing attempt 1: Secretariats in a federal agency. In E. Ulich (Ed.), *Computer-aided office work* (S. 24 -29). Zürich: ETH, Lehrstuhl für Arbeits- und Organisationspsychologie.

Troy, N., Baitsch, C., & Katz, C. (1986). *Arbeitswelt Bürocomputer - Chance für die Organisationsgestaltung?.* Zürich: Verlag für Fachvereine.

Tullis, T. S. (1985). Designing a menu-based interface to an operating system. *Proceedings of the CHI '85 conference on human factors in computing systems* (S. 79 - 84). San Francisco.

Turkle, S. (1984). *The second self: Computers and the human spirit*. New York: Simon & Schuster.

Turner, J. A., & Karasek, R. A. (1984). Software ergonomics: Effects of computer application design parameters on operator task performance and health, *Ergonomics, 27*, 663 - 690.

Udris, I. (1982). Psychische Belastung und Beanspruchung. In L. Zimmermann (Ed.), *Humane Arbeit - Leitfaden fur Arbeitnehmer, Band 5: Belastungen und Streß bei der Arbeit* (S. 110 - 165). Reinbek: Rowohlt.

Udris, I., & Frese, M. (1988). Stress, Belastung, Fehlbeanspruchung und ihre Folgen. In D. Frey, C. G. Hoyos, & D. Stahlberg (Eds.), *Angewandte Psychologie: Ergebnisse und neue Perspektiven*. München: Urban & Schwarzenberg.

Ulich, E. (1978). Über das Prinzip der differentiellen Arbeitsgestaltung. *Industrielle Organisation, 47*, 566-568.

Ulich, E. (1981). Humanisierung - Wirtschaftlichkeit? Tut sich da ein Zielkonflikt auf? *Sysdata, 12*, 13 - 15.

Ulich, E. (1981a). Möglichkeiten autonomieorientierter Arbeitsgestaltung. In M. Frese (Ed.), *Stress im Büro* (S. 159 - 177). Bern: Huber.

Ulich, E. (1981b). Subjektive Tätigkeitsanalysse als Voraussetzung autonomieorientierter Arbeitsgestaltung. In F. Frei & E. Ulich (Eds.), *Beiträge zur psychologischen Arbeitsanalyse* (S. 327 - 347). Bern: Huber.

Ulich, E. (1983). Differentielle Arbeitsgestaltung - ein Diskussionsbeitrag. *Zeitschrift für Arbeitswissenschaft, 37*, 12 - 15.

Ulich, E. (1984). Arbeitspsychologische Konzepte und neue Technologien. *Organisationsentwicklung, 3*, 53 - 65.

Ulich, E. (1985). Einige Anmerkungen zur Software-Psychologie. *Sysdata, 10*, 53 - 58.

Ulich, E. (1986). Towards the design of user-oriented dialogue systems: Experiments. In E. Ulich (Ed.), *Computer-aided office-work* (S. 6 - 9). Zürich: ETH, Lehrstuhl für Arbeits- und Organisationspsychologie.

Ulich, E., & Troy, N. (1986). Job organization and allocation of functions between man and computer. In F. Klix & H. Wandke (Eds.), *Man-computer interaction research*. MACINTER I (S. 421 - 427). Amsterdam: Elsevier, North-Holland.

van der Veer, G., Tauber, M. J., Waern, Y., & van Muylwijk, B. (1985). On the interaction between system and user characteristics. *Behaviour and Information Technology, 4*, 289 - 308.

van Muylwijk, B., van der Veer, G., & Waern, Y. (1983). On the implications of user variability in open systems. An overview of the little we know and of the lot we have to find out. *Behaviour and Information Technology, 2*, 313 - 326.

Volpert, W. (1978). Struktur und Entwicklung der menschlichen Handlung - Der Ansatz der psychologischen Handlungstheorie. In G. Rückriem, F. Tomberg, & W. Volpert (Eds.), *Historischer Materialismus und menschliche Natur* (S. 266 - 277). Köln: Pahl-Rugenstein.

Volpert, W. (1983). *Handlungsstrukturanalyse als Beitrag zur Qualifikationsforschung* (2. Auflage). Köln: Pahl-Rugenstein.

Volpert, W. (1985). *Zauberlehrlinge: Die gefährliche Liebe zum Computer*. Weinheim: Beltz.

Volpert, W., Fromman, R., & Munzert L. (1984). Die Wirkung allgemeiner heuristischer Regeln im Lernprozeß - eine experimentelle Studie. *Zeitschrift für Arbeitswissenschaft, 38*, 235-239.

Waern, Y. (1987). Mental models in learning computerized tasks. In M. Frese, E. Ulich, & W. Dzida (Eds.), *Psychological issues of human-computer interaction in the work place* (S. 275 - 294). Amsterdam: North-Holland.

Waern, Y., & Rabenius, L. (1985). *On the role of models in instructing novice users of a word processing system*. Reprint: Department of Psychology Univ. of Stockholm.

Walker, N., & Olson, J. R. (1988). Designing keybindings to be easy to learn and resistant to forgetting even when the set of commands is large. *Proceedings of the CHI '88 conference on human factors in computing systems* (S. 201 - 206). Washington.

Walton, R. E., & Vittori, W. (1983). New information technology: Organizational problem or opportunity? *Office: Technology and People, 1,* 249 - 273.

Waterman, D. A. (1986). *A guide to expert systems*. Reading, Massachusetts: Addison-Wesley Publ.

Watzlawick, P., Beavin, J. H., & Jackson, D. D. (1969). *Menschliche Kommunikation*. Bern: Huber.

Weltz, F. (1966). *Arbeit im Bürogroßraum. Ergebnisse einer soziologischen Fallstudie*. Frankfurt/M.: Europäische Verlagsanstalt.

Weltz, F. (1982). Arbeitsplatzgestaltung an Bildschirmarbeitsplätzen aus soziologischer Sicht. *afa Informationen, 35,* 15 - 20.

Weltz, F. (o.J.). *Mitarbeiter-Befürchtungen und Management-Fehler: Soziologische Aspekte bei der Einführung neuer Bürotechnologien*. Düsseldorf: Akzente.

Weltz, F., & Lullies, V. (1983). *Innovation im Büro: Das Beispiel Textverarbeitung*. Frankfurt: Campus.

Wendel, R., & Frese, M. (1987). Developing exploratory strategies in training: The general approach and a specific example for manual use. In H.-J. Bullinger & B. Shackel (Eds.), *Human-Computer Interaction - INTERACT '87* (S. 943 - 948). North-Holland: Elsevier.

Whiteside, J., Jones, S., Levy, P. S., & Wixon, D. (1985). User performance with command, menu, and iconic interfaces. *Proceedings of the CHI '85 conference on human factors in computing systems* (S. 185 - 191). San Francisco.

Wicklund, R. A. (1974). *Freedom and reactance*. Hillsdale: Lawrence Erlbaum.

Widdel, H., & Kaster, J. (1985). Untersuchung zur formalen Transparenz eines Menüsystems. In H.-J. Bullinger (Ed.), *Software-Ergonomie '85* (S. 228 - 238). Stuttgart: Teubner.

Williges, R. C., & Williges, B. H. (1983). Human-computer dialogue design considerations. In G. Johannsen & J. E. Rijusdorp (Eds.), *IFAC analysis, design, and evaluations of man-machine systems* (S. 239 - 246). Oxford: Pergamon.

Wilpert, B. (1986). Zu einer Psychologie der Partizipation. In M. Amelang (Ed.), *Bericht über den 35. Kongreß der Deutschen Gesellschaft für Psychologie in Heidelberg* (S. 595 - 607). Göttingen: Hogrefe.

Winnograd, T. (1987-88). A language/action perspective on the design of cooperative work. *Human-Computer Interaction, 3,* 3 - 30.

Winnograd, T. &. Flores, F. (1986). *Understanding computers and cognition: A new foundation for design*. Norwood: Ablex.

Witte, E. (1980). Kommunikationstechnologie. In E. Grochla (Ed.), *Handwörterbuch der Organisation* (S. 1048 - 1056). Stuttgart: Poeschel.

Wixon, D., Whiteside, J., Good, M., & Jones, S. (1983). Building a user-defined interface. *Proceedings of the CHI '83 conference on human factors in computing systems* (S. 24 - 27). Boston.

Wortman, C. B., & Brehm, J. W. (1975). Responses to uncontrollable outcomes: An integration of reactance theory and the learned helplessness model. In L. Berkowitz (Ed.), *Advances in experimental social psychology*. New York: Academic Press.

Wright, P., & Lickorish, A. (1983). Proof-reading texts on screen and paper. *Behaviour and Information Technology, 2,* 227 - 235.

Yang, Y. (1988). A new conceptual model for interactive user recovery and command reuse facilities. *Proceedings of the CHI '88 conference on human factors in computing systems* (S. 165 - 170). Washington.

Young, R. M. (1983). Surrogates and mappings: Two kinds of conceptual models for interactive devices. In D. Gentner & A. L. Stevens (Eds.), *Mental models* (S. 35 - 52). Hillsdale: Erlbaum.

Zapf, D., Brodbeck, F., & Prümper, J. (im Druck). Handlungsregulationstheoretische Überlegungen zur Entwicklung einer Fehlertaxonomie in der Mensch-Computer Interaktion. (Manuskript, Universität Munchen. Eingereicht bei A&O Zeitschrift für Arbeits- und Organisationspsychologie).

Zimolong, B., Nof, S. Y., Eberts, R. E., & Salvendy, G. (1987). On the limits of expert systems and engineering models in process control. *Behaviour and Information Technology, 6,* 15 - 36.

Zülch, G., & Starringer, M. (1984). Differentielle Arbeitsgestaltung in Fertigungen für elektronische Flachbaugruppen. *Zeitschrift fur Arbeitswissenschaft, 38,* 211 - 216.

Wildemann, H. (1989). Production planning in batch screen and paper frameting and ... Zeitschrift für ..., 2, 272 - 284.

Zao, R. (198X). A ... model for future ... recovery and simulation ... In: Proceedings of the CIIM US conference on industry ... manufacturing systems (S. 10...). Washington.

Zenz, R. (198X). Simulation and mapping: Two kinds of conceptual models for interactive ... In: D. Stevens (Eds.), Mental models (S. 15 - 22). Hillsdale: Erlbaum.

Zeul, G., Bungard, K. & Brucker, J. (in Druck). Handlungsorientiertes ...gruppen zur Einführung in ... Bildschirmarbeit in der Arbeits- und ... München: Hanser. ... (Schriftenreihe der ... für Arbeits- und Organisationspsychologie.)

Zinkhan, P. und ..., Ekline, R. D. & Mackay, S. (1987). On the limits of experiment and ... using computer in process control. Behaviour and Information Technology, 6, 15 - ...

Zölch, G. & Stürmann, M. (1984). ... Rationelle Arbeitsgestaltung in Fertigungs... für ... computergestützte Fertigung. Zeitschrift für Arbeitswissenschaft, 38, 211 - 216.

Autorenverzeichnis

Stichwortverzeichnis